aurora

Reflexões sobre os preconceitos morais

Título original: *Morgenröthe, Gedaken über die moralischen Vorurtheile*
Copyright © Editora Lafonte Ltda., 2008

Todos os direitos reservados.
Nenhuma parte deste livro pode ser reproduzida sob quaisquer meios existentes sem autorização por escrito dos editores.

Direção Editorial	*Ethel Santaella*
Tradução	*Carlos Antonio Braga*
Revisão	*Denise Camargo*
Texto de capa	*Dida Bessana*
Diagramação	*Demetrios Cardozo*
Imagem de Capa	*Login / Shutterstock.com*

Dados Internacionais de Catalogação na Publicação (CIP)
(Câmara Brasileira do Livro, SP, Brasil)

Nietzsche, Friedrich Wilhelm, 1844-1900
　　Aurora : reflexões sobre os preconceitos morais / Friedrich Nietzsche ; tradução Carlos Antonio Braga. -- São Paulo : Lafonte, 2021.

　　Título original: Morgenröte : Gedanken über die moralischen Vorurteile
　　ISBN 978-65-5870-114-9

　　1. Ética 2. Filosofia alemã 3. Preconceitos I. Título.

21-68289　　　　　　　　　　　　　　　　　　CDD-193

Índices para catálogo sistemático:

1. Nietzsche : Filosofia alemã　193

Cibele Maria Dias - Bibliotecária - CRB-8/9427

Editora Lafonte

Av. Profª Ida Kolb, 551, Casa Verde, CEP 02518-000, São Paulo-SP, Brasil - Tel.: (+55) 11 3855-2100,
Atendimento ao leitor (+55) 11 3855- 2216 / 11 – 3855 - 2213 – *atendimento@editoralafonte.com.br*
Venda de livros avulsos (+55) 11 3855- 2216 – *vendas@editoralafonte.com.br*
Venda de livros no atacado (+55) 11 3855-2275 – *atacado@escala.com.br*

NIETZSCHE
aurora
Reflexões sobre os preconceitos morais

Tradução
Carlos Antonio Braga

Lafonte

Brasil – 2021

APRESENTAÇÃO

Aurora significa o despertar de uma nova moralidade. É a emancipação da razão diante da moral. Uma vez que a moralidade não é outra coisa que a obediência aos costumes, de qualquer natureza que estes sejam, *Aurora* quer romper essa maneira tradicional de agir e de avaliar. Portanto, à medida que o sentido da causalidade aumenta, diminui a extensão do domínio da moralidade. De fato, a compreensão das ligações efetivas da causalidade destrói considerável número de causalidades imaginárias que foram sendo julgadas no decurso dos tempos como fundamentos da moral. O poder liberador da razão tem em si a capacidade de desmitificar significados sociais instituídos pela tradição; o indivíduo, em sua atividade racional, descobre-se como criador de novos valores. O indivíduo é capaz, portanto, de romper o elo histórico que une tradição e moralidade, opondo-lhe o binômio razão e afirmação de si. O mundo da tradição é essencialmente aquele em que os valores da autoridade são indiscutíveis. Para reverter essa situação, a fim de conferir à humanidade um renovado *status* de independência e liberdade, nada mais decisivo que a loucura. Com efeito, num mundo submisso à tradição, ideias novas e divergentes, apreciações e juízos de valor contrário só puderam surgir e se enraizar apresentando-se sob a figura da loucura. "Quase em toda parte, é a loucura que aplaina o caminho da ideia nova, que condena a imposição de um costume, de uma superstição venerada", como diz o próprio Nietzsche.

Dentro dessa perspectiva, *Aurora* se configura realmente como um novo dealbar, como novos albores na história da individualidade num contexto social. Um novo ser se desenha. Uma nova forma de pensar, de agir e de se comportar. Um novo ideal de si diante do outro, um novo ideal de cada um diante da sociedade. Um novo tempo. Uma nova vida. É tudo o que o homem quer. Ser e ser ele próprio. Assumir o passado enquanto possa representar uma riqueza para o presente e uma projeção para um futuro livre, independente e dessacralizado das imposições, dos preconceitos e das superstições do passado calcado na moralidade dos costumes. Isso significa também desmitificar a história, libertá-la de seu romantismo, de suas ilusões, de suas crenças e de sua submissão aos ideais impostos pela fé cega e pela religião. Isso significa ainda entrar em outro campo da ética e da estética, ter outra visão do mundo e de suas antigas "conquistas", como que mergulhar em nova perspectiva do possível real, do racional, derrotando o irracional, o irrazoável, tudo o que foi imposto pela ditadura do pensamento ultrapassado, da ideologia preconceituosa, da religião impostora, nova perspectiva que deveria levar a repensar a finitude humana fora de todo enfoque teológico e, por conseguinte, levar a libertar toda moralidade daquilo que ela representa, ou seja, o ônus dos costumes, de uma tradição milenar, de uma religião sufocante.

Com essas principais referências, em *Aurora*, Nietzsche discute a história dos costumes e da moralidade, a história do pensamento e do conhecimento, além de ressaltar os preconceitos cristãos que vararam a história da humanidade. A seguir, concentra-se em analisar a natureza e a história dos sentimentos morais, dos preconceitos filosóficos e dos preconceitos da moral altruísta. Continua depois estabelecendo o contraponto entre cultura e culturas ou civilização e civilizações para ressaltar a intervenção do Estado, da política e dos povos na história. Finalmente, parece divertir-se ao apresentar coisas essencialmente humanas e corriqueiras e pintar o universo do pensador. Como a aurora anuncia um novo dia, *Aurora*, para Nietzsche, é também um novo despertar para uma verdadeira vida – do homem e da humanidade inteira.

Ciro Mioranza

Prefácio

1

Neste livro, encontra-se agindo um ser "subterrâneo" que cava, perfura e corrói. Ver-se-á, desde que se tenha olhos para tal trabalho nas profundezas, como avança lentamente, com circunspecção e com uma suave inflexibilidade, sem que se perceba em demasia a angústia que acompanha a privação prolongada de ar e de luz; poder-se-ia até julgá-lo feliz por realizar esse trabalho obscuro. Não parece que alguma fé o guie, que alguma consolação o compense? Talvez queira ter para ele uma longa obscuridade, coisas que lhe sejam próprias, coisas incompreensíveis, secretas, enigmáticas, porque sabe o que terá em troca: sua manhã só para ele, sua redenção, sua *aurora*?... Certamente voltará: não lhe perguntem o que procura lá embaixo; ele mesmo o dirá, esse Trofônio, esse ser de aparência subterrânea, uma vez que de novo se tenha "tornado homem". Costuma-se esquecer inteiramente o silêncio quando se esteve soterrado tanto tempo como ele, só tanto tempo como ele.

2

Com efeito, meus pacientes amigos, vou dizer-lhes o que procurei lá embaixo, vou dizer-lhes neste prefácio tardio, que poderia ter-se facilmente tornado um último adeus, uma oração fúnebre, pois voltei – e re-emergi. Não pensem que pretendo envolvê-los em semelhante empresa feliz ou mesmo somente em semelhante solidão! De fato, quem percorre tais caminhos não encontra ninguém: isso é peculiar aos "caminhos particulares". Ninguém vem em seu auxílio; ele próprio deve livrar-se, completamente só, de todos os perigos, de todos os acasos, de todas as maldades, de todas as tempestades que sobrevêm. De fato, tem seu caminho que é *próprio dele* – e, em acréscimo, a amargura, por vezes o desdém, que lhe causam esse "próprio dele"; deve-se enumerar, entre esses elementos de amargura e de desprezo, a incapacidade, por exemplo, em que se encontram seus amigos de adivinhar onde ele está ou para onde vai, a ponto de perguntarem às vezes: "Como? Será que isso é avançar? Será que ainda tem – *um caminho*?

– Foi então que empreendi uma coisa que não podia ser para todos: desci para as profundezas; passei a perfurar o chão, comecei a examinar e a minar uma velha *confiança* sobre a qual, há alguns milhares de anos, nós, os filósofos, temos o costume de construir, como sobre o terreno mais firme – e reconstruir sempre, embora até hoje toda construção tenha ruído: comecei a minar nossa *confiança na moral*. Mas será que não me compreendem?

3

Foi sobre o bem e o mal que até hoje refletimos mais pobremente: esse foi sempre um tema demasiado perigoso. A consciência, a boa reputação, o inferno e às vezes mesmo a polícia não permitiam nem permitem imparcialidade; é que, perante a moral, como perante qualquer autoridade, não é permitido refletir e, menos ainda, falar: nesse ponto se deve – *obedecer*! Desde que o mundo existe, nunca uma autoridade quis ser tomada por objeto de crítica; e chegar ao ponto de criticar a moral, a moral enquanto problema, ter a moral por problemática: como? Isso não foi – isso não *é* – imoral? – A moral, contudo, não dispõe somente de toda espécie de meios de intimidação para manter à distância as investigações e os instrumentos de tortura: sua segurança se baseia ainda mais numa certa arte de sedução que possui – ela sabe "entusiasmar". Ela consegue muitas vezes com um simples olhar paralisar a vontade crítica e até atraí-la para seu lado, havendo casos em que a lança mesmo contra si própria: de modo que, como o escorpião, crava o aguilhão em seu próprio corpo. De fato, há muito tempo que a moral conhece toda espécie de loucuras na arte de persuadir: ainda hoje, não há orador que não se dirija a ela para lhe pedir ajuda (basta, por exemplo, ouvir nossos anarquistas: como falam moralmente para convencer! Chegam até a chamar-se a si próprios "os bons e os justos"). É que a moral, desde sempre, desde que se fala e se persuade sobre a terra, se afirmou como a maior mestra da sedução – e no que diz respeito a nós, filósofos, como a verdadeira *Circe dos filósofos*. Para que serve isso se, desde Platão, todos os arquitetos filosóficos da Europa construíram em vão? Se tudo ameaça ruir ou já se acha perdido nos escombros – tudo o que eles consideravam leal e seriamente como *aere perenius*[1]? Ai! Como é falsa a resposta que ainda se dá hoje a semelhante pergunta: "Porque todos eles negligenciaram admitir a hipótese, o exame dos fundamentos, uma crítica de toda a razão". – Aí está a nefasta resposta de Kant[2] que realmente não nos jogou a nós, filósofos, num terreno mais firme e menos enganador! (e, dito de passagem, não seria um pouco estranho exigir que um instrumento se pusesse a criticar sua própria perfeição e sua própria competência? Que o próprio intelecto "reconhecesse" seu valor, sua força, seus limites? Não seria até um pouco absurdo?). A verdadeira resposta teria sido, ao contrário, que todos os filósofos construíram seus edifícios sob a sedução da moral, inclusive Kant – que a intenção deles só aparentemente se dirige à certeza, à "verdade", mas na realidade se dirige a *majestosos edifícios morais*: para nos servirmos ainda uma vez da inocente linguagem de Kant, que considerava como sua tarefa e seu trabalho, uma tarefa "menos brilhante, mas não sem mérito", "aplanar e consolidar o terreno onde seriam construídos esses majestosos

---

(1) Expressão latina extraída de Odes (III, 30.1) do poeta Quintus Horatius Flaccus (65-68 a.C.) e que significa "mais perene que o bronze" (NT).

(2) Immanuel Kant (1724-1804), filósofo alemão; entre suas obras, *A religião nos limites da simples razão* e *Crítica da razão prática* (NT).

edifícios morais" (*Crítica da razão pura*, II). Infelizmente, não conseguiu, bem pelo contrário – é preciso confessá-lo hoje. Com intenções tão exaltadas, Kant era o digno filho de seu século, que pode ser chamado, mais que qualquer outro, o século do entusiasmo: como Kant ainda o é, e isso é bom, com relação ao aspecto mais precioso de seu século (por exemplo, por esse bom sensualismo que introduziu em sua teoria do conhecimento). Foi ainda mordido por essa tarântula moral que era Rousseau[3] e também sentia pesar em sua alma o fanatismo moral do qual outro discípulo de Rousseau se sentia e se proclamava seu executor, refiro-me a Robespierre[4], que queria *fundar na terra o império da sabedoria, da justiça e da virtude* (Discurso de 7 de julho de 1794). Por outro lado, com um tal fanatismo francês no coração, não era possível agir de modo menos francês, mais profundo, mais sólido, mais alemão – se é que em nossos dias a palavra "alemão" ainda é permitida nesse sentido – como o fez Kant: para dar lugar a seu "império moral", viu-se obrigado a acrescentar um mundo indemonstrável, um "para além" lógico – é por isso que teve necessidade de sua crítica da razão pura! Em outras palavras: *ele não teria tido necessidade dela*, se não houvesse uma coisa que lhe importasse mais que tudo – tornar o "mundo moral" inatacável, melhor ainda, inatingível para a razão – pois ele sentia com extrema violência a vulnerabilidade de uma ordem moral perante a razão! Com relação à natureza e à história, com relação à inata *imoralidade* da natureza e da história, Kant, como todo bom alemão, desde a origem, era um pessimista; acreditava na moral, não porque fosse demonstrada pela natureza e pela história, mas apesar de ser incessantemente contradita pela natureza e pela história. Para compreender esse "apesar de", talvez se poderia recordar qualquer coisa semelhante em Lutero, outro grande pessimista que, com toda a intrepidez luterana, quis um dia torná-lo sensível a seus amigos: "Se se pudesse compreender pela razão como o Deus que mostra tanta cólera e maldade pode ser justo e

---

[3] Jean-Jacques Rousseau (1712-1778), filósofo e escritor suíço; entre suas obras, *O contrato social* e *A origem da desigualdade entre os homens* (NT).

[4] Maximilien de Robespierre (1758-1794), advogado e político francês, um dos principais líderes da Revolução Francesa de 1789 (NT).

bom, para que serviria então a *fé*?" De fato, desde sempre, nada impressionou mais profundamente a alma alemã, nada a "tentou" mais que esta dedução, a mais perigosa de todas, uma dedução que constitui para todo verdadeiro latino um pecado contra o espírito: *credo quia absurdum est*[5]. Com ele, a lógica alemã entra pela primeira vez na história do dogma cristão; mas ainda hoje, mil anos depois, nós, alemães de hoje, alemães tardios sob todos os pontos de vista – pressentimos algo da verdade, uma *possibilidade* de verdade, por trás do célebre princípio fundamental da dialética, pelo qual Hegel[6] ajudou recentemente para a vitória do espírito alemão sobre a Europa – "a contradição é o motor do mundo, todas as coisas se contradizem a si próprias" –: porque somos, até em lógica, pessimistas.

4

Mas os juízos *lógicos* não são os mais profundos e os mais fundamentais para os quais possa descer a coragem de nossa suspeita: a confiança na razão, que é inseparável da validade desses juízos, enquanto confiança, é um fenômeno *moral*... Terá talvez o pessimismo alemão que dar ainda um último passo? Talvez deverá ainda uma vez confrontar seu *credo* e seu *absurdum*? E se este livro, até na moral, até para além da confiança na moral, for um livro pessimista – não será precisamente nisso um livro alemão? De fato, ele representa efetivamente uma contradição e não teme essa contradição: denuncia-se aqui a confiança na moral – mas por quê? *Por moralidade*! Ou como deveríamos chamar o que se passa neste livro, o que se passa *em nós*? – pois, para nosso gosto, preferiríamos expressões mais modestas. Mas não há nenhuma dúvida, também a nós se dirige um "tu deves", também nós obedecemos a uma lei severa acima de nós – e essa é a última moral que ainda se torna inteligível para nós, a última moral que, nós também, poderíamos ainda *viver*; se em alguma coisa somos ainda *homens de consciência*, é precisamente nisso: pois não que-

---

(5) Frase latina do escritor romano e cristão Quintus Septimius FlorensTertulianus (155-220) e que significa "creio porque é absurdo" (NT).
(6) Georg Wilhelm Friedrich Hegel (1770-1831), filósofo alemão (NT).

remos voltar ao que consideramos como ultrapassado e caduco, a alguma coisa que não consideramos como digno de fé, qualquer que seja o nome que lhe for conferido: Deus, virtude, justiça, amor ao próximo; não queremos estabelecer uma ponte mentirosa para um ideal antigo; temos uma aversão profunda contra tudo o que em nós quisesse reaproximar e se intrometer; somos os inimigos de toda espécie de fé e de cristianismo atual; inimigos das meias medidas de tudo o que é romantismo e de tudo o que é espírito patrioteiro; inimigos também do refinamento artístico, da falta de consciência artística que gostaria de nos persuadir a adorar aquilo em que já não cremos – pois somos artistas –; inimigos, numa palavra, de todo *feminismo* europeu (ou idealismo, se houver preferência para que eu o diga assim) que eternamente "atrai para as alturas" e que, por isso mesmo, eternamente "rebaixa". Ora, como homens possuidores *desta* consciência, cremos ainda remontar à retidão e à piedade alemãs milenares, embora sejamos seus descendentes incertos e últimos, nós, imoralistas e ateus de hoje, nos consideramos, em certo sentido, como os herdeiros dessa retidão e dessa piedade, como os executores de sua vontade interior, de uma vontade pessimista, como já indiquei, que não teme em se negar a si mesma, porque nega com *alegria*! Em nós se cumpre – no caso de desejarem uma fórmula – *a autoultrapassagem da moral*.

5

– No final das contas, contudo: por que devemos proclamar em alta voz e com tanto ardor o que somos, o que queremos e o que não queremos? Consideremos isso mais friamente e mais sabiamente, de mais longe e de mais alto, vamos dizê-lo como isso pode ser dito entre nós, com voz tão baixa que o mundo inteiro não o ouça, que o mundo inteiro não *nos* ouça! Antes de tudo, vamos dizê-lo *lentamente*... Este prefácio chega tarde, mais não muito tarde; que importam, realmente, cinco ou seis anos? Um tal livro e um tal problema não têm pressa; e, além disso, somos amigos do *lento*, eu e meu livro. Não foi em vão que fui filólogo, e talvez ainda o seja. Filólogo quer dizer professor de leitura lenta: acaba-se por escrever também lentamente. Agora isso não só faz parte de meus hábitos, mas até meu gosto se adaptou a isso – um gosto maldoso talvez? – Não escrever nada que não deixe desesperada a espécie dos homens "apressados". De fato, a filologia é essa arte venerável que exige de seus admiradores antes de tudo uma coisa: manter-se afastado, tomar tempo, tornar-se silencioso, tornar-se lento – uma arte de ourivesaria e um domínio de ourives aplicado à *palavra*, uma arte que requer um trabalho sutil e delicado e que nada realiza se não for aplicado com lentidão. Mas é precisamente por isso que hoje é mais necessário que nunca, justamente por isso que encanta e seduz, muito mais numa época de "trabalho": quero dizer, de precipitação, de pressa indecente que se aquece e quer "acabar" tudo bem depressa, mesmo que se trate de um livro, antigo ou novo. – Essa própria arte não acaba facilmente com o que quer que seja, ensina a ler *bem*, isto é, lentamente, com profundidade, com prudência e precaução, com segundas intenções, portas abertas, com dedos e olhos delicados... Amigos pacientes, este livro não deseja para ele senão leitores e filólogos perfeitos: *aprendam* a me ler bem!

Ruta, perto de Gênova, outono de 1886.

Livro Primeiro

1. Razão ulterior

Todas as coisas que duram muito tempo de tal modo se impregnam aos poucos de razão que a origem que tiram da desrazão se torna inverossímil. A história exata de uma origem não é quase sempre sentida como paradoxal e sacrílega? O bom historiador não está, no fundo, incessantemente em *contradição* com seu meio?

2. Preconceito dos sábios

Os sábios têm razão quando pensam que os homens de todas as épocas imaginavam *saber* o que era bom e mau. Mas é um preconceito dos sábios acreditar que *agora* estamos *mais bem* informados a respeito do que em qualquer outra época.

3. Tudo tem seu tempo

Quando o homem atribuía um sexo a todas as coisas, não via nisso um jogo, mas acreditava ampliar seu entendimento: — só muito mais tarde descobriu, e nem mesmo inteiramente ainda hoje, a enormidade desse erro. De igual modo, o homem atribuiu a tudo o que existe uma relação moral, jogando sobre os ombros do mundo o manto de uma *significação* ética. Um dia, tudo isso não terá nem mais nem menos valor do que possui hoje a crença no sexo masculino ou feminino do sol.

4. Contra a pretensa falta de harmonia das esferas

Devemos novamente fazer desaparecer do mundo a abundância de falsa *sublimidade*, porque é contrária à justiça que as coisas podem reivindicar! Por conseguinte, é preciso não procurar ver o mundo com menos harmonia do que realmente tem.

5. Sejam reconhecidos!

O grande resultado que o homem obteve até hoje é que não temos mais necessidade de viver no temor contínuo dos animais selvagens, dos bárbaros, dos deuses e de nossos sonhos.

6. O prestidigitador e seu contrário

O que espanta na ciência é o contrário do que espanta na arte de prestidigitador. De fato, este quer levar-nos a ver uma causalidade muito simples em que, na realidade, uma causalidade muito complicada está em jogo. Pelo contrário, a ciência obriga-nos a abandonar a crença na causalidade simples, nos casos em que tudo parece extremamente simples e em que não passamos de vítimas da aparência. As coisas "mais simples" são muito *complicadas* – não podemos espantar-nos suficientemente com elas!

7. Modificação do sentimento do espaço

São as coisas verdadeiras ou as coisas imaginárias que mais contribuíram para a felicidade humana? O que é certo é que a distância existente entre a maior felicidade e a mais profunda infelicidade *somente assumiu toda a sua amplitude* com o auxílio das coisas imaginadas. Por conseguinte, *esta* espécie de sentimento do espaço, sob a influência da ciência, torna-se sempre menor: da mesma maneira que a ciência nos ensinou e nos ensina ainda a ver a Terra como pequena e todo o sistema solar como um ponto.

8. Transfiguração

Sofrimento sem esperança, sonhos confusos, encontros supraterrestres – aí estão os *três únicos graus* que Rafael estabelece para dividir a humanidade. Nós não olhamos mais o mundo desta maneira – e também Rafael não teria mais o *direito* de vê-lo assim: com seus próprios olhos veria uma nova transfiguração.

9. Conceito da moralidade dos costumes

Se compararmos nossa maneira de viver com aquela da humanidade durante milhares de anos, constataremos que nós, homens de hoje, vivemos numa época muito imoral: o poder dos costumes enfraqueceu de uma forma surpreendente e o sentido moral sutilizou e se elevou de tal modo que podemos muito bem dizer que se volatilizou. É por isso que nós, homens tardios, tão dificilmente penetramos nas ideias fundamentais que presidiram a formação da moral e, se chegarmos a descobri-las, rejeitamos ainda em publicá-las, tanto nos parecem grosseiras! Tanto aparentam caluniar a moralidade! Veja-se, por exemplo, a *proposição principal*: a moralidade não é outra coisa (portanto, antes de tudo, nada mais) senão a obediência aos costumes, sejam eles quais forem; ora, os costumes são a maneira *tradicional* de agir e de avaliar. Em toda parte em que os costumes não mandam, não há moralidade; e quanto menos a vida é determinada pelos costumes, menor é o cerco da moralidade. O homem livre é imoral, porque em todas as coisas *quer* depender de si mesmo e não de uma tradição estabelecida: em todos os estados primitivos da humanidade, "mal" é sinônimo de "individual", "livre", "arbitrário", "inabitual", "imprevisto", "imprevisível". Nesses mesmos estados primitivos, sempre segundo a mesma avaliação: se uma ação é executada, *não* porque a tradição assim o exija, mas por outros motivos (por exemplo, por causa de sua utilidade individual) e mesmo pelas razões que outrora estabeleceram o costume, a ação é classificada como imortal e considerada como tal até mesmo por aquele que a executa: pois este não se inspirou na obediência para com a tradição. E o que é a tradição? Uma autoridade superior à qual se obedece, não porque ordene o *útil*, mas porque *ordena*. – Em que esse sentimento da tradição se distingue de um sentimento geral do medo? É o temor de uma inteligência superior que ordena, de um poder incompreensível e indefinido, de alguma coisa que é mais do que pessoal – há *superstição* nesse temor. – Na origem, toda a educação e os cuidados do corpo, o casamento, a medicina, a agricultura, a guerra, a palavra e o silêncio, as relações entre os homens e as relações com os deuses pertenciam ao domínio da moralidade: esta exigia que prescrições fossem observadas, *sem* pensar *em si mesmo* como indivíduo. Nos tempos primitivos, tudo dependia, portanto, do costume e aquele que quisesse se elevar acima dos costumes devia tornar-se legislador, curandeiro e algo como um semideus: isto é, deveria *criar costumes* – coisa espantosa e muito perigosa! – Qual é o homem mais moral? *Em primeiro lugar*, aquele que cumpre a lei com mais frequência: por conseguinte, aquele que, semelhante ao brâmane, em toda parte e em cada instante conserva a lei presente no espírito de tal maneira que inventa constantemente ocasiões de obedecer a essa lei. *Em seguida*, aquele que cumpre a lei também nos casos mais difíceis. O mais moral é aquele que mais *sacrifica* aos costumes; mas quais são os maiores sacrifícios? Respondendo a esta pergunta, chega-se a desenvolver várias morais distintas; contudo, a diferença essencial continua sendo aquela que separa a moralidade do cumprimento *mais frequente* da moralidade do cumprimento *mais difícil*. Não nos enganemos acerca dos motivos dessa moral que exige como sinal de moralidade o cumprimento de um costume nos casos mais difíceis! A vitória sobre si próprio *não* é exigida por causa das consequências úteis que tem para o indivíduo, mas para que os costumes, a tradição apareçam como dominantes, apesar de todas as veleidades contrárias e todas as vantagens individuais: o indivíduo deve se sacrificar – assim o exige a moralidade dos costumes. Em compensação, esses moralistas que, semelhantes aos sucessores de *Sócrates*, recomendam ao indivíduo o domínio de si e a sobriedade, como suas *vantagens* mais específicas, como a chave mais pessoal de sua felicidade, esses moralistas constituem a *exceção* – e se vemos as coisas de outro modo é porque simplesmente fomos criados sob a influência deles: todos seguem uma via nova que lhes vale a mais severa reprovação dos representantes da moralidade dos costumes – eles se excluem da comunidade, uma vez que são imorais, e são, na acepção mais profunda do termo, maus.

Da mesma forma que um romano virtuoso de velha escola considerava como mau todo *cristão* que "aspirava, acima de tudo, à sua própria salvação". – Em toda parte onde existe comunidade e, por conseguinte, moralidade dos costumes, reina a ideia de que a punição pela violação dos costumes recai em primeiro lugar sobre a própria comunidade: esta pena é uma punição sobrenatural, cuja manifestação e cujos limites são tão difíceis de captar para o espírito que os analisa com um medo supersticioso. A comunidade pode obrigar o indivíduo a reparar, em relação a outro indivíduo ou à própria comunidade, o dano imediato, que é a consequência de seu ato; pode igualmente exercer uma espécie de vingança sobre o indivíduo porque, por causa dele – como uma pretensa consequência de seu ato –, as nuvens divinas e as explosões da cólera divina se acumularam sobre a comunidade – mas ela considera, no entanto, acima de tudo, a culpabilidade do indivíduo como culpabilidade própria *dela* e suporta sua punição como *sua própria* punição: "Os costumes estão relaxados", assim geme a alma de cada um, "uma vez que tais atos se tornaram possíveis". Toda ação individual, toda maneira de pensar individual fazem tremer; é totalmente impossível determinar o que os espíritos raros, escolhidos, originais tiveram de sofrer no curso dos tempos por serem assim sempre considerados como maus e perigosos, mais ainda, *por se terem sempre eles próprios considerado assim*. Sob o domínio da moralidade dos costumes, toda forma de originalidade tinha má consciência; o horizonte dos melhores tornou-se ainda mais sombrio do que deveria ter sido.

10. Movimento recíproco entre o sentido da moralidade e o sentido da causalidade

À medida que o sentido da causalidade aumenta, diminui a extensão do domínio da moralidade: pois sempre que foram compreendidos os efeitos necessários, que se chega a imaginá-los isolados de todos os acasos, de todas as consequências ocasionais (*post hoc*), de imediato foi destruído um número enorme de causalidades imaginárias, dessas causalidades que, até então, eram consideradas como os fundamentos da moral – o mundo real é muito menor do que o mundo da imaginação – a cada vez se conseguiu fazer desaparecer do mundo uma parte do temor e da coação, a cada vez também uma parte da veneração e da autoridade de que gozavam os costumes: a moralidade sofreu uma perda em seu conjunto. Aquele que, pelo contrário, quiser aumentar a moralidade deve saber evitar que os resultados possam tornar-se *controláveis*.

11. Moral popular e medicina popular

Desenvolve-se, na moral que reina numa comunidade, um trabalho constante, do qual cada um participa: a maioria das pessoas quer acumular exemplos sobre exemplos que demonstrem *a pretensa relação entre a causa e o efeito*, o crime e a punição; contribuem a confirmar assim a legalidade dessa relação e aumentam seu crédito: alguns fazem novas observações sobre os atos e as consequências desses atos, tiram deles conclusões e leis: uma minoria tropeça aqui e acolá e enfraquece a crença sobre este ou aquele ponto. – Mas todos se reúnem na forma grosseira e anticientífica de sua ação; quer se trate de exemplos, de observações ou de reticências, quer se trate da demonstração, da afirmação, da enunciação ou da refutação de uma lei, são sempre materiais sem valor, sob uma expressão sem valor, como os materiais e a expressão de toda medicina popular. Medicina popular e moral popular vão sempre juntas e não deveriam mais, como sempre se faz, ser apreciadas de forma tão diferente: ambas são ciências *aparentes* da mais perniciosa espécie.

12. A consequência como coadjuvante

Outrora se considerava o sucesso de uma ação não como uma consequência dessa ação, mas como um livre coadjuvante vindo de Deus. Pode-se imaginar confusão mais grosseira? Era necessário esforçar-se diversamente em vista da ação e em vista do sucesso, com práticas e meios totalmente diferentes!

13. Para a educação nova do gênero humano

Colaborem numa obra, vocês que são prestativos e liberais: ajudem a eliminar do mundo a ideia de punição que em toda parte se tornou infestante! Não há erva daninha mais perigosa! Essa ideia foi introduzida não somente nas consequências de nossa maneira de agir – e que poderia haver de mais nefasto e mais irrazoável do que interpretar a causa e o efeito como causa e como punição! – Mas muito pior que isso foi feito ainda, os acontecimentos puramente fortuitos foram privados de sua inocência, servindo-se dessa maldita arte de interpretação por meio da ideia de punição. A loucura foi impelida até mesmo a ponto de levar a ver na própria existência uma punição. – Dir-se-ia que é a imaginação extravagante de carcereiros e de carrascos que dirigiu até o presente a educação da humanidade!

14. Significação da loucura na história da humanidade

Se, apesar desse formidável jugo da "moralidade dos costumes", sob o qual viveram todas as sociedades humanas, se durante milênios antes de nossa era e mesmo no curso desta até nossos dias (nós mesmos vivemos num pequeno mundo de exceção e, de algum modo, na zona má) – ideias novas e divergentes, avaliações e juízos de valor contrários nunca deixaram de surgir, isso só ocorreu porque estavam sob a égide de um salvo-conduto terrível: quase em toda parte, é a loucura que aplana o caminho da ideia nova, que levanta a proibição de um costume, de uma superstição venerada. Compreendem por que foi necessária a assistência da loucura? De qualquer coisa que fosse tão terrificante e tão incalculável, na voz e nos gestos, como os caprichos demoníacos da tempestade e do mar e, por conseguinte, tão dignos como eles do temor e do respeito? De qualquer coisa que levasse, como as convulsões e a baba do epiléptico, o sinal visível de uma manifestação absolutamente involuntária? De qualquer coisa que parecesse imprimir ao alienado o sinal de alguma divindade, da qual ele parecesse ser como a máscara e o porta-voz? De qualquer coisa que inspirasse, mesmo ao promotor de uma ideia nova, a veneração e o temor dele próprio, e não já remorsos, e que o impelisse a ser o profeta e o mártir dessa ideia? – Enquanto em nossos dias nos dão sem cessar a entender que o gênio possui, em lugar de um grão de bom senso, um grão de loucura, os homens de outrora estavam muito mais perto da ideia de que lá onde houver loucura há também um pouco de gênio e de sabedoria – qualquer coisa de "divino", como se murmurava ao ouvido. Ou melhor, afirmava-se mais claramente: "Por meio da loucura, os maiores benefícios foram derramados sobre a Grécia", dizia Platão[7] com toda a humanidade antiga. Avancemos ainda um passo: a todos esses homens superiores, impelidos irresistivelmente a romper o jugo de uma moralidade qualquer e a proclamar leis novas, não tiveram outra solução, *se não eram realmente loucos*, que se tornarem loucos ou simular a loucura. – Isso vale para todos os inovadores em todos os domínios, e não somente naqueles das instituições sacerdotais e políticas: – até mesmo o inventor da métrica poética teve de se impor por meio da loucura[8]. (Até épocas bem mais tranquilas, a loucura permaneceu como uma espécie de convenção entre os poetas: Sólon recorreu a ela quando inflamou os atenienses para reconquistar Salamina[9]). – "Como alguém se torna louco quando não o é e quando não tem a coragem de fingir que o é?" Quase todos os homens eminentes das antigas civilizações se entregaram a esse espantoso raciocínio; uma doutrina secreta, feita de artifícios e de indicações dietéticas, conservou-se a esse respeito, acompanhada do sentimento da inocência e mesmo da santidade de tal intenção e de tal sonho. As fórmulas para se tornar "homem-medicina" entre os índios, santo entre os cristãos da Idade Média, "anguécoque" entre os groenlandeses, "pajé" entre os brasileiros são, em suas linhas gerais, as mesmas; o jejum além dos limites, a prolongada abstinência sexual, o retiro no deserto ou no cimo de uma montanha ou ainda no alto de uma coluna ou também "a permanência num salgueiro velho à margem de um lago" e a ordem de não pensar em outra coisa senão naquilo que pode desencadear o êxtase e a desordem do espírito. Quem ousaria, portanto, lançar um olhar no inferno das angústias morais, as mais amargas e as mais inúteis, nas quais provavelmente definharam os homens

---

(7) Platão (427-347 a.C.), filósofo grego; a citação é extraída do livro *Fedro* (NT).
(8) Segundo o relata Platão na obra *Íon* (NT).
(9) É o que narra Plutarco (50-125), historiador grego, na vida de *Sólon* (NT).

mais fecundos de todos os tempos! Quem ousaria escutar os suspiros dos solitários e dos transviados: "Ah! Deem-me ao menos a loucura, poderes divinos! A loucura para que termine finalmente por acreditar em mim mesmo! Deem-me delírios e convulsões, horas de claridade e de trevas repentinas, aterrorizem-me com arrepios e ardores que jamais mortal algum experimentou, cerquem-me de ruídos e de fantasmas! Deixem-me uivar, gemer e rastejar como um animal: contanto que adquira a fé em mim mesmo! A dúvida me devora, matei a lei e tenho por lei o horror dos vivos por um cadáver; se não sou mais do que a lei, sou o último dos réprobos. De onde vem o espírito novo que está em mim, se não vem de vocês? Provem-me, portanto, que eu lhes pertenço! – Só a loucura a mim o demonstra." E muitas vezes esse fervor atingia seu objetivo: na época em que o cristianismo dava amplamente prova de sua fecundidade, multiplicando os santos e os anacoretas, imaginando assim que se afirmava a si mesmo, havia em Jerusalém grandes estabelecimentos de alienados para os santos naufragados, para aqueles que haviam sacrificado seu último grão de razão.

15. Os mais antigos meios de consolação

Primeira etapa: o homem vê em todo mal-estar, em todo revés da sorte, alguma coisa pela qual deve fazer sofrer qualquer outro, não importa quem – é assim que se dá conta do poder que ainda lhe resta e isso o consola. Segunda etapa: o homem vê em todo mal-estar e em todo revés da sorte uma punição, isto é, a expiação da falta e o meio de *escapar* ao feitiço maléfico de uma parcialidade real ou imaginária do destino. Se percebe essa *vantagem* que consigo traz a infelicidade, deixa de acreditar na necessidade de fazer sofrer outro qualquer por essa infelicidade – vai renunciar a esse tipo de satisfação porque agora tem outro.

16. Primeiro princípio da civilização

Nos povos selvagens, há uma categoria de costumes que parece visar a tornar-se um costume geral: são regulamentações penosas e, no fundo, supérfluas (por exemplo, o costume difundido entre os Kamtchadales de jamais raspar com uma faca a neve grudada nos calçados, de jamais usar uma faca para ajeitar as brasas do fogo, de nunca pôr um ferro no fogo – e a morte atinge aquele que infringir esses costumes!) – mas essas regulamentações mantêm permanentemente na consciência a ideia do costume, a obrigação ininterrupta de obedecer a ele, com o objetivo de reforçar o grande princípio pelo qual a civilização começa: todo costume vale mais do que a ausência de costumes.

17. A natureza boa e má

Os homens começaram por substituir a natureza por sua própria pessoa: eles viam em toda parte a si mesmos, a seus semelhantes, isto é, viam seu caráter mau e caprichoso, escondido de alguma forma por trás das nuvens, das tempestades, dos animais ferozes, das árvores e das plantas: foi então que inventaram "a natureza má". Depois disso veio outra época em que quiseram se diferenciar da natureza, a época de Rousseau[10]: estavam tão cansados uns dos outros que quiseram absolutamente possuir um recanto do mundo em que o homem não pudesse se incomodar com sua miséria: inventou-se a "natureza boa".

18. A moral do sofrimento voluntário

Qual é a alegria mais elevada para os homens em guerra nessa pequena comunidade constantemente em perigo, na qual reina a moralidade mais rigorosa? Quero dizer, para as almas vigorosas, vingativas, odiosas, pérfidas, desconfiadas, preparadas para o pior, endurecidas pelas privações e pela moral? – A alegria da *crueldade*. De igual modo, em semelhantes almas, em tais circunstâncias, é uma *virtude* ser inventivo e insaciável na crueldade. A comunidade diverte-se com as ações do homem cruel, esquece nele, de vez, a austeridade do temor e das contínuas precauções. A crueldade é uma das mais antigas alegrias da humanidade. Julga-se, por conseguinte, que também os próprios deuses se reconfortam e se divertem quando lhes é oferecido o espetáculo da crueldade – de tal modo que a ideia do sentido e do valor superior que há no *sofri-*

---

(10) Jean-Jacques Rousseau (1712-1778), filósofo e escritor suíço; entre suas obras, *O contrato social* e *A origem da desigualdade entre os homens* (NT).

mento voluntário e no martírio escolhido livremente é introduzida no mundo. Pouco a pouco o costume estabelece na comunidade uma prática conforme a essa ideia: doravante se desconfia de todo bem-estar exuberante e se recobra confiança cada vez que se está num estado de grande dor; então se diz que os deuses poderiam ser desfavoráveis por causa da felicidade e favoráveis por causa da infelicidade – desfavoráveis e, de modo algum, compassivos! De fato, a compaixão é considerada desprezível e indigna de uma alma forte e temível –; mas os deuses são favoráveis porque o espetáculo das misérias os diverte e os deixa de bom humor: pois a crueldade produz sempre o mais voluptuoso sentimento de poder. Foi assim que se introduziu na noção do "homem moral", tal como existe na comunidade, a virtude do sofrimento frequente, da privação, da vida difícil, da mortificação cruel – *não*, para repeti-lo ainda, como meio de disciplina, de domínio de si, de aspiração à felicidade pessoal – mas como uma virtude que dispõe favoravelmente para a comunidade os deuses maus, porque ela eleva incessantemente a eles a fumaça de um sacrifício expiatório. Todos os chefes espirituais dos povos que se mostraram capazes de pôr em movimento o lodo preguiçoso e terrível dos costumes tiveram necessidade, além da loucura, do martírio voluntário para ter crédito – e, como sempre, antes e acima de tudo, crédito neles mesmos! Quanto mais seu espírito seguia novos caminhos, sendo consequentemente atormentado por remorsos e temor, mais eles lutavam cruelmente contra sua própria carne, contra seus próprios desejos e sua própria saúde – como para oferecer à divindade uma compensação em alegrias, para o caso de ela se irritar por ver os costumes negligenciados e combatidos em favor de objetivos novos. Não se deve imaginar, contudo, com demasiada complacência, que hoje estamos inteiramente desembaraçados de semelhante lógica do sentimento! Que as almas mais heroicas se interroguem a respeito em seu foro íntimo! O menor passo à frente no domínio do livre pensamento e da vida individual foi conquistado, em todas as épocas, com torturas intelectuais e físicas: e não apenas a marcha para a frente, não! Toda espécie de marcha, de movimento, de mudança necessitou de inumeráveis mártires ao longo desses milênios que procuravam seus caminhos e que edificavam bases, em que, é claro, não se pensa quando se fala desse espaço ridiculamente diminuto na existência da humanidade e que é chamado "história universal"; e mesmo no domínio dessa história universal que não é, no fundo, senão o barulho que se faz em torno das últimas novidades, não existe tema mais essencial e mais importante do que a antiga tragédia dos mártires que queriam *pôr o lodo em movimento*. Nada foi pago mais caro que essa pequena parcela de razão humana e de sentimento de liberdade que constitui hoje nosso orgulho. Mas é por causa desse orgulho que nos é praticamente impossível hoje ter o senso desse enorme lapso de tempo em que reinava a "moralidade dos costumes" e que precede a "história universal", *época real e decisiva, de primordial importância histórica, que fixou o caráter da humanidade*, época em que o sofrimento era uma virtude, a crueldade era uma virtude, a vingança era uma virtude, a negação da razão era uma virtude, em que, pelo contrário, o bem-estar era um perigo, a sede de saber era um perigo, a paz era um perigo, a compaixão era um perigo, a incitação à piedade era uma vergonha, o trabalho era uma vergonha, a loucura era algo de divino, a mudança era algo de imoral, prenhe de perigo! – Pensais que tudo isso se modificou e que, por conseguinte, a humanidade mudou de caráter? Oh! Conhecedores do coração humano, aprendam a conhecer-se melhor!

19. Moralidade e embrutecimento

Os costumes representam as experiências dos homens anteriores acerca do que consideravam útil ou prejudicial – mas o *sentimento dos costumes* (moralidade) não se refere a suas experiências, mas à antiguidade, à santidade, à indiscutibilidade dos costumes. Aí está por que esse sentimento se opõe a que se façam novas experiências e se corrijam os costumes: o que quer dizer que a moralidade se opõe à formação de costumes novos e melhores: ela embrutece.

20. Livres atores e livres pensadores

Os livres atores estão em desvantagem em relação aos livres pensadores, pois os homens sofrem de maneira mais visível as consequências dos atos do que as consequências dos pensamentos. Mas, se considerarmos que uns e outros procuram sua satisfação e que os livres pensadores já a encontram no fato de refletir nas coisas proibidas e exprimi-las, verificamos que, quanto aos motivos, eles são perfeitamente idênticos; e, quanto aos resultados, os livres atores vencerão os livres pensadores, partindo do princípio que não julgamos de acordo com a visibilidade mais próxima e mais grosseira – isto é, como todo mundo. Há sempre lugar para rever as calúnias que oprimiram aqueles que por seus atos quebraram a autoridade de um costume – geralmente chamamos estes de criminosos. Todos aqueles que subverteram a lei moral estabelecida sempre foram considerados em primeiro lugar como *homens maus*: mas, quando já não era possível restabelecer essa lei e quando a mudança se tornou um hábito, o atributo transformava-se pouco a pouco – a história trata quase exclusivamente desses *homens maus* que, mais tarde, foram declarados *bons*.

21. "Cumprimento da lei"

Quando a observância de um preceito moral atinge um resultado diferente daquele que se havia prometido e esperado e não traz ao homem moral a felicidade prometida, mas, contra toda expectativa, a infelicidade e a miséria, resta sempre aos conscienciosos e aos inquietos a desculpa de dizer: "Cometemos um erro na *execução*". No pior dos casos, uma humanidade oprimida que sofre profundamente acabará mesmo por decretar: "É impossível executar o preceito corretamente, somos fracos e pecadores até o fundo da alma e profundamente incapazes de moralidade; por conseguinte, não podemos ter nenhuma pretensão à felicidade e ao sucesso. As promessas e os preceitos morais são para seres melhores do que nós".

22. As obras e a fé

Os doutores protestantes continuam a propagar este erro fundamental, ou seja, que só a fé conta e que as obras são uma consequência natural da fé. Esta doutrina não é absolutamente verdadeira, mas tem a aparência tão sedutora que já fascinou muitas outras inteligências, além daquela de Lutero (penso nas de Sócrates e Platão): ainda que a evidência e a experiência de todos os dias prove o contrário. O conhecimento e a fé, apesar de todas as promessas que encerram, não podem dar nem a força nem a habilidade necessárias à ação. Não podem substituir o hábito desse mecanismo sutil e complexo que deveria ter sido posto em movimento para que qualquer coisa possa passar da representação à ação. Primeiro e antes de tudo, as obras! Quer dizer, o exercício, o exercício e sempre o exercício! A "fé" adequada surgirá por si própria – estejam certos disso.

23. Em que somos mais sutis

Pelo fato de, durante milênios, se ter considerado as *coisas* (a natureza, os instrumentos, a propriedade de toda espécie) como vivas e animadas, com a força de prejudicar e de subtrair às intenções humanas, o sentimento de impotência, entre os homens, foi muito mais forte e mais frequente do que poderia ter sido: pois era necessário manter sob controle as coisas, bem como os homens e os animais, por meio da força, da coação, da lisonja, de pactos, de sacrifícios – esta é a origem da maior parte das práticas supersticiosas, quer dizer, de uma parte, talvez a *preponderante*, contudo a mais inutilmente desperdiçada, da atividade humana. – Mas, uma vez que o sentimento de impotência e de temor estava num estado de irritação tão violento, tão contínuo e quase permanente, o *sentimento de poder* desenvolveu-se de forma tão *sutil* que o homem pode agora, nessa matéria, pesá-lo na mais sensível das balanças. Esse sentimento se tornou sua inclinação mais violenta; os meios descobertos para o atingir formam quase a história da cultura.

24. A demonstração do preceito

De forma geral, o valor ou o não valor de um preceito – por exemplo, aquele de assar o pão – é demonstrado pelo fato de que o resultado prometido aparece ou não, desde que, no entanto, seja executado minuciosamente. Tudo se passa diversamente com os preceitos morais: pois, nesse caso particular, não é possível dar-se conta dos resultados, interpretá-los e defini-los. Esses preceitos repousam em hipóteses de valor científico muito fraco, cuja demonstração ou refutação pelos resultados é igualmente impossível; – mas outrora, quando toda a ciência era rude e primitiva e quando se tinha tênues pretensões de considerar uma coisa como demonstrada – outrora o valor ou o não valor de um preceito de moralidade era determinado da mesma maneira que qualquer outro preceito: invocando os resultados. Entre os indígenas da América russa há um preceito que diz: "Não deves lançar ao fogo os ossos dos animais, nem dá-los aos cães" – e esse preceito é demonstrado acrescentando-se: "Se o fizeres, não terás sorte na caça". Ora, em um sentido ou em outro, acontece quase sempre que não se tem sorte na caça; não é fácil, portanto, *refutar* dessa maneira o preceito, sobretudo quando é a comunidade inteira, e não somente o indivíduo, que suporta o peso da falta; haverá, por conseguinte, sempre uma circunstância que parecerá demonstrar o valor do preceito.

25. Costumes e beleza

Em defesa dos costumes é preciso confessar que, em cada um daqueles que se submetem totalmente a eles, do fundo do coração e desde o início, os órgãos de ataque e de defesa – físicos e espirituais – se atrofiam: o que permite a esse indivíduo tornar-se sempre mais belo! De fato, é o exercício desses órgãos, e o sentimento correspondente, que torna feio e que conserva a feiura. É assim que o velho babuíno é mais feio do que o jovem, e a jovem fêmea de babuíno tanto se parece com o homem: e é, portanto, a mais bela. – Que se tire disso uma conclusão sobre a origem da beleza da mulher!

26. Os animais e a moral

As práticas que são exigidas na sociedade mais refinada: evitar com precaução tudo o que é ridículo, bizarro, pretensioso, refrear as virtudes, bem como os desejos violentos, *mostrar-se semelhante aos outros, submeter-se a regras, diminuir-se* – tudo isso, enquanto moral social, se encontra até na escala mais baixa da espécie animal – e é só nesse nível inferior que vemos as ideias ocultas de todas essas amáveis disposições: pretende-se escapar aos perseguidores a ser favorecido na busca da presa. É por isso que os animais aprendem a dominar-se e a disfarçar-se de tal maneira que alguns deles, por exemplo, adaptam sua cor à cor do ambiente (por meio do que chamamos a "função cromática"), chegam a simular a morte, a assumir as formas e as cores de outros animais ou o aspecto da areia, das folhas, dos líquenes, das esponjas (o que os naturalistas ingleses denominam *mimicry* – mimetismo). É assim que o indivíduo se dissimula sob a universalidade do termo genérico "homem" ou no meio da "sociedade" ou, ainda, se adapta e se assimila aos príncipes, às castas, aos partidos, às opiniões de seu tempo ou de seu meio: e a todas as nossas formas sutis de nos fazermos passar por felizes, reconhecidos, poderosos, amáveis, encontraremos facilmente o equivalente animal. O sentido da verdade também que, no fundo, não é outra coisa senão o sentido da segurança, o homem o tem em comum com o animal: não queremos nos deixar enganar nem perder-nos a nós próprios, escutamos com desconfiança os encorajamentos de nossas próprias paixões, dominamo-nos e ficamos desconfiados de nós mesmos; tudo isso também o animal faz; nele também o domínio de si provém do sentido da realidade (da inteligência). De igual modo, o animal observa os efeitos que produz na imaginação dos outros animais, aprende a olhar-se através disso, a considerar-se "objetivamente", a possuir, em certa medida, o conhecimento de si. O animal julga movimentos de seus adversários e de seus amigos, aprende de cor suas particularidades: contra os representantes de certas espécies, renuncia definitivamente ao combate, tal como adivinha à simples aproximação as intenções pacíficas e conciliadoras de muitas espécies de animais. As origens da justiça e da inteligência, da ponderação, da valentia – numa palavra, de tudo o que designamos de *virtudes* socráticas – são *animais*: essas virtudes são uma consequência dos instintos que ensinam a procurar o alimento e a escapar do inimigo. Se considerarmos, pois, que mesmo o homem superior não fez outra coisa que elevar-se e se aperfeiçoar na *qualidade* de seu alimento e na ideia do que considera como oposto à sua natureza, nada poderá impedir de qualificar de animal o fenômeno moral por inteiro.

27. Valor da crença nas paixões sobre-humanas

A instituição do casamento mantém obstinadamente a crença de que o amor, embora seja uma paixão, é, contudo, suscetível de durar como a paixão, a crença de que o amor duradouro, o amor por toda a vida pode ser considerado como a regra. Por essa tenacidade de uma nobre crença, mantida apesar das refutações tão frequentes que são quase a regra e que fazem dela, por conseguinte, uma *pia fraus*[11], a instituição do casamento conferiu ao amor uma nobreza superior. Todas as instituições que concederam a uma paixão a *crença em sua duração* e a tornam responsável por essa duração, contra a própria essência da paixão, reconheceram-lhe uma nova ordem: doravante aquele que é prisioneiro de uma paixão, não vê mais nisso, como outrora, uma degradação ou uma ameaça, mas, pelo contrário, se sente elevado por ela perante si próprio e diante de seus semelhantes. Pensemos nas instituições e nos costumes que fizeram do abandono fogoso de um instante uma fidelidade eterna, do prazer da cólera a eterna vingança, do desespero o luto eterno, da palavra súbita e única o compromisso eterno. Por semelhantes transformações, muita hipocrisia e mentira cada vez mais foi introduzida no mundo: cada vez também, e a esse preço somente, um conceito *sobre-humano* que eleva o homem.

28. A DISPOSIÇÃO DE ESPÍRITO COMO ARGUMENTO

Qual é a causa de uma alegre determinação que se apodera de nós diante da ação? – Esta é uma questão que tem preocupado muito os homens. A resposta mais antiga, que permanece sempre corrente, é que se deve fazer remontar a causa a Deus que nos permite compreender com isso que aprova nossa decisão. Quando outrora se interrogavam os oráculos, desejava-se trazer de lá para si essa alegre resolução; e todos respondiam às dúvidas que lhes sobrevinham, quando se apresentam à sua alma diversas ações possíveis, dizendo: "Eu quero realizar a ação que for acompanhada desse sentimento". Por conseguinte, os homens não se decidiam pela solução mais razoável, mas pelo projeto cuja imagem tornava a alma mais corajosa e cheia de esperança. A boa disposição pesava na balança como um argumento mais decisivo do que

---
(11) Expressão latina que significa "piedosa fraude" (NT).

a razão: porque a disposição de espírito era interpretada de forma supersticiosa, como o efeito de um deus que promete o êxito e que quer assim levar a falar, à sua razão, a linguagem da sabedoria superior. Ora, considerem as consequências de semelhante preconceito quando homens astutos e sequiosos de poder se serviram dele – quando se servem ainda! "Dispor favoravelmente os espíritos!" – com isso se pode substituir todos os argumentos e vencer todas as objeções!

29. Os comediantes da virtude e do pecado

Entre os homens da antiguidade que se tornaram célebres por sua virtude houve, parece, um número considerável deles que representava *a comédia para si mesmos*: sobretudo os gregos, esses comediantes natos, tiveram de simular assim de um modo inteiramente involuntário e teriam achado que era bom simular. Por outro lado, cada um se via em *competição* por sua virtude com a virtude de outro ou de todos os outros: como seria possível que não utilizassem todos os artifícios para dar a virtude como espetáculo a si mesmos em primeiro lugar, fosse isso simplesmente para se acostumar! Para que servia uma virtude que não pudesse ser mostrada ou que não se prestasse a ser mostrada! – O cristianismo pôs um freio a essa comédia da virtude: inventou o costume de exibir os próprios pecados de uma forma repugnante, de fazê-los desfilar, introduziu no mundo a culpabilidade *afetada* (considerada até hoje "de bom-tom" entre os bons cristãos).

30. A crueldade refinada como virtude

Aí está uma moralidade que repousa inteiramente na *necessidade de se distinguir* – não tenham dela uma opinião muito boa! Que inclinação é essa, pois, no fundo e qual é a segunda intenção que a dirige? Pretendemos que nosso simples olhar *faça mal* a nosso vizinho e a seu espírito de inveja, desperte nele um sentimento de impotência e de desgraça; queremos fazê-lo saborear a amargura do seu destino, derramando em sua língua uma gota de *nosso* mel e, enquanto o fazemos degustar esse pretenso benefício, o fitamos diretamente nos olhos, fixamente e com um ar de triunfo. Aí está ele que se tornou humilde e perfeito agora em sua humildade – procurem aqueles que, por sua humildade, durante muito tempo ele lhes preparou uma tortura; e haverão de encontrá-los facilmente! Ele se mostra compassivo para com os animais e nós o admiramos – mas ele pretende assim dar livre curso à sua crueldade em relação a certas pessoas. Aí está um grande artista: a volúpia que degusta antecipadamente, imaginando a inveja dos rivais subjugados, impediu sua força de adormecer até que se tenha tornado um grande – quantos momentos amargos não fez pagar a outros espíritos para atingir essa grandeza! A castidade da religiosa: com que olhar vingador contempla as mulheres que vivem diferentemente! Que alegria vingadora há em seus olhos! – O tema é curto, mas as variações poderiam ser inumeráveis, sem risco de provocar o enfado – pois é sempre uma novidade, por mais paradoxal e dolorosa que seja, que a moralidade da distinção não seja, em última instância, senão o prazer de uma crueldade refinada. Em última instância, quero dizer, sempre na primeira geração. De fato, quando o hábito de uma ação que distingue se torna *hereditário*, a segunda intenção não se transmite (herdamos apenas sentimentos, e não pensamentos): e, supondo que não seja introduzida a segunda intenção novamente pela educação, na segunda geração o prazer da crueldade, na ação que distingue, já não existe mais: mas somente o prazer que o hábito dessa ação proporciona. Mas precisamente *esse* prazer é o primeiro grau do "bem".

31. A ALTIVEZ DO ESPÍRITO

A *altivez* do homem que se insurge contra a tese de sua ascendência animal e que estabelece entre a natureza e o homem um grande abismo – essa altivez provém de um *preconceito* sobre a natureza do espírito e esse preconceito é relativamente *recente*. Durante o longo período pré-histórico da humanidade, supunha-se que o espírito estava em toda parte e não se pensava de forma alguma em venerá-lo como uma prerrogativa do homem. Porque se considerava, pelo contrário, o espiritual (assim como todos os instintos, as maldades, as tendências) como pertencente a todos, como, portanto, de essência comum, e não se tinha vergonha de descender de animais ou de árvores (as raças *nobres* se sentiam honradas com essas lendas); via-se no espírito aquilo que nos une à natureza, e não o que dela nos separa. Assim, todos eram criados na *modéstia* – e era também a partir de um *preconceito*.

32. O ENTRAVE

Sofrer moralmente e ficar sabendo depois que esta espécie de sofrimento repousa num erro, é isso que revolta. De fato, há uma consolação única em afirmar, por meio do sofrimento, um "mundo de verdade" mais profundo" do que qualquer outro mundo, e é infinitamente *preferível* sofrer e sentir-se *superior* à realidade (pela consciência de se aproximar assim desse "mundo de verdade mais profundo") a viver sem sofrimento e ser privado desse sentimento de superioridade. Por conseguinte, a altivez e a maneira habitual de satisfazê-lo são o que *se opõem* à nova concepção da moral. Que força será necessário utilizar, portanto, para eliminar esse entrave? Mais altivez? Uma nova altivez?

33. O DESPREZO DAS CAUSAS, DAS CONSEQUÊNCIAS E DA REALIDADE

Esses acasos nefastos que se abatem sobre uma comunidade, tempestades súbitas, secas ou epidemias, despertam em todos os seus membros a suspeita de que faltas contra os costumes foram cometidas ou fazem crer que é preciso inventar novos costumes para apaziguar um novo poder e um novo capricho dos demônios. Esse gênero de suspeita e de raciocínio evita justamente, portanto, aprofundar a verdadeira causa natural e considera a causa demoníaca como razão primeira. Há nisso uma das fontes da má formação hereditária do espírito humano; e a outra fonte se encontra bem ao lado, pois, de igual modo e também sistematicamente, se presta uma atenção muito menor às verdadeiras *consequências* naturais de uma ação do que a suas consequências sobrenaturais (o que é chamado de punições e graças da divindade). Prescreve-se, por exemplo, tomar certos banhos em determinados momentos: não se toma banho por uma questão de higiene, mas porque isso foi prescrito. Não se aprende a fugir das verdadeiras consequências da sujeira, mas o pretenso descontentamento que a divindade teria ao ver alguém negligenciar o banho. Sob a pressão de um temor supersticioso, suspeita-se de que esse lavar do corpo sujo tem mais importância do que o ar, depois são introduzidos significados de segunda e de terceira mão, estraga-se a alegria e o sentido da realidade e se termina por não conferir a esse lavar senão *enquanto pode ser um símbolo*. Assim, sob o império da moralidade dos costumes, o homem despreza primeiramente as causas, depois as consequências, em terceiro lugar, a realidade e liga todos os seus sentimentos elevados (de veneração, de nobreza, de altivez, de reconhecimento, de amor) *a um mundo imaginário*: que chama de mundo superior. E hoje ainda vemos as consequências disso: desde que os sentimentos de um homem se *elevam* de uma forma ou de outra, esse mundo imaginário está em jogo. É triste dizer, mas provisoriamente *todos os sentimentos elevados* devem ser suspeitos ao homem de ciência, tão ilusórios e extravagantes se mostram. Não que esses sentimentos devessem ser suspeitos em si e para sempre, mas, de todas as *depurações* progressivas que esperam a humanidade, a depuração dos sentimentos elevados será uma das mais lentas.

34. Sentimentos morais e conceitos morais

É evidente que os sentimentos morais são transmitidos pelo fato de que as crianças notam nos adultos predileções violentas e fortes antipatias com relação a certas ações e que, macacos de nascença, *imitam* essas predileções e essas antipatias; mais tarde, no decorrer de sua existência, quando estiverem repletos desses sentimentos bem adquiridos e bem exercidos, acham conveniente proceder a um exame tardio, a uma espécie de exposição dos motivos que irão justificar essas predileções e essas antipatias. Mas essa "exposição dos motivos" nada tem a ver neles com a origem nem com a intensidade desses sentimentos: contenta-se de se pôr em dia com a conveniência quem quiser que um ser racional conheça as razões de seus prós e de seus contras, razões confessáveis e aceitáveis. Nesse sentido, a história dos sentimentos morais é inteiramente diferente da história dos conceitos morais. Os primeiros são poderosos *antes* da ação, os segundos, sobretudo *depois*, defronte da necessidade de se explicar a respeito dela.

35. Os sentimentos e sua proveniência dos juízos

"Confia em teu sentimento!" – Mas os sentimentos não são nada de definitivo, nada de original; por trás dos sentimentos, há os juízos e as apreciações que nos são transmitidos sob forma de sentimentos (predileções, antipatias). A inspiração que decorre de um sentimento é neta de um juízo – muitas vezes de um juízo errôneo! –, mas, em qualquer caso, não de um juízo que te seja pessoal! Confiar nos próprios sentimentos significa obedecer mais ao avô, à avó e aos antepassados do que obedecer aos deuses que estão em *nós*, à nossa razão e à nossa experiência.

36. Uma tolice da piedade repleta de segundas intenções

O quê? Os inventores das antigas culturas, os primeiros construtores de utensílios e de cordas, de carroças, de barcos e de casas, os primeiros observadores da conformidade das leis celestes e das regras da multiplicação – seriam diferentes dos inventores e dos observadores de nosso tempo e superiores a estes? Não teriam os primeiros um valor que todas as nossas viagens, todas as nossas navegações circulares no domínio das descobertas não chegariam a igualar? Assim fala a voz do preconceito; assim se argumenta para rebaixar o espírito moderno. E, no entanto, é evidente que outrora o acaso foi o maior inventor e o maior observador, o inspirador benevolente dessa época engenhosa e que, para as mais insignificantes invenções que ora se fazem, exige-se mais espírito, mais energia e mais imaginação científica do que houve outrora durante longos períodos.

37. Falsas conclusões tiradas da utilidade

Quando se demonstrou a extrema utilidade de uma coisa, não se fez ainda um passo para explicar sua origem: o que significa que jamais se pode explicar, por meio da utilidade, a necessidade da existência. Mas é precisamente o juízo inverso que dominou até o presente – e até mesmo no domínio da ciência mais rigorosa. Os astrônomos não chegaram a pretender que a utilidade (suposta) na economia dos satélites (suprir a luz enfraquecida por uma distância demasiado grande do sol, para que os habitantes dos astros não tivessem falta de luz) era o objetivo final dessa economia e explicava sua origem? Isto faz lembrar também o raciocínio de Cristóvão Colombo: a terra é feita para o homem; portanto, se há terras, elas devem ser habitadas. "Será possível que o sol derrame seus raios sobre o nada e que a vigília noturna das estrelas seja prodigalizada em vão a mares sem velas e a regiões desabitadas?"

38. OS INSTINTOS TRANSFORMADOS PELOS JUÍZOS MORAIS

O próprio instinto torna-se um sentimento penoso de *covardia*, sob a impressão da censura que os costumes fizeram repousar sobre ele: ou um sentimento agradável de *humildade*, se uma moral, como a cristã, o adotou e o declarou *bom*. Quer dizer que esse instinto gozará sempre de uma boa ou de uma má consciência! Em si, *como todo instinto*, é independente da consciência, não possui nem um caráter, nem uma designação moral e tampouco é acompanhado de um sentimento de prazer ou de desprazer determinado: só adquire tudo isso como uma segunda natureza, a partir do momento em que se relaciona com outros instintos que já receberam o batismo do bem e do mal, ou se é reconhecido como o atributo de um ser que o povo já definiu e avaliou do ponto de vista moral. – Assim, os antigos gregos tinham outra opinião sobre a *inveja*, diferente da nossa: Hesíodo[12] a menciona entre os efeitos da *boa* e benfazeja Eris e não ficava chocado com o pensamento de que os deuses tivessem alguma coisa de invejoso: fenômeno compreensível num estado de coisas em que a emulação era a alma; emulação que era considerada como boa e apreciada como tal. De igual modo, os gregos se distinguiam de nós na avaliação da *esperança*: consideravam-na como cega e pérfida; Hesíodo mostrou numa fábula o que se pode dizer de mais violento contra ela e o que ele diz é tão estranho que nenhum intérprete novo compreendeu alguma coisa – pois é contrário ao espírito moderno que aprendeu do cristianismo a

---
(12) Hesíodo (séc. VIII a.C.), poeta grego; a citação do texto consta na obra desse poeta, intitulada *Os trabalhos e os dias* (NT).

considerar a esperança uma virtude. Ao contrário, para os gregos o conhecimento do futuro não parecia inteiramente fechado e a interrogação do futuro tinha se tornado, em inumeráveis casos, um dever religioso; enquanto nós nos contentamos com a esperança, os gregos, graças às predições de seus adivinhos, tinham muito pouca estima pela esperança e a rebaixavam ao nível de um mal ou de um perigo. – Os judeus, que consideravam a *cólera* de um modo diferente de nós, declararam-na sagrada: é por isso que colocaram a sombria majestade que a acompanhava num grau tão elevado que um europeu sequer poderia imagina: eles conceberam a santidade de seu Javé colérico segundo a santidade de seus profetas coléricos. Os grandes encolerizados entre os europeus, se forem avaliados segundo semelhante medida, não passam, de algum modo, de criaturas de segunda mão.

39. O preconceito do "espírito puro"

Em toda parte onde reina a doutrina da *espiritualidade pura*, ela destruiu com seus excessos a força nervosa: ensinava a desprezar o corpo, a negligenciá-lo ou a atormentá-lo, a atormentar e desprezar o próprio homem, por causa de todos os seus instintos; produzia almas sombrias, tensas, oprimidas – que, além disso, acreditavam conhecer a causa de seu sentimento de miséria e esperavam poder suprimi-la! "É no corpo que ela se encontra! É sempre ainda demasiado viçoso!" – assim concluíam eles, enquanto na realidade o corpo, com suas dores, não cessava de se rebelar contra o contínuo desprezo que lhe mostravam. Um extremo nervosismo, que se tornou geral e crônico, acabava por ser o apanágio desses virtuosos espíritos puros: eles só conheciam o prazer sob a forma de êxtase e de outros fenômenos da loucura – e seu sistema atingia seu apogeu quando consideravam o êxtase como ponto culminante da vida e como critério para condenar tudo o que é terrestre.

40. A incessante reflexão sobre os costumes

Os numerosos preceitos morais que eram extraídos, às pressas, de um acontecimento único e insólito acabavam por tornar-se rapidamente incompreensíveis: era tão difícil deduzir deles intenções como reconhecer a penalidade que devia ser aplicada a uma infração; a dúvida pesava mesmo no desenrolar das cerimônias; mas, enquanto tudo era concertado em torno desse assunto, o objeto de semelhante investigação crescia em valor e o que havia precisamente de absurdo num costume acabava por se tornar sacrossanto. Não se deve julgar levianamente a força que a humanidade despendeu nisso durante milhares de anos, sobretudo o efeito que produziam essas *incessantes reflexões sobre os costumes*! Chegamos assim a um imenso terreno de manobra da inteligência: não somente as religiões nele se desenvolvem e se completam, mas também a ciência encontra ali seus precursores veneráveis, embora ainda terríveis; é ali que o poeta, o pensador, o médico, o legislador cresceram! O medo do incompreensível que, de uma forma equivocada, exige de nós cerimônias revestiu aos poucos o atrativo do hermetismo e, quando não se chegava a aprofundar, se aprendia a criar.

41. Para determinar o valor da vida contemplativa

Não esqueçamos, sendo homens da vida contemplativa, de que gênero foram as desgraças e as maldições que atingiram os homens da vida ativa por meio dos diferentes contragolpes da contemplação – numa palavra, que conta a vida ativa teria de nos apresentar, a nós que nos vangloriamos com todo o orgulho de nossos benefícios. *Em primeiro lugar*, ela nos oporia: as naturezas ditas *religiosas* que, por seu número, predominam entre os contemplativos e representam, por conseguinte, a espécie mais corrente; agiram, desde sempre, de modo a tornar a vida difícil para os homens práticos, a desgostá-los com isso se possível: obscurecer o céu, apagar o sol, tornar a alegria suspeita, depreciar as esperanças, paralisar a mão ativa – assim é que elas foram entendidas e por isso tiveram, para as épocas e os sentimentos miseráveis, suas consolações, suas esmolas, suas mãos estendidas e suas bênçãos. *Em segundo lugar*: os artistas, uma espécie de homens da vida contemplativa mais rara que a religiosa, mas ainda bastante frequente; como indivíduos têm sido geralmente insuportáveis, caprichosos, invejosos, violentos, briguentos: essa impressão deve ser deduzida da impressão tranquilizadora e exaltante de suas obras. *Em terceiro lugar*: os filósofos, uma espécie em que se encontram reunidas forças religiosas e artísticas, mas de tal modo que um terceiro elemento pode ser acrescido, o dialético, o prazer de discutir; estiveram na origem dos mesmos males como os religiosos e os artistas e, além disso, por causa de sua inclinação dialética, produziram o aborrecimento em muita gente; seu número, contudo, foi sempre reduzido. *Em quarto lugar*: os pensadores e os trabalhadores científicos; raramente procuraram produzir efeitos, contentando-se em escavar silenciosamente suas tocas de toupeira, o que os levou a suscitar pouco aborrecimento e prazer; tendo sido objeto de hilaridade e zombaria, chegaram até, sem o saber, a aliviar a existência dos homens da vida ativa. Finalmente, a ciência acabou por tornar-se uma coisa muito útil para todos: se, *por causa dessa utilidade*, muitos homens predestinados à vida ativa trilham o caminho da ciência com o suor de seu rosto, não sem maldições e dores de cabeça a multidão dos pensadores e dos trabalhadores científicos não tem culpa de seus dissabores: esse é um "sofrimento infligido a si próprio".

42. Origem da vida contemplativa

Durante as épocas bárbaras, quando reinam os juízos pessimistas sobre o homem e o mundo, o indivíduo se aplica sempre, confiando na plenitude de sua força, a agir em conformidade com esses juízos, isto é, a colocar as ideias em ação, por meio da caça, da pilhagem, da surpresa, da brutalidade e dos assassinatos, assim como por meio das formas enfraquecidas dessas ações, as únicas toleradas no interior da comunidade. Mas, se o vigor do indivíduo declina, se se sente fatigado ou doente, melancólico ou saciado e, portanto, momentaneamente sem desejos e sem apetites, torna-se então um homem relativamente melhor, isto é, menos perigoso, e suas ideias pessimistas se exteriorizam apenas em palavras e reflexões, referentes, por exemplo, a seus companheiros, a sua mulher, a sua vida ou a seus deuses – e os juízos que então vai emitir serão juízos *desfavoráveis*. Nesse estado de espírito, transforma-se em pensador e anunciador, ou então sua imaginação vai desenvolver suas superstições, vai inventar novos costumes, vai zombar de seus inimigos: – mas seja o que for que possa imaginar, todas as produções de seu espírito vão refletir necessariamente seu estado, quer dizer, um aumento de seu temor e de sua fadiga, uma diminuição de sua estima pela ação e pela alegria; será necessário que o conteúdo dessas produções corresponda ao estado de alma poético, imaginativo e sacerdotal: o juízo desfavorável deve predominar. Mais tarde todos os que passaram a fazer de uma forma contínua o que outrora o indivíduo só fazia por disposição, aqueles, pois, que emitiam juízos desfavoráveis, viviam na melancolia e permaneciam pobres em ações e foram chamados poetas, pensadores, padres ou "milagreiros": – por que não atuavam suficientemente, de boa vontade teriam sido desprezados ou até expulsos da comunidade tais homens; mas havia nisso um perigo – eles tinham seguido as pegadas da superstição e as pegadas do poder divino, pelo que não havia dúvida de que possuíssem meios de ação provenientes de forças desconhecidas. Nessa estima é que se encontravam as *mais antigas gerações de naturezas contemplativas* – desprezadas na medida em que não despertavam temor. É sob essa forma disfarçada, sob esse aspecto duvidoso, com um coração mau e um espírito muitas vezes atormentado, que a contemplação fez sua primeira aparição na terra, desprezada em segredo e publicamente coberta de sinais de um respeito supersticioso! Aqui se deve dizer como sempre: *pudenda origo*[13]!

43. Quantas forças o pensador deve hoje reunir nele

Tornar-se estranho às considerações dos sentidos, elevar-se até a abstração – outrora isso era considerado como uma verdadeira elevação: mas não podemos mais ter as mesmas opiniões. A embriaguez criada pelas mais pálidas imagens das palavras e das coisas, o comércio com seres invisíveis, imperceptíveis, intangíveis, eram considerados como existência em outro mundo *superior*, uma

---

(13) Expressão latina que significa "vergonhosa origem" (NT).

experiência nascida do profundo desprezo pelo mundo perceptível aos sentidos, esse mundo sedutor e mau. "Longe de nos seduzir, essas abstrações podem doravante nos conduzir!" – a essas palavras se lançavam como se quisessem galgar os cumes. Não é o conteúdo desses jogos espirituais, mas são os próprios jogos que foram "a coisa superior" na pré-história da ciência. Daí a admiração de Platão pela dialética e sua fé entusiástica na relação necessária desta com o homem bom, liberto dos sentidos. Não foram somente as diferentes maneiras de conhecer que foram descobertas separadamente e aos poucos, mas também os meios do conhecimento em geral, as condições e as operações que no homem precedem o ato de conhecer. E sempre parecia que a operação ultimamente descoberta ou os estados de alma novos fossem apenas meios para chegar a todo conhecimento, mas o objetivo desejado, o teor e a soma de tudo o que merece ser conhecido. O pensador tem necessidade da imaginação, do impulso, da abstração, da espiritualização, do sentido inventivo, do pressentimento, da indução, da dialética, da dedução, da crítica, da reunião de materiais, do pensamento impessoal, da contemplação e da síntese, e não menos de justiça e de amor em relação a tudo o que existe – mas na história da *vida contemplativa*, todos esses meios foram considerados, cada um *em separado*, como objetivo e como objetivo supremo, e proporcionaram a seus inventores essa felicidade que enche a alma humana, quando é iluminada com o brilho de um objetivo *supremo*.

44. Origem e significação

Por que esse pensamento retorna sem cessar a meu espírito e toma cores sempre mais vivas? – O pensamento que *outrora* os filósofos, quando estavam na via da origem das coisas, imaginavam sempre que fariam descobertas de uma significação inapreciável para toda espécie de ação e de juízo; *supunha-se* até mesmo que a *salvação* dos homens devia depender do entendimento que possuía da origem das coisas: hoje, pelo contrário, quanto mais nos entregamos à pesquisa das origens, menos nosso interesse participa dessa operação, ao contrário, todas as avaliações, todos os "interesses" que colocamos nas coisas começam a perder sua significação à medida que recuamos no conhecimento para cercar de perto as próprias coisas; *com o entendimento da origem, a insignificância da origem aumenta*: enquanto o que está *próximo*, o que está em nós e em torno de nós começa aos poucos a se mostrar rico de cores, de belezas, de enigmas e de significações, das quais a antiga humanidade nem sequer ousava sonhar. Outrora os pensadores giravam em círculo como animais presos, devorados por uma raiva secreta, lançando-se contra essas barras para quebrá-las; e feliz parecia aquele que, por alguma fresta, julgava ver alguma coisa de fora, do além e das coisas distantes.

45. Um desfecho trágico do conhecimento

De todos os meios de exaltação, os sacrifícios humanos são os que, em todos os tempos, mais elevaram e espiritualizaram o homem. E talvez haja uma só ideia prodigiosa que, ainda agora, poderia aniquilar qualquer outra aspiração, de modo que obtivesse a vitória sobre a mais vitoriosa — quero dizer a ideia da *humanidade sacrificando-se a si mesma*. Mas a quem deveria ela se sacrificar? Pode-se já jurar que, se algum dia a constelação dessa ideia aparecesse no horizonte, o conhecimento da verdade se manteria como o único objetivo ingente a que semelhante sacrifício seria proporcional, porque para o conhecimento nenhum sacrifício é demasiado grande. Esperando por isso, o problema nunca foi posto, jamais alguém se perguntou se a humanidade em seu conjunto era capaz de um movimento próprio para fazer o conhecimento progredir e, menos ainda, que necessidade de conhecimento impeliria a humanidade a se oferecer a si própria em holocausto para morrer com a luz de uma sabedoria antecipada nos olhos. Talvez um dia, quando se chegar a confraternizar com os habitantes de outros planetas, no interesse do conhecimento, e quando, alguns milhares de anos adiante, se tiver conseguido comunicar o próprio saber de estrela em estrela, talvez então a onda de entusiasmo provocada pelo conhecimento terá atingido semelhante altura!

46. Duvidar que se duvida

"Que travesseiro fofo é a dúvida para uma cabeça bem-feita!" – estas palavras de Montaigne[14] sempre exasperaram Pascal[15], pois ninguém como ele tinha exatamente tanta necessidade de um travesseiro fofo. A que se referia isso, pois?

47. AS PALAVRAS NOS BARRAM O CAMINHO

Em toda parte em que os antigos dos primeiros tempos colocavam uma palavra acreditavam ter feito uma descoberta. E como na realidade isso era diferente! – eles tinham apenas tocado um problema e, julgando tê-lo *resolvido*, haviam criado um obstáculo à sua salvação. – Agora, para atingir o conhecimento, é preciso tropeçar em palavras que se tornaram eternas e duras como pedras, e as pernas se quebrarão mais facilmente que a palavra.

48. "CONHECE-TE A TI MESMO", ESSA É TODA A CIÊNCIA

Só depois de conhecer todas as coisas é que o homem poderá se conhecer a si mesmo. De fato, as coisas são simplesmente as fronteiras do homem.

49. O NOVO SENTIMENTO FUNDAMENTAL: NOSSA NATUREZA DEFINITIVAMENTE PERECÍVEL

Outrora procurava-se despertar o sentimento da soberania do homem mostrando sua *origem* divina; isso se tornou hoje uma via interditada, pois no início está o macaco, cercado de alguma pessoa animal amedrontadora: – range os dentes como para dizer: nenhum passo a mais nessa direção! São feitas, por conseguinte, tentativas na direção oposta: o caminho que a humanidade *toma* deve servir para provar sua soberania e sua natureza divina. Ai! Isso também não leva a nada! No final desse caminho, encontra-se a urna funerária do último *homem* que enterra os mortos (com a inscrição: *Nihil humani a me alienum puto*[16]). Por mais alto que sua evolução possa levar a humanidade – e talvez no fim seja inferior ao que havia sido no início! – não há para ela

---

(14) Michel Eyquem de Montaigne (1533-1592), escritor e pensador francês; a citação é extraída de sua obra *Ensaios*, III, XIII (NT).
(15) Blaise Pascal (1623-1662), matemático, físico e filósofo francês (NT).
(16) Frase latina que significa "considero que nada de humano me é estranho" (NT).

passagem a uma ordem superior, tal como a formiga e o mosquito no fim da sua "carreira terrestre" não entram na eternidade e no seio de Deus. O futuro arrasta atrás de si o que foi o passado: por que deveria haver, para uma pequena estrela qualquer e para uma pequena espécie vivendo nessa estrela, uma exceção nesse espetáculo eterno? Afastemos de nós essas sentimentalidades!

50. A FÉ NA EMBRIAGUEZ

Os homens que conhecem instantes de sublime encanto e que, em momentos comuns, por causa do contraste e da extrema usura de suas forças nervosas, se sentem miseráveis e desolados consideram tais momentos como a verdadeira manifestação de si mesmos, de seu "eu"; pelo contrário, a miséria e a desolação como *o efeito do "não eu"*; é por isso que pensam em seu meio, em sua época, em seu mundo todo, com sentimentos de vingança. A embriaguez parece-lhes ser a verdadeira vida, o eu autêntico: em todo o resto veem adversários e inimigos da embriaguez, qualquer que seja a espécie dessa embriaguez, espiritual, moral, religiosa ou artística. A humanidade deve boa parte de suas desgraças a esses embriagados entusiastas: pois são infatigáveis semeadores do joio do descontentamento de si e dos outros, do desprezo de seu tempo e do mundo e sobretudo do cansaço. Talvez todo um inferno de *criminosos* não poderia produzir essas consequências nefastas e distantes, esses efeitos pesados e inquietantes, que corrompem a terra e o ar e que são o apanágio dessa nobre pequena comunidade de seres desenfreados, extravagantes e meio loucos, gênios que não sabem se dominar e que só encontram alegria em si próprios quando se perdem completamente: enquanto o criminoso, pelo contrário, muitas vezes dá ainda provas de domínio de si, de sacrifício e de sabedoria e mantém vivas essas qualidades naqueles que o temem. Por causa dele, a abóbada celeste que se eleva acima da vida se torna talvez perigosa e obscura, mas a atmosfera permanece vigorosa e severa. – Além disso, esses iluminados põem todas as suas forças para propagar a fé na embriaguez, como se fosse a vida por excelência! Precisamente como se corrompe rapidamente os selvagens com a "aguardente", que os leva a perecer, a humanidade foi corrompida em seu conjunto, lenta e fundamentalmente, pela aguardente *espiritual* dos sentimentos inebriantes e por aqueles que mantinham vivo o desejo dela: talvez termine por perecer por causa disso.

51. TAL COMO SOMOS!

"Sejamos indulgentes para com os grandes caolhos!" – disse Stuart Mill[17]: como se fosse preciso pedir indulgência, quando nossa atitude habitual em relação a eles é feita de fé e mesmo de admiração! Eu digo: sejamos indulgentes para com os homens, grandes e pequenos, de dois olhos, pois, tal como somos, não chegaremos além da indulgência!

52. ONDE ESTÃO OS NOVOS MÉDICOS DA ALMA?

Foram os meios de consolação que deram à vida esse caráter fundamentalmente miserável no qual agora se acredita: a mais grave doença da humanidade nasceu da luta contra as doenças e os remédios aparentes produziram com o tempo um mal pior daquele que deveriam eliminar. Por ignorância, os remédios eram considerados estupefacientes e entorpecentes que agiam imediatamente, o que se costumava chamar de "consolações", como curativos propriamente ditos; não se notava até mesmo que se pagava muitas vezes esse alívio imediato por uma alteração da saúde, profunda e geral, que os doentes tinham de sofrer os efeitos da embriaguez, depois da ausência de embriaguez e finalmente de um sentimento de inquietude, de opressão, de perturbações nervosas e de mal-estar geral. Quando se caía doente até certo grau, a cura já não era possível – os médicos da alma velavam então entre a confiança e a veneração geral. – Com razão se diz que Schopenhauer[18] foi o primeiro a ter tomado de novo a sério os sofrimentos da humanidade: onde está aquele que finalmente vai levar a sério os remédios para esses sofrimentos e vai colocar no pelourinho o inqualificável charlatanismo com o qual até agora, sob os nomes mais sublimes, a humanidade tratou as doenças da alma?

---

(17) John Stuart Mill (1806-1873), filósofo e economista inglês; entre suas obras, *A sujeição das mulheres, Ensaio sobre a liberdade* e *O governo representativo* (NT).

(18) Arthur Schopenhauer (1788-1860), filósofo alemão (NT).

53. Abusos para com os conscienciosos

Foram os conscienciosos e *não* os sem consciência que tiveram de sofrer terrivelmente sob o peso das exortações à penitência e do temor do inferno, sobretudo quando eram também homens de imaginação. Acabou-se, portanto, por entristecer a vida exatamente daqueles que tinham mais necessidade de serenidade e de imagens agradáveis – não somente para seu próprio reconforto e sua própria cura, mas para que a humanidade pudesse se alegrar com seu aspecto e absorver nela o brilho de sua beleza. Ai! Quanta crueldade gratuita, quantos maus-tratos provieram das religiões que inventaram o pecado! E homens que, por meio dessas religiões, quiseram saborear o máximo de seu poder!

54. As ideias sobre a doença

Tranquilizar a imaginação do doente para que não tenha mais que sofrer com ideias que tem de sua doença, *mais* que com a própria doença – acho que já é alguma coisa! E não é mesmo pouco! Compreendem agora nossa tarefa?

55. Os "caminhos"

Os pretensos "atalhos" sempre expuseram a humanidade aos maiores perigos; com a boa notícia de que um caminho mais curto foi encontrado, a humanidade sempre abandona seu próprio caminho – e perde seu caminho.

56. O apóstata de espírito livre

Quem poderia ter, pois, aversão pelos homens piedosos e firmes em sua fé? Não os olhamos, pelo contrário, com uma veneração silenciosa, alegrando-nos com seu aspecto, com o profundo pesar que esses excelentes homens não tenham as mesmas opiniões que nós? Mas de onde provém essa aversão repentina e sem razão contra aquele que *possuiu* toda a liberdade de espírito e que *se tornou* "crente"? Quando pensamos nisso, temos a impressão de ter visto um espetáculo repugnante que seria necessário apagar rapidamente de nosso espírito! Não voltaríamos as costas ao homem mais venerado, se tivéssemos nesse aspecto alguma suspeita a respeito dele? Não certamente por uma condenação moral, mas pelo desgosto e pelo receio que subitamente se apoderariam de nós! De onde vem essa severidade de opinião? Talvez tudo isso pretenderia nos levar a entender que no fundo não somos totalmente seguros de nós mesmos! Plantamos em torno de nós, no momento oportuno, as cercas vivas do desprezo mais espinhento, para que, no momento decisivo em que a idade nos torna fracos e esquecidos, possamos ultrapassar nosso próprio desprezo! – Sinceramente, essa suposição é errônea e aquele que a formula ignora tudo o que anima e determina o espírito livre: como este último está longe de achar a *mudança* de suas opiniões desprezível em si! Como, pelo contrário, aprecia a *faculdade* de mudar sua opinião, qualidade rara e superior, sobretudo quando se consegue mantê-la até a velhice! E seu orgulho (e *não* sua pusilanimidade) chega até a colher os frutos proibidos do *spernere se sperni* e do *spernere se ipsum*[19], longe de se deter no temor que inspiram aos vaidosos e aos timoratos. Além disso, a doutrina da *inocência de todas as opiniões* lhe parece tão firme como a doutrina da inocência de todas as ações: como se poderia fazer o papel de juiz e de carrasco dos apóstatas da liberdade intelectual? O aspecto de tal apóstata o toca, pelo contrário, da mesma maneira que o aspecto de uma doença repugnante toca o médico: o desgosto físico diante daquilo que é esponjoso, mole, penetrante, purulento triunfa momentaneamente sobre a razão e a vontade de socorrer. Assim, nossa boa vontade é vencida pela ideia da monstruosa *deslealdade* que deve ter reinado no apóstata de espírito livre, pela ideia de uma degenerescência geral que corrói o caráter até a medula.

57. OUTRO TEMOR, OUTRA CERTEZA

O cristianismo tinha feito planar sobre a vida uma *ameaça* ilimitada e totalmente nova e havia criado, igualmente, certezas, alegrias, divertimentos totalmente novos e novas avaliações das coisas. Nosso século nega, com boa consciência, a existência des-

---

(19) Expressões latinas que significam "desprezar ser desprezado" e "desprezar-se a si mesmo", respectivamente (NT).

sa ameaça: e, no entanto, arrasta ainda consigo os velhos hábitos da certeza cristã, da alegria, do divertimento, da avaliação cristãs! E até mesmo em suas artes e em suas filosofias mais nobres! Como tudo isso deve parecer fraco e gasto, enfermo e desajeitado, arbitrariamente fanático e, acima de tudo, como deve parecer incerto tudo isso agora que o terrível frente a frente de tudo isso se perdeu: o onipotente *temor* do cristão por sua salvação *eterna*!

58. O CRISTIANISMO E AS PAIXÕES

No cristianismo, podemos ainda ouvir um grande protesto popular contra a filosofia: a razão dos sábios antigos tinha desaconselhado ao homem as paixões, o cristianismo quer restituí-las. Para isso, contesta todo valor moral da virtude, tal como o entendiam os filósofos – como uma vitória da razão sobre a paixão –, condena de modo geral toda espécie de bom senso e convida as paixões a se manifestarem em sua medida máxima de força e esplendor: como *amor* de Deus, *temor* de Deus, *fé* fanática em Deus, *esperança* cega em Deus.

59. O ERRO COMO CORDIAL

Cada um diz o que quiser, mas é certo que o cristianismo quis libertar o homem do peso dos compromissos morais, acreditando mostrar o caminho mais curto para a perfeição: exatamente como alguns filósofos acreditavam poder se subtrair à dialética penosa e longa e à coleta de fatos rigorosamente controlados, remetendo a uma "via real em direção da verdade". Foi um duplo erro nos dois casos – mas foi apesar disso um grande erro cordial para os desesperados que morriam de fadiga no deserto.

60. TODO ESPÍRITO ACABA POR SE TORNAR REALMENTE VISÍVEL

O cristianismo assimilou inteiramente o espírito de um número incalculável de indivíduos que tinham necessidade de sujeição, de todos esses sutis ou grosseiros entusiastas da humilhação e da devoção. Assim se desembaraçou de seu peso campônio – a que se pensa, por exemplo, vivamente ao ver a primeira imagem do apóstolo Pedro – para se tornar uma religião muito *espiritual*, com um rosto marcado de mil rugas, de subterfúgios e de segundas intenções; deu espírito à humanidade europeia e não se contentou em torná-la astuta sob o ponto de vista teológico. Nesse espírito, aliado ao poder e muitas vezes à profunda convicção e à lealdade da abnegação, forjou as individualidades mais sutis que jamais houve na sociedade humana: as figuras do mais alto clero católico, sobretudo quando estas se originavam de uma família nobre e traziam, desde a origem, a graça inata dos gestos, a força dominadora do olhar, belas mãos e pés delicados. Ali o rosto humano atinge essa espiritualização que produz a onda contínua de duas espécies de felicidade (o sentimento de poder e o sentimento de submissão), uma vez que um estilo de vida muito regrado submeteu o animal no homem; ali uma atividade que consiste em abençoar, em perdoar os pecados, em representar a divindade mantém permanentemente desperto na alma, e *mesmo no corpo*, o sentimento de uma missão sobre-humana; ali reina esse nobre desprezo da fragilidade do corpo, do bem-estar e da felicidade, própria dos soldados de nascença; coloca-se a própria *altivez* na obediência, o que é sinal distintivo de todos os aristocratas; encontra-se o próprio idealismo e a própria desculpa na enorme impossibilidade da própria tarefa. A poderosa beleza e o refinamento dos príncipes da Igreja sempre demonstraram entre o povo a *verdade* da Igreja; uma brutalização momentânea do clero (como na época de Lutero) leva sempre a crença ao contrário. – E *esse* resultado da beleza e do refinamento humanos na harmonia da figura, do espírito e da tarefa será aniquilado ao mesmo tempo que terminam as religiões? E não haveria meio de alcançar alguma coisa de mais elevado, nem mesmo de sonhar nisso?

61. O SACRIFÍCIO NECESSÁRIO

Esses homens sérios, sólidos, leais, de uma sensibilidade profunda que ainda hoje são cristãos de coração: devem experimentar eles próprios uma vez, durante certo tempo, viver sem cristianismo; devem à *sua fé* fixar assim domicílio "no deserto" – a fim de adquirir o direito de ser juízes na questão de saber se o cristianismo é necessário. Esperando, ficam apegados a sua gleba e amaldiçoam o mundo que está além: irritam-se até mesmo quando alguém dá a entender que é justamente no além que se encontra o mundo inteiro, que o cristianismo não passa, no final das contas, de um recanto! Não, seu testemunho não terá peso senão quando vocês tiverem vivido durante anos sem cristianismo, com um leal desejo de poder, ao contrário, existir sem ele: até que estiverem longe, bem longe dele. E, se não for o mal da terra que os faça voltar, mas um *juízo* fundado numa comparação *rigorosa*, seu regresso significará alguma coisa! – Os homens do futuro agirão um dia assim com todos os juízos de valor do passado; é necessário *revivê-los* voluntariamente ainda uma vez e de igual modo seus contrários – para ter, enfim, o *direito* de passá-los no crivo.

62. Da origem das religiões

Como pode alguém considerar como revelação sua própria opinião sobre as coisas? Esse é o problema da formação das religiões: cada vez um homem entrava em jogo para quem esse fenômeno era possível. A condição prévia era que acreditasse já precedentemente nas revelações. De repente, uma nova ideia lhe vem à mente, *sua* ideia, e o que há de inebriante numa grande hipótese pessoal que abrange a existência e o mundo inteiro penetra com tanto poder em sua consciência que ele não ousa julgar-se o criador de uma tal felicidade, atribuindo sua causa, e também a causa que ocasiona esse pensamento novo, a seu deus: enquanto revelação desse deus. Como poderia um homem ser o autor de tão grande felicidade? – pergunta sua dúvida pessimista. Além disso, outras alavancas agem em segredo: por exemplo, *reforça-se* uma opinião diante de si mesmo, considerando-a como uma revelação, elimina-se assim o que ela tem de hipotético, é subtraída à crítica e mesmo à dúvida, e assim é tornada sagrada. É verdade que nos rebaixamos desse modo ao papel de órgão, mas nosso pensamento acaba por ser vitorioso sob o nome de pensamento divino – esse sentimento de permanecer vencedor com ele no final das contas, esse sentimento vence o sentimento de rebaixamento. Outro sentimento se agita ainda num segundo plano: quando se eleva o próprio *produto* acima de si, fazendo aparentemente abstração de seu próprio valor, conserva-se, contudo, uma espécie de alegria do amor paterno e orgulho paternal que apaga tudo, que faz ainda mais que apagar.

63. Ódio do próximo

Supondo que consideremos nosso próximo como ele se considera a si mesmo – o que Schopenhauer chama compaixão e que seria exatamente autocompaixão –, seríamos forçados a odiá-lo se, como Pascal, ele próprio se julga odiável. Era precisamente o sentimento geral de Pascal com relação aos homens e também aquele do antigo cristianismo que, sob Nero, foi qualificado de *odium generis humanis*[20], como Tácito relata.

64. Os desesperados

O cristianismo possui o faro do caçador para todos aqueles que, de qualquer maneira que seja, se pode acuar no desespero – só uma parte da humanidade é capaz disso. Está sempre na perseguição destes, sempre à espreita. Pascal fez a experiência de levar a todos ao desespero, por meio do conhecimento mais incisivo – a tentativa fracassou, em seu novo desespero.

65. Bramanismo e cristianismo

Há receitas para atingir o sentimento de poder: por um lado, para aqueles que sabem se dominar e para os quais, por isso, o sentimento de poder já é familiar; por outro lado, para aqueles que são incapazes disso. O bramanismo preocupou-se com homens do primeiro tipo; o cristianismo, com homens do segundo.

66. Aptidão para as visões

Durante toda a Idade Média, o sinal distintivo e verdadeiro da humanidade superior era a aptidão para ter visões – ou seja, ser possuído por uma profunda perturbação mental! E, no fundo, as regras de vida de todas as naturezas superiores da Idade Média (as

---

[20] Expressão latina extraída da obra *Annales* (XV, 44) de Caius Cornelius Tacitus (56-120), historiador romano (NT).

naturezas religiosas) visam a tornar o homem *capaz* de ter visões! O que há de espantoso no fato de ainda em nossos dias ter persistido a estima exagerada que se tem pelas pessoas meio desreguladas, bizarras, fanáticas, que se dizem gênios? "Elas viram coisas que os outros não viram" – certamente! E isso deveria colocar-nos de sobreaviso em relação a elas e de forma alguma tornar-nos crédulos!

67. Preço dos crentes

Aquele que faz questão de tal forma que se tenha fé nele que garante o céu como recompensa por essa crença, que o garante a todos, mesmo ao ladrão na cruz – esse deve ter sofrido de uma dúvida atroz e aprendido a conhecer crucificações de todo tipo: caso contrário, não pagaria por seus crentes um preço tão elevado.

68. O primeiro cristão

Todos acreditam ainda nas produções literárias do "Espírito Santo" ou se ressentem dos contragolpes dessa crença: quando alguém abre a Bíblia, é para "se edificar", para encontrar em sua própria miséria, grande ou pequena, uma palavra de consolo – em resumo, nela ele se procura e se encontra a si mesmo. Que ela traga também a história de uma alma das mais ambiciosas e impertinentes, de um espírito tão cheio de superstição como de astúcia, a história do apóstolo Paulo – quem a conhece, exceto alguns sábios? Entretanto, sem essa história singular, sem as perturbações e as explosões de tal espírito, de tal alma, não haveria mundo cristão: teríamos apenas ouvido falar de uma pequena seita judaica, cujo mestre morreu na cruz. É verdade que, se se tivesse compreendido a tempo essa história, se se tivesse lido, lido realmente, os escritos de são Paulo, não como são lidas as revelações do "Espírito Santo", mas com um espírito independente, real e livre, sem pensar em qualquer angústia pessoal – durante mil e quinhentos anos não houve semelhantes leitores –, há muito tempo que não se falaria mais do cristianismo: tanto isso é verdade que essas páginas do Pascal judeu põem a nu as origens do cristianismo como as páginas do Pascal francês nos desvelam o destino e as razões do aniquilamento fatal. Se o navio do cristianismo lançou por cima de sua borda boa parte do lastro judeu, se entrou, se pôde entrar nas águas do paganismo – é à história de um só homem que o deve, um homem profundamente atormentado, digno de compaixão, desse homem desagradável aos outros e a si mesmo. Ele vivia com uma ideia fixa, ou melhor: com uma *pergunta fixa*, sempre presente e sempre candente: o que era feito da *Lei* judaica? Do *cumprimento dessa Lei*? Em sua juventude, tinha querido segui-la, ávido dessa distinção suprema que os judeus souberam imaginar – esse povo que impeliu a imaginação do sublime moral mais alto do que qualquer outro povo e que só ele reuniu a criação de um Deus santo, com a ideia do pecado considerado como falta contra essa santidade. São Paulo havia se tornado a um só tempo o defensor fanático e o guarda de honra desse Deus e de sua Lei. Incessantemente em luta e à espreita contra os transgressores dessa Lei e contra aqueles que a punham em dúvida, era duro e implacável contra eles e disposto a puni-los da forma mais rigorosa. Eis que ele próprio faz a experiência em sua pessoa, pois, um homem como ele – violento, sensual, melancólico, como era, refinado no ódio – *se sentia incapaz* de cumprir essa Lei; mais ainda e o que lhe pareceu mais estranho: percebeu que sua ambição desenfreada era continuamente tentada a transgredir a Lei e que se sentia premido a ceder a esse aguilhão. Que dizer? Era de fato a "inclinação carnal" que sempre e de novo o forçava a transgredir a Lei? Não estaria antes, como suspeitou mais tarde, por trás dessa inclinação, a própria Lei que *devia* incessantemente provar seu caráter irrealizável e impelia à transgressão com um encanto irresistível? Mas nesse tempo não dispunha ainda dessa escapatória. Talvez tivesse na consciência, como o faz entrever, o ódio, o crime, a bruxaria, a idolatria, a luxúria, a embriaguez, o prazer na libertinagem e na orgia – e quanto mais pudesse fazer para aliviar essa consciência, mais ainda seu desejo de dominação, pelo extremo fanatismo que colocava na defesa e na veneração da Lei, tinha momentos em que se dizia: "Tudo é em vão! A tortura do descumprimento da Lei é insuperável". Lutero deve ter experimentado um sentimento análogo quando quis se tornar, em seu claustro, o homem do ideal eclesiástico e o que aconteceu a Lutero – que se pôs um dia a odiar o ideal eclesiástico, o papa, os santos e todo o clero com um ódio tanto mais mortal que não ousava confessá-lo – aconteceu também a são Paulo. A Lei se tornou a cruz sobre a qual se sentia pregado: como ele a odiava! Como lhe guardava rancor! Como começou a remexer por todos os lados para encontrar um meio próprio para *aniquilá-la* – para não ter de cumpri-la nunca mais! Eis senão quando a luz eclodiu de repente em seu espírito, graças a uma visão, como não podia ser de outra maneira nesse epiléptico: ele, o fogoso zelador da Lei que, no fundo de sua alma, estava cansado dela até a morte, vê aparecer numa estrada deserta esse Cristo com um brilho divino no rosto e são Paulo ouve estas palavras: "Por que me persegues?". Ora, em resumo, eis o que aconteceu: seu espírito ficou repentinamente iluminado e disse para si mesmo: "O absurdo é precisamente perseguir esse Jesus! Aí está a saída que eu procurava, aí está a vingança completa, aí e em nenhum outro vou ter entre as mãos o *destruidor da Lei*!". Aquele que sofre os piores tormentos de orgulho se sente subitamente restabelecido, o desespero moral evaporou-se, pois, a própria moral se volatilizou, aniquilada – isto é, *cumprida*, lá no alto, na cruz! Até o presente essa morte ignominiosa lhe havia servido de principal argumento contra essa "vocação messiânica" de que falavam os discípulos da nova doutrina: mas que aconteceria se ela tivesse sido *necessária* para *abolir* a Lei? – As enormes consequências dessa ideia súbita, dessa solução do enigma, redemoinham diante de seus olhos e se torna repentinamente o mais feliz dos homens – o destino dos judeus, não, o destino da humanidade inteira, lhe parece ligado a esse segundo de iluminação súbita, tem a ideia das ideias, a chave das chaves, a luz das luzes; em torno dele gravita doravante a história! Desde então, ele é o apóstolo do *aniquilamento da Lei*! Morrer para o mal – isso quer dizer morrer para a Lei; viver segundo a carne – é viver segundo a Lei! Ter se tornado *um* com o Cristo – isso quer dizer ter se tornado, como ele, destruidor da Lei; morrer em Cristo – isso quer dizer também morrer para a Lei! Mesmo que fosse ainda possível pecar, não seria pelo menos contra a Lei; "eu estou fora dela", disse e acrescenta: "Se eu quisesse agora reconhecer de novo a Lei e submeter-me a ela, tornaria Cristo cúmplice do pecado"; pois a Lei existia somente para gerar sempre o pecado, como o sangue corrompido faz surgir a doença; Deus jamais teria podido decidir a morte de Cristo se o cumprimento da Lei tivesse sido possível sem essa morte; doravante, não somente todos os pecados são remidos, mas o próprio pecado é abolido; agora a Lei morreu, agora morreu o espírito carnal em que ela habitava – ou pelo menos esse espírito está prestes a morrer, a entrar em decomposição. Só mais alguns dias para viver no seio dessa decomposição! – esse é o destino do cristão, antes que, unido com Cristo, ressuscite com Cristo, participando com Cristo da glória divina, doravante "filho de Deus" como Cristo. – Aqui a exaltação de são Paulo está em seu auge e com ela o atrevimento de sua alma – a ideia da união com Cristo o fez perder todo pudor, toda medida, toda submissão, e a indomável vontade de dominação se revela num inebriamento que antecipa a glória *divina*. – Esse foi o *primeiro cristão*, o inventor do cristianismo! Antes dele, só havia alguns sectários judeus.

69. INIMITÁVEL

Há uma enorme tensão *entre* a inveja e a amizade, entre o desprezo de si e o orgulho: os gregos viviam na primeira; os cristãos, na segunda.

70. PARA QUE SERVE UM INTELECTO GROSSEIRO

A Igreja cristã é uma enciclopédia dos cultos de outrora, das concepções de origens múltiplas, e é por isso que tem tanto sucesso com suas missões: ela podia outrora e ela pode ainda hoje ir aonde quiser, ela se encontrava e se encontra sempre na presença de alguma coisa que se assemelha a ela, a que pode se assemelhar e substituir aos poucos seu sentido próprio. Não é o que ela tem em si de cristão, mas o que tem de universalmente pagão em seus *costumes* que é a causa do desenvolvimento dessa religião universal; suas ideias, que têm suas raízes ao mesmo tempo no espírito judaico e no espírito helênico, souberam se elevar desde o início tanto acima das separações e das sutilezas de raças e nações como acima dos preconceitos. Embora se tenha o direito de admirar essa *força* de fundir os elementos mais diversos, não se deve, contudo, esquecer as qualidades desprezíveis dessa força – essa espantosa grosseria, essa sobriedade de seu intelecto, no momento em que a Igreja se formou, que lhe permitiam acomodar-se desse modo com *todos os regimes* e digerir as contradições como pedras.

71. A VINGANÇA CRISTÃ CONTRA ROMA

Talvez nada canse mais do que a visão de um perpétuo vencedor – tinha-se visto Roma submeter, durante dois séculos, um povo após o outro, o círculo estava completo, todo futuro parecia detido, tudo estava preparado para durar eternamente – e quando o império construía, construía com a segunda intenção do "*aere perennius*[21]"; – nós que conhecemos apenas a "melancolia das ruínas" podemos, contudo, compreender essa melancolia inteiramente diferente das *construções eternas*, contra as quais era preciso se defender como se podia – por exemplo, com a leveza de Horácio. Outros procuraram outras consolações contra essa lassidão que se aproximava do desespero, contra a consciência mortal de que todos os processos intelectuais ou sentimentais eram a partir daí sem esperança, que por toda a parte se escondia a enorme aranha, preparada para beber impiedosamente todo o sangue que corresse ainda. – Esse ódio mudo e centenário do expectador cansado, esse ódio contra Roma, em toda parte onde Roma dominava, acabou por ter livre curso no *cristianismo* que resumiu Roma, "o mundo" e o "pecado num único sentimento; houve a vingança contra Roma imaginado próximo e súbito o fim do mundo; houve vingança contra Roma introduzindo de novo um futuro – Roma tinha sabido transformar tudo em história de *seu* passado e de seu presente – um futuro com o qual Roma não suportaria a comparação; houve vingança contra Roma sonhando o *juízo* final – e o judeu crucificado, símbolo da salvação, aparecia como a mais profunda ridicularização diante dos soberbos pretores das províncias romanas, pois a partir de então apareceram como os símbolos da perdição e do "mundo" maduro para a derrocada.

---

(21) Expressão latina extraída de *Odes* (III, 30.1) do poeta Quintus Horatius Flaccus (65-8 a.C.) e que significa "mais perene que o bronze" (NT).

72. O "ALÉM-TÚMULO"

O cristianismo encontrou em todo o império romano a ideia dos tormentos infernais: os numerosos cultos secretos tinham chocado essa ideia com uma complacência toda particular, como se fosse o ovo mais fecundo em seu poder. Epicuro[22] acreditou não poder fazer nada de melhor em favor de seus semelhantes do que extirpar essa crença até as raízes: seu triunfo encontrou seu mais belo eco na boca de um discípulo de sua doutrina, o romano Lucrécio[23]. Infelizmente seu triunfo veio muito cedo – o cristianismo pôs sob sua proteção particular a crença já declinante nos horrores subterrâneos e nisso se mostrou hábil! Como, sem esse golpe de audácia em pleno paganismo, poderia ter obtido a vitória sobre a popularidade dos cultos de Mitra e de Ísis? Foi assim que pôs os crédulos de seu lado – os seguidores mais entusiastas de uma nova fé! Os judeus, um povo que amava e que ama a vida como os gregos e mais ainda que os gregos, tinham cultivado pouco essa ideia. A morte definitiva como punição do pecador, a morte sem ressurreição como ameaça extrema – isso era o que impressionava suficientemente esses homens singulares que não queriam se desembaraçar de seu corpo, mas que, em seu refinamento egípcio, esperavam se salvar por toda a eternidade. (Um mártir judeu de que se fala no segundo livro dos Macabeus[24] não pensa em renunciar às estranhas que lhe foram arrancadas; faz questão em tê-las para o dia da ressurreição dos mortos – isso é bem judeu!) Os primeiros cristãos estavam bem longe da ideia das penas eternas, pensavam estar *livres* da "morte" e esperavam, dia após dia, uma metamorfose, e não mais a morte. (Que estranha impressão deve ter produzido a primeira morte entre essas pessoas que estavam à espera! Que mistura de espanto, de alegria, de dúvida, de pudor e de paixão! – Esse é verdadeiramente um assunto digno do gênio de um grande artista!) São Paulo não conseguiu dizer nada melhor em louvor de seu Salvador, a não

---

(22) Epicuro (341-270 a.C.), filósofo materialista grego (NT).
(23) Titus Lucretius Carus (98-55 a.C.), poeta latino; em sua obra *De natura rerum* analisou as teorias de pensadores gregos, como Demócrito e Epicuro (NT).
(24) Segundo livro dos Macabeus, cap. II, versículos 7, 11 (NT).

ser que ele tinha *aberto* a cada um as portas da imortalidade – ele não acreditava ainda na ressurreição daqueles que não estavam salvos; mais ainda, em razão de sua doutrina da Lei impossível de cumprir e da morte considerada como consequência do pecado, suspeitava até que ninguém realmente havia se tornado até o presente imortal (salvo um reduzido número, um pequeno número de eleitos pela graça e sem mérito); somente agora a imortalidade *começava* a abrir suas portas – e poucos eleitos teriam acesso: o orgulho do eleito não pode deixar de acrescentar essa restrição.

– Em outros lugares, em que o instinto de vida não era tão forte senão entre os judeus e os judeus cristãos e quando a perspectiva da imortalidade não parecia simplesmente mais preciosa que a perspectiva de uma morte definitiva, o acréscimo, pagão é verdade, mas não totalmente antijudaico, do inferno se tornou um instrumento propício nas mãos dos missionários: então surgiu essa nova doutrina segundo a qual o pecador e o excluído da salvação eram também eles imortais, a doutrina da condenação eterna e esta doutrina foi mais poderosa que a ideia da *morte definitiva*, que começou a declinar a partir de então. Foi a ciência que teve de reconquistar essa ideia, recusando simultaneamente qualquer outra representação da morte e toda espécie de vida no além. Tornamo-nos mais nobres em relação a uma coisa interessante: a vida "depois da morte" já não nos interessa! – um indizível benefício que é ainda demasiado recente para ser considerado como tal no mundo inteiro. – E Epicuro triunfa de novo!

73. Para a "verdade"!

"A verdade do cristianismo era demonstrada pela conduta virtuosa dos cristãos, sua firmeza no sofrimento, sua fé inabalável e, antes de tudo, pela difusão e pelo crescimento do cristianismo a despeito de todas as dificuldades." – Vocês falam assim ainda hoje! É de dar dó! Aprendam, portanto, que tudo isso não prova nada, nem pró nem contra a verdade, que é necessário demonstrar a verdade de outra forma que a veracidade e que a segunda não é absolutamente um argumento a favor da primeira.

74. Segunda intenção do cristão

Os cristãos dos primeiros séculos não teriam tido geralmente esta segunda intenção: "É preferível *persuadir-se* que se é culpado a se persuadir que se é inocente, pois nunca se sabe como um juiz tão *poderoso* possa estar disposto – mas deve-se *temer* que ele não espere encontrar senão culpados que têm consciência de suas faltas! Com seu imenso poder, deverá antes perdoar um culpado que declarar que este está em seu direito." – Esse era o sentimento dos pobres provincianos diante do pretor romano: "Ele é demasiado altivo para que ousemos ser inocentes". Por que esse sentimento não teria reaparecido quando os cristãos quiseram imaginar o juiz supremo!

75. Nem europeu nem nobre

Há alguma coisa de oriental e alguma coisa de feminino no cristianismo: é o que revela, a propósito de Deus, o pensamento "quem ama realmente castiga"; de fato, as mulheres no oriente consideram o castigo e o isolamento severo de sua pessoa, distante do mundo, como um testemunho de amor da parte de seu marido e elas se queixam quando esse testemunho falta.

76. Julgar mau é tornar mau

As paixões se tornam más e pérfidas quando são consideradas com maldade e perfídia. Foi assim que o cristianismo chegou a fazer de Eros e de Afrodite – sublimes forças capazes de idealidade – gênios infernais e espíritos enganadores, criando na consciência dos crentes, a cada excitação sexual, remorsos que chegavam à loucura. Não é espantoso transformar sensações necessárias e normais em fonte de miséria interior e tornar assim, voluntariamente, a miséria interior necessária e normal *em todos os homens*? Além disso, essa miséria permanece secreta, mas ela não tem senão raízes mais profundas: pois nem todos têm, como Shakespeare em seus sonetos, a coragem de confessar a tristeza provocada pelo cristianismo nesse domínio. – Uma coisa, contra a qual se é forçado a lutar, que se deve manter em seus limites ou mesmo, em certos casos, eliminá-la completamente da cabeça, deveria, portanto, ser chamada sempre *má*? Não é próprio das almas *vulgares* considerar sempre o inimigo como mau? Tem-se o direito de chamar inimigo a Eros? As sensações sexuais, da mesma forma que as sensações de piedade e de adoração, têm de particular que o homem, ao experimentá-las, faz o bem a outro por seu prazer – não se encontra muitas vezes na natureza disposições tão benfazejas! E é justamente uma delas que é caluniada e que é corrompida pela má consciência! – Mas essa demonização de Eros acabou por ter um desfecho de comédia: o "diabo" Eros tornou-se aos poucos mais interessante para os homens do que os anjos e os santos, graças aos boatos e às disposições misteriosas da Igreja em todas as questões eróticas: é graças a ela que as *histórias de amor* se tornaram o único interesse verdadeiramente comum a *todos* os meios – com um exagero que pareceria incompreensível à antiguidade – e que um dia não deixará de provocar a hilaridade. Toda a nossa poesia, todo o nosso pensamento, do mais elevado ao mais baixo, estão marcados e mais que marcados pela importância excessiva que se confere ao amor, apresentado sempre como acontecimento principal. Talvez por causa desse juízo a posteridade haverá de encontrar em toda a herança da civilização cristã alguma coisa de mesquinho e de maníaco.

77. TORTURAS DA ALMA

Para as menores torturas que alguém inflige a um corpo estranho, todos se manifestam em altos brados; a indignação contra um homem capaz de semelhante ação explode espontaneamente; chegamos até a tremer com a simples ideia da tortura que pudesse ser infligida a um homem ou a um animal e nosso sofrimento se torna insuportável ao ouvir falar de um ato de tal ordem. Mas estamos longe ainda de ter o mesmo sentimento, tão geral e tão determinado, quando se trata de torturas da alma e daquilo que têm de espantoso. O cristianismo as colocou em uso numa medida insólita e continua pregando esse gênero de martírio, chegando até a deplorar deserções e frieza quando descobre um estado de alma sem essas torturas. – De tudo isso resulta que a humanidade se comporta ainda hoje, diante das fogueiras espirituais, das torturas e dos instrumentos de tortura do espírito, com a mesma paciência e a mesma incerteza temerosa que tinha outrora diante das crueldades praticadas no corpo de homens ou de animais. Certamente o inferno não se manteve uma palavra vã; e aos reais temores do inferno que acabavam de ser criados correspondia uma nova espécie de piedade, uma horrível e esmagadora compaixão, outrora desconhecida, para esses seres "irrevogavelmente condenados", a piedade que demonstra, por exemplo, o conviva de Pedro para com Don Juan e que, durante os séculos cristãos, muitas vezes fez gemer as pedras. Plutarco[25] apresenta uma imagem sombria do estado do homem supersticioso no paganismo: essa imagem se torna inofensiva se comparada com o cristão da Idade Média que *suspeita* que não poderá mais escapar dos "tormentos eternos". Vê aparecer diante dele espantosos presságios: talvez uma cegonha trazendo no bico uma serpente e hesitando em engoli-la. Ou então vê a natureza inteira empalidecer subitamente ou cores vivas correr sobre o solo. Ou então os fantasmas dos parentes mortos aparecem com rostos marcados de vestígios de sofrimentos horríveis. Ou, ainda, as paredes escuras do quarto do homem adormecido se iluminam e nos vapores amarelados surgem instrumentos de tortura, um amontoado de serpentes e de demônios se agita. Que espantosa estada o cristianismo soube fazer desta terra, simplesmente exigindo crucifixos por toda parte, caracterizando assim a terra como um lugar onde "o justo é torturado até a morte"! E quando o ardor de um grande pregador apresentava em público os secretos sofrimentos de um indivíduo, as torturas da "cela solitária", quando um Whitefield[26], por exemplo, pregava "como um moribundo a moribundos", ora chorando em copiosas lágrimas, ora batendo violentamente os pés no chão, falando com paixão, com um tom brusco e incisivo, sem medo de dirigir todo o peso de seu ataque contra uma única pessoa presente, excluindo-a da comunidade com uma dureza excessiva – como a terra parecia então a ponto de se transformar cada vez

---

(25) Plutarco (50-125), escritor e historiador grego; duas obras dele chegaram até nós: *Vidas paralelas* e *Escritos morais* (NT).

(26) George Whitefield (1714-1770), pregador da efervescência religiosa que se difundiu na Inglaterra no século XVIII (NT).

na "pradaria da infelicidade"! Via-se então homens acorrendo em massa, espremidos uns contra os outros, como que tomados de um acesso de loucura; muitos eram acometidos de cãibras de angústia; outros jaziam desmaiados e imóveis; alguns tremiam violentamente ou cortavam o ar durante horas com o ruído de seus gritos agudos. Por toda parte uma respiração ofegante, como pessoas semiestranguladas que aspiram o ar com rumor. "E, na verdade, diz uma testemunha ocular de um desses sermões, quase todos os sons que feriam os ouvidos pareciam ser provocados pelos *amargos sofrimentos dos agonizantes*". – Não esqueçamos que foi o cristianismo que fez do *leito de morte* um leito de tortura e que as cenas que ali vemos desde então, os gritos horríveis que pela primeira vez ali foram possíveis, envenenaram os sentidos e o sangue de inumeráveis testemunhos para toda a sua vida e a de seus descendentes! Imagine-se um homem pacato que não consegue apagar a lembrança de palavras como estas: "Ó eternidade! Se eu pudesse não ter alma! Se eu pudesse nunca ter nascido! Estou condenado, condenado, perdido para sempre! Há seis dias podias ter-me ajudado. Mas agora tudo terminou. Já pertenço ao diabo, quero ir com ele para o inferno. Partam-se, pobres corações de pedra! Não querem? Que mais se pode fazer com corações de pedra? Sou condenado para que vocês se salvem! Aí está! Sim, é isso mesmo! Vem, bom demônio! Vem!"

78. A JUSTIÇA VINGADORA

A infelicidade e a falta – estas duas coisas foram postas pelo cristianismo *numa* mesma balança: de modo que, quando a infelicidade que se segue a uma falta é grande, medimos, ainda agora, involuntariamente, a grandeza da falta antiga segundo essa infelicidade. Mas esta não é uma avaliação antiga e é por isso que a tragédia grega, que trata tão frequentemente de infelicidade e falta, embora em outro sentido, faz parte das grandes libertadoras do espírito, numa medida que nem os próprios antigos podiam suspeitar. Eles eram ainda bastante descuidados para não estabelecer uma "relação adequada" entre a falta e a infelicidade. A falta de seus heróis trágicos é, para dizer a verdade, a pedra que os faz tropeçar e lhes acontece eventualmente de quebrar um braço ou perder um olho; e a sensibilidade antiga comentava: "Certamente deveria ter seguido seu caminho com um pouco de precaução a mais e com menos arrogância!". Mas estava reservado apenas ao cristianismo dizer: "Há nisso uma grande infelicidade e, por trás dessa grande infelicidade, deve se encontrar uma grave falta, *uma falta extremamente grave*, mesmo que não a possamos ver claramente! Se não sentires isso, infeliz, é porque teu coração se endureceu – e coisas muito piores vão te acontecer!". Na antiguidade, havia ainda infelicidades verdadeiras, infelicidades puras, inocentes; é somente com o cristianismo que toda punição se torna punição merecida: o cristianismo torna igualmente sofredora a imaginação daquele que sofre, de modo que o menor mal-estar provoca nessa vítima o sentimento de ser moralmente reprovado e repreensível. Pobre humanidade! – Os gregos têm uma palavra peculiar para expressar o sentimento de revolta que a infelicidade de outrem inspirava: nos povos cristãos, esse sentimento era inadmissível e é por isso que não conferem um nome a esse irmão *mais viril* da compaixão.

79. Uma proposta

Se, segundo Pascal e o cristianismo, nosso eu é sempre *odioso*, como podemos admitir e aceitar que outros o amem – fossem eles Deus ou homens? Seria contrário a toda a decência deixar-se amar, sabendo perfeitamente que só se *merece* o ódio – para não falar de outros sentimentos de repulsa. "Mas esse é justamente o reino da graça." – Seu amor ao próximo é então uma graça? Sua piedade é uma graça? Pois bem, se isso lhes é possível, deem um passo a mais: amem-se a si mesmos por graça – então não terão mais necessidade alguma de seu Deus e todo o drama da queda e da redenção se desenrolará em vocês mesmos até seu fim!

80. O cristão compassivo

A compaixão cristã diante do sofrimento do próximo tem um reverso: é a profunda suspeita diante de todas as alegrias do próximo, da alegria que causa ao próximo tudo o que ele quer, tudo o que pode.

81. Humanidade do santo

Um santo extraviou-se entre os crentes e não conseguia suportar seu ódio constante do pecado. Por fim, diz: "Deus criou todas as coisas, exceto o pecado: o que há de estranho, se ele não lhe quer bem? – Mas o homem criou o pecado – e rejeitaria esse filho único, simplesmente porque desagrada a Deus, o avô do pecado: Isso é humano? A todo senhor, toda a honra! – Mas o coração e o dever deveriam antes de tudo falar em favor do filho – e, só depois, em honra do avô!"

82. Agressão espiritual

"Tu deves decidir isso por ti mesmo, pois é tua vida que está em jogo!" É Lutero que nos interpela dessa forma e acredita estar nos colocando a faca na garganta. Mas nós o rejeitamos com as palavras de alguém superior e mais comedido: "Compete a nós não formar opinião sobre esta ou aquela coisa e poupar assim nossa alma da inquietação. De fato, por sua natureza, as coisas não podem nos *forçar* a ter uma opinião."

83. Pobre humanidade!

Uma gota de sangue a mais ou a menos no cérebro pode tornar nossa vida indizivelmente miserável e dura, embora soframos mais com essa gota do que Prometeu com o abutre[27]. Mas isso não é verdadeiramente de todo assustador a não ser quando nem sequer se *sabe* que essa gota é sua causa. E que se imagina que é "o diabo"! Ou "o pecado"!

84. A filologia do cristianismo

Pode-se constatar bastante bem como o cristianismo desenvolve pouco o sentido da probidade e da justiça analisando os escritos de seus sábios: estes apresentam suas suposições com tanta audácia como se fossem dogmas e a interpretação de uma

---

(27) Segundo o mito grego, Prometeu roubou o fogo dos deuses e o repassou aos homens. Por causa disso, foi castigado por Zeus, que o atou a uma rocha, deixando-o exposto aos ataques de um abutre que lhe devorava continuamente o fígado. Depois de 30 eras ou séculos, Hércules o libertou (NT).

passagem da Bíblia raramente os mergulha num embaraço leal. Incessantemente se pode ler: "Tenho razão porque está escrito" – e então é ūma tal impertinência arbitrária na interpretação que leva um filólogo a se deter entre a cólera e o riso, para se perguntar sempre e de novo: Será possível? Isso é honestidade? É pelo menos decente? As deslealdades que são cometidas a esse respeito do alto dos púlpitos protestantes, a forma grosseira com que o pregador explora o fato que ninguém pode contestar, deforma e acomoda a Bíblia e inculca assim no povo, de todas as maneiras, *a arte de ler mal* – tudo isso é subestimado somente por aquele que nunca vai ou que vai sempre à igreja. Mas, no final das contas, que se pode esperar dos efeitos de uma religião que, nos séculos em que foi fundada, executou essa extraordinária farsa filológica em torno do Antigo Testamento? Refiro-me à tentativa de tirar o Antigo Testamento dos judeus, com a justificativa que só continha doutrinas cristãs e que não devia *pertencer* senão aos cristãos, o verdadeiro povo de Israel, enquanto os judeus apenas tinham se arrogado o direito sobre ele. Houve então um delírio de interpretação e de interpolação que não podia certamente se aliar à boa consciência; quaisquer que fossem os protestos dos judeus, em toda parte, no Antigo Testamento, devia tratar-se de Cristo, e nada mais que de Cristo, notadamente de sua cruz, e todas as passagens em que se tratava de madeira, de vara, de escada, de ramo, de árvore, de salgueiro, de bastão, tudo isso só poderia ser profecia relativa ao madeiro da cruz: mesmo o erguimento do unicórnio e da serpente de bronze, o próprio Moisés de braços abertos em oração, até os espetos em que se assava o cordeiro pascal – tudo isso não passava de alusões e, de algum modo, de prelúdios da cruz! Aqueles que afirmavam essas coisas, alguma vez *acreditaram* nelas? A Igreja nem mesmo recuou diante das interpolações no texto da versão dos Setenta[28] (por exemplo, no salmo 96, versículo 10) para conferir em seguida à passagem fraudulentamente interpolada o sentido de uma profecia cristã. É que se estava em *guerra* e se pensava nos adversários, e não na honestidade.

---

(28) O título refere-se aos 70 sábios judeus que residiam no Egito e que traduziram a Bíblia hebraica para o grego nos séculos III e II antes de Cristo (NT).

85. Sutileza na penúria

Tomem cuidado sobretudo de zombar da mitologia dos gregos, sob o pretexto de que ela se assemelha tão pouco à sua profunda metafísica! Deveriam admirar um povo que, nesse caso particular, pôs um freio à sua inteligência penetrante e teve durante muito tempo o tato suficiente para escapar dos perigos da escolástica e da superstição sofisticada!

86. Os intérpretes cristãos do corpo

Tudo o que pode provir do estômago, dos intestinos, dos batimentos do coração, dos nervos, da bílis, do esperma – todas essas indisposições, essas fraquezas, essas irritações, todos esses acasos da máquina que conhecemos tão mal –, tudo isso um cristão como Pascal considera como um fenômeno moral e religioso e se pergunta se é Deus ou o diabo, o bem ou o mal, a salvação ou a condenação, que é sua causa. Ai! Que intérprete infeliz! Como precisa contornar e torturar seu sistema! Como precisa contornar-se e torturar-se ele próprio para ainda ter razão!

87. O milagre moral

No domínio moral, o cristianismo só conhece o milagre: a mudança súbita de todas as avaliações, a renúncia repentina a todos os hábitos, a inclinação repentina e irresistível para pessoas e objetos novos. Considera esse fenômeno como a ação de Deus e o chama ato de regeneração, atribui-lhe um valor único e incomparável – Tudo o que de resto é chamado moralidade e que não tem relação com esse milagre se torna desse modo indiferente ao cristão e, enquanto sentimento de bem-estar e altivez, talvez até mesmo objeto de temor. O cânon da virtude, do cumprimento da Lei, é estabelecido no Novo Testamento, mas de tal forma que seja o cânon da *virtude impossível*: os homens que ainda *aspiram* a uma perfeição moral devem aprender, em relação a esse cânon, a se sentir sempre mais *distantes* de seu objetivo, devem *desesperar* da virtude e acabar por *lançar-se nos braços* do ser misericordioso – unicamente essa conclusão permitiria aos *esforços* morais do cristão conservar um valor, na condição de que esses esforços permanecessem sempre estéreis, dolorosos e melancólicos; assim, poderiam ainda servir para provocar esse instante de êxtase em que o homem experimenta "a irrupção da graça" e o milagre moral: – entretanto, essa luta pela moralidade não é *necessária*, pois não é raro que esse milagre se abata sobre o pecador justamente no momento em que floresce, por assim dizer, a lepra do pecado; o salto brutal mais profundo e mais fundamental para fora do pecado parece mesmo mais fácil e também, como prova evidente do milagre, mais *desejável*.

– Penetrar o sentido de semelhante *reviravolta* súbita, irracional e irresistível, de semelhante passagem da mais profunda miséria ao mais profundo sentimento de bem-estar do ponto de vista fisiológico (seria talvez uma forma velada de epilepsia?) – é assunto para os psiquiatras que têm abundantemente ocasião para observar semelhantes "milagres" (por exemplo, sob forma de obsessão do crime ou do suicídio). O *"resultado mais agradável"*, relativamente pelo menos, no caso do cristão – não constitui uma diferença essencial.

88. Lutero, o grande benfeitor

O resultado mais importante da ação de Lutero foi ter despertado a desconfiança em relação aos santos e a toda a vida contemplativa: somente a partir de sua época o caminho que leva a uma vida contemplativa não cristã foi novamente tornado acessível na Europa e um freio foi posto ao desprezo da atividade laica. Lutero, que se manteve um bom filho de mineiro depois de ter entrado no convento, onde, na falta de outras profundezas e de outros "filões", ele desceu em si mesmo para ali cavar terríveis galerias subterrâneas – Lutero percebeu finalmente que uma vida santa e contemplativa lhe era impossível e que a "atividade" que tinha desde o nascimento lhe minaria o corpo e a alma. Durante muito tempo, tentou encontrar à custa de mortificações o caminho que leva à santidade – mas tomou por fim uma decisão e disse para consigo: "Não existe verdadeira vida contemplativa! Nós nos deixamos enganar! Os santos não valem mais que todos nós". – Essa era, é verdade, uma maneira bem rústica de ter razão – mas, para os alemães dessa época, era a única verdadeiramente apropriada: como ficaram edificados ao poder ler no catecismo de Lutero: "Fora dos dez mandamentos, *não* há obra que possa *agradar* a Deus – as obras espirituais tão *elogiadas* dos santos são puramente imaginárias!".

89. A DÚVIDA COMO PECADO

O cristianismo fez tudo o que lhe era possível para fechar um círculo em torno dele: declarou que a dúvida, por si só, constituía um pecado. Devemos ser lançados na fé sem a ajuda da razão, por um milagre, e aí nadar como no elemento mais límpido e menos equívoco: um simples olhar lançado para a terra firme, o único pensamento de que talvez não fôssemos feitos para nadar, o menor sobressalto de nossa natureza anfíbia – são suficientes para nos levar a cometer um pecado! Devemos notar que, desse modo, as provas da fé e qualquer reflexão sobre a origem da fé são condenáveis. Exige-se a cegueira e a embriaguez e um canto eterno sobre as ondas em que a razão se afogou!

90. EGOÍSMO CONTRA EGOÍSMO

Quanta gente há ainda que raciocina assim: "A vida seria insuportável se não houvesse Deus!" (Ou como se diz nos círculos idealistas: "A vida seria insuportável se faltasse no fundo sua significação ética!"). Por conseguinte, é necessário que haja um Deus (ou uma significação moral da existência)! Na verdade, a coisa é bem outra. Quem se habituou a essa ideia não deseja viver sem ela: ela é, portanto, necessária para sua sobrevivência – mas que presunção em decretar que tudo o que é necessário à minha sobrevivência deve *realmente existir*! Como se minha sobrevivência fosse algo necessário! Que aconteceria se outros tivessem a opinião contrária? Se recusassem justamente a viver na dependência desses dois artigos de fé e se, uma vez realizadas essas condições, a vida não lhes parecesse mais digna de ser vivida? – E é isso que acontece atualmente!

91. A BOA-FÉ DE DEUS

Um Deus onisciente e onipotente e que nem sequer cuidasse para que suas intenções fossem compreendidas por suas criaturas – seria ele um Deus de bondade? Um Deus que deixa subsistir durante milênios inumeráveis dúvidas e hesitações, como se essas dúvidas e essas hesitações não tivessem importância para a salvação da humanidade e que, no entanto, deixa prever as consequências mais espantosas no caso de equívoco sobre a verdade! Não seria um Deus cruel se possuísse a verdade e se pudesse assistir friamente ao espetáculo da humanidade se atormentando miseravelmente por causa dela? – Ou, apesar de tudo, seria mesmo um Deus de amor – mas *incapaz* de se exprimir mais claramente? Não teria espírito suficiente para isso? Ou eloquência? Seria muito mais grave! De fato, então teria se enganado talvez naquilo que chama sua "verdade" e se assemelharia muito ao "pobre diabo logrado"! Não deveria então suportar quase os tormentos do inferno quando vê sofrer assim suas criaturas e, mais ainda, sofrer por toda a eternidade, ao querer conhecê-lo, e que ele não pode nem aconselhar nem socorrer, a não ser como um surdo-mudo que faz todo tipo de sinais indistintos quando seu filho ou seu cão está cercado dos perigos mais assustadores? Um crente angustiado que raciocinasse dessa forma seria verdadeiramente perdoável, se a piedade pelo Deus sofredor estivesse mais a seu alcance que a piedade pelo "próximo" – pois ele deixa de ser seu próximo se o mais solitário, o mais original de todos os seres, é também o mais sofredor, o mais necessitado de consolação. – Todas as religiões possuem um indício que devem sua origem a um estado da intelectualidade humana demasiado jovem e sem maturidade – todas elas tomam extraordinariamente *com leviandade* a obrigação de dizer a verdade: não sabem ainda nada do *dever divino* de se manifestar aos homens com clareza e veracidade. – Ninguém tem sido mais eloquente que Pascal para falar do "Deus escondido" e das razões que tem para se manter tão escondido e nunca dizer as coisas senão pela metade, sinal de que Pascal nunca pôde se tranquilizar a esse respeito: mas fala com tanta segurança que se poderia crer que se encontrou por acaso nos bastidores. Ele suspeitava uma imortalidade no "*deus absconditus*[29]", mas teria tido vergonha e teria tido medo de confessá-lo a si próprio: é por isso que falava tão alto quanto podia, como alguém que tem medo.

---

(29) Expressão latina que significa "deus escondido" (NT).

92. No leito de morte do cristianismo

Os homens verdadeiramente ativos dispensam agora o cristianismo e os homens mais moderados e mais contemplativos da classe intelectual média não possuem mais que um cristianismo conveniente, isto é, singularmente simplificado. Um Deus que, em seu amor, dispõe tudo em vista de nosso bem final, um Deus que nos dá e nos tira nossa virtude, bem como nossa felicidade, de tal modo que, em suma, tudo termina por viver bem e que não há mais razão para encarar a vida pelo lado negativo ou mesmo para acusá-lo, numa palavra, a resignação e a humildade elevadas ao grau de divindade – é isso o que de melhor e de mais vivo restou do cristianismo. Mas se deveria perceber que, dessa maneira, o cristianismo evoluiu para um doce *moralismo*: em vez de "Deus, a liberdade e a imortalidade", restou uma forma de benevolência e de sentimentos honestos e também a crença que, no universo inteiro, haverão de reinar um dia a benevolência e os sentimentos honestos: é a *eutanásia* do cristianismo.

93. O que é a verdade?

Quem não haveria de ficar contente com a *dedução* que os crentes fazem de boa vontade: "A ciência não pode ser verdadeira, pois nega a Deus; por conseguinte, ela não vem de Deus; logo não é verdadeira, pois Deus é a verdade". Não é a dedução, mas a hipótese primeira, que contém o erro. Como se Deus não fosse precisamente a verdade e se isso fosse realmente provado? Se fosse a vaidade, o desejo de poder, a impaciência, o temor, a loucura extasiada e assustada dos homens?

94. Remédio contra o desprazer

São Paulo já acreditava que um sacrifício era necessário para dissipar o profundo desprazer que o pecado causa a Deus: e desde então os cristãos não deixaram de derramar sobre uma *vítima* seu descontentamento de si próprios – quer seja o "mundo" ou a "história" ou a "razão" ou a alegria ou ainda a tranquilidade dos outros homens – é necessário que qualquer, mas qualquer coisa de *bom*, morra por seus pecados (mesmo que fosse somente em *efígie*)!

95. A REFUTAÇÃO HISTÓRICA COMO REFUTAÇÃO DEFINITIVA

Outrora se procurava provar que não há Deus – hoje se mostra como essa fé na existência de um Deus pôde *se formar* e por que essa fé adquiriu peso e importância: é assim que a contraprova que não há Deus se torna inútil. – Outrora, quando se havia refutado as "provas da existência de Deus" que tinham sido propostas, uma dúvida continuava persistindo ainda, ou seja, se não se podia encontrar provas melhores que aquelas que se acabava de refutar: nessa época os ateus não sabiam fazer tábua rasa.

96. "IN HOC SIGNO VINCES!"[30]

Qualquer que seja o grau de progresso que tenha alcançado a Europa em toda parte, em matéria religiosa, não atingiu ainda a ingenuidade liberal dos antigos brâmanes, o que prova que na Índia, há quatro mil anos, se refletia e se transmitia aos descendentes mais prazer na reflexão do que nós hoje. De fato, esses brâmanes acreditavam em primeiro lugar que os sacerdotes eram mais poderosos que os deuses e, em segundo lugar, que era nos costumes que residia o poder dos sacerdotes: é por isso que seus poetas não se cansavam de celebrar os costumes (súplicas, cerimônias, sacrifícios, cantos, melopeias) que consideravam como os verdadeiros distribuidores de todos os benefícios. Seja qual for o grau de superstição e de poesia que se misturem a isso, os princípios permanecem *verdadeiros*! Um passo mais e os deuses seriam jogados de lado – o que a Europa deverá igualmente fazer um dia! Ainda outro passo e se poderia também dispensar os sacerdotes e os intermediários; veio o profeta que ensinava *a religião da redenção por si mesma*, Buda: – como a Europa está longe ainda desse grau de cultura! Quando finalmente todos os hábitos e costumes em que se apoia o poder dos deuses, dos sacerdotes e dos salvadores forem aniquilados, quando, portanto, a moral, no sentido antigo, tiver sido morta, então virá – o que virá exatamente então? Mas não procuremos adivinhar, procuremos antes captar o que,

---

(30) Expressão latina que significa "neste sinal vencerás" (NT).

na Índia, no meio desse povo de pensadores, foi considerado, há alguns milhares de anos, como o mandamento do pensamento! Há hoje talvez de dez a vinte milhões de homens, entre os diferentes povos da Europa, que "não acreditam mais em Deus" – será demais desejar que eles *se transformem em sinal*? Desde que se *reconheçam* assim a eles próprios, far-se-ão conhecer também – serão imediatamente uma *força* na Europa e felizmente uma força *entre* os povos! Entre todas as classes! Entre os pobres e os ricos! Entre aqueles que mandam e aqueles que obedecem! Entre os inquietos e os pacíficos, os pacificadores por excelência!

Livro Segundo

97. Se agimos de uma forma moral – não é porque somos morais

A submissão às leis da moral pode ser provocada pelo instinto de escravidão ou pela vaidade, pelo egoísmo ou pela resignação, pelo fanatismo ou pela irreflexão. Pode ser um ato de desespero como a submissão à autoridade de um soberano: em si, nada tem de moral.

98. As mudanças em moral

Um constante trabalho de transformação opera-se na moral – os crimes de feliz êxito são a causa disso (entre eles conto, por exemplo, todas as inovações nos juízos morais).

99. Em que somos todos irrazoáveis

Continuamos sempre a tirar as consequências de juízos que consideramos falsos, de doutrinas em que já não acreditamos – por causa de nossos sentimentos.

100. Despertar de um sonho

Homens nobres e sábios acreditaram outrora na harmonia das esferas: homens nobres e sábios acreditam ainda no "valor moral da existência". Mas há de vir um dia em que essa harmonia, ela também, não será mais perceptível a seus ouvidos! Despertarão e perceberão que seus ouvidos haviam sonhado.

101. DIGNO DE REFLEXÃO
Aceitar uma crença simplesmente porque é um hábito aceitá-la – isso não seria agir de má-fé, ser covarde, ser preguiçoso! – A má-fé, a covardia, a preguiça seriam, portanto, a condição primeira da moralidade?

102. OS MAIS ANTIGOS JUÍZOS MORAIS
Qual é nossa atitude diante dos atos de nosso próximo? – Primeiramente consideramos o que deles resulta para nós – somente os julgamos sob esse ponto de vista. É *esse* efeito causado sobre nós que consideramos como a *intenção* do ato – e, finalmente, as intenções atribuídas a nosso próximo se tornam nele qualidades *permanentes*, de modo que fazemos dele, por exemplo, "um homem perigoso". Triplo erro! Triplo desprezo, velho como o mundo! Talvez essa herança nos vem dos animais e de sua capacidade de julgar! Não se deve procurar a origem de toda moral nestas horríveis pequenas conclusões: "O que *me* prejudica é algo *mau* (prejudicial em si); o que me é útil é *bom* (benfazejo e útil em si); o que me prejudica *uma* ou *várias vezes* é essencialmente hostil em si; o que me é útil *uma* ou *várias vezes* é essencialmente favorável em si!" *O pudenda origo*[31]! Não significará isso interpretar as miseráveis *relações*, ocasionais e acidentais, que outro pode ter conosco como se essas relações fossem a essência e o fundo de seu ser e pretender que para com todos e para consigo mesmo não seja capaz de relações semelhantes àquelas que tivemos com ele uma ou várias vezes? E por trás dessa verdadeira loucura não estará a mais imodesta de todas as segundas intenções: acreditar que nós próprios somos o princípio do bem, porquanto o bem e o mal são determinados por nós?

---

(31) Expressão latina que significa "ó vergonhosa origem" (NT).

103. Há duas maneiras de negar a moralidade

"Negar a moralidade" – isso pode significar primeiramente: negar que os motivos éticos *invocados* pelos homens os tenham impelido verdadeiramente a seus atos – o que equivale, portanto, a afirmar que a moralidade é simples questão de palavras e que faz parte dos enganos grosseiros ou sutis (no mais das vezes enganos voltados para si mesmo) que são próprios do homem, sobretudo talvez dos homens célebres por suas virtudes. E *em seguida* isso pode significar: negar que os juízos morais repousam sobre verdades. Nesse caso, admite-se que esses juízos constituem verdadeiramente os motivos das ações, mas também que são *erros*, fundamentos de todos os juízos morais, que impelem os homens a ações morais. Este último ponto de vista é o *meu*: entretanto, não nego que *em muitos casos* uma sutil desconfiança à maneira do primeiro ponto de vista, isto é, no espírito de La Rochefoucauld[32], mantenha igualmente seu valor e em todo o caso não seja da maior utilidade geral. – Nego, portanto, a moralidade como nego a alquimia; e, se nego as hipóteses, *não* nego que tenha havido alquimistas que acreditaram nessas hipóteses e se basearam nela. – Nego igualmente a imoralidade: *não* que haja uma infinidade de homens que se *sentem* imorais, mas que haja *na verdade* uma razão para se sentirem assim. Não nego, é evidente – desde que eu não seja insensato – que é preciso evitar e combater numerosas ações ditas imorais; de igual modo que é preciso cumprir e encorajar numerosas ações ditas morais; penso que é preciso fazer uma e outra coisa *por outras razões* que não aquelas com que se agiu até agora. Devemos mudar *nossa maneira de ver* – para chegar finalmente, talvez demasiado tarde, a mudar *nossa maneira de sentir*.

104. Nossas apreciações

Todas as nossas ações se ligam a maneiras de apreciar; todas as nossas apreciações de valor nos são *próprias* ou são *adquiridas*. – Estas últimas são as mais numerosas. Por que as adotamos? Por receio: isto é, nossa prudência nos aconselha a ter a

---

(32) Duque François de La Rochefoucauld (1613-1680), escritor francês, autor de *Reflexões ou sentenças e máximas morais*, um dos livros preferidos de Nietzsche e mais citados em seus escritos (NT).

predisposição de tomá-las como nossas – e nos habituamos a essa ideia, de tal modo que ela acaba por se tornar nossa segunda natureza. Ter uma apreciação pessoal: isso não significa medir uma coisa em função do prazer ou desprazer que nos causa, a nós e a ninguém mais – mas isso é algo extremamente raro! É preciso pelo menos que a apreciação que temos do outro e que nos impele a nos servir, na maior parte dos casos, de *suas* apreciações *parta* de nós e seja nosso *próprio* motivo determinante. Mas essas determinações, nós as criamos durante nossa infância e raramente mudamos de opinião a seu respeito; no mais das vezes, somos guiados, por toda a vida, por juízos infantis aos quais nos habituamos, nascendo assim a maneira como julgamos o próximo (seu espírito, sua posição, sua moralidade, seu caráter, o que ele tem de louvável ou de condenável) e sentimo-nos obrigados a render homenagem a suas apreciações.

105. O EGOÍSMO APARENTE

A maioria das pessoas, seja o que for que essas pessoas possam pensar e dizer de seu "egoísmo", nada faz durante sua vida por seu *ego*, mas somente pelo fantasma de *ego* que se formou com eles no espírito de seu meio antes de se comunicar a eles; – por conseguinte, vivem numa névoa de opiniões impessoais, de apreciações fortuitas e fictícias, um a respeito do outro, e assim em sequência, um sempre no espírito do outro. Estranho mundo de fantasmas que sabe dar-se uma aparência tão razoável! Esse nevoeiro de opiniões e de hábitos cresce e vive quase independentemente dos homens que envolve; dele depende a prodigiosa influência dos juízos de ordem geral sobre "o homem" – todos esses homens que não se conhecem uns aos outros acreditam nessa coisa abstrata que se chama "homem", isto é, numa ficção; e toda mudança tentada nessa coisa abstrata pelos juízos de individualidades poderosas (tais como os príncipes e os filósofos) produz um efeito extraordinário e insensato sobre a maioria. – Tudo isso porque cada indivíduo nessa maioria não sabe opor um verdadeiro *ego* que lhe seja próprio e que tenha aprofundado à pálida ficção universal que dessa maneira haveria de destruir.

106. Contra a definição do objetivo moral

De todos os lados se ouve hoje definir que o objetivo da moral é algo como a conservação e o avanço da humanidade; mas isso significa simplesmente querer possuir uma fórmula e nada mais. Conservação *de quê?* Deve-se perguntar antes de tudo, avanço *em direção a* quê? – Não foi esquecido o essencial na fórmula: a resposta a esse "de quê", a esse "em direção a quê"? O que resulta disso para a doutrina dos deveres do homem que não já não tenha sido fixado tacitamente e sem pensar? Essa fórmula diz de modo suficiente se é preciso visar a prolongar mais a existência da espécie humana ou fazer sair, desde que possível, o homem da animalidade? Quão diferentes deveriam ser os meios nos dois casos, isto é, a moral prática! Supondo que se queira tornar a humanidade tão razoável quanto possível, isso não garantiria certamente sua maior duração! Ou supondo que se pense em sua "maior felicidade", para responder a esse "de quê", a esse "em direção a quê": pensa-se então no mais alto grau de felicidade que alguns indivíduos poderiam atingir aos poucos? Ou numa felicidade média, indefinida, mas que todos poderiam atingir? E por que se haveria de escolher a moralidade para alcançar esse objetivo? A moralidade não criou, em seu conjunto, uma tal fonte de desprazer que se poderia antes considerar que, com cada refinamento da moralidade, o homem tornou-se mais *descontente* consigo mesmo, com seu próximo e com sua sorte na existência? O homem que até o presente foi mais moral não acreditou acaso que somente o estado do homem que possa se justificar perante a moral era *a mais profunda miséria?*

107. Nosso direito a nossas loucuras

Como se deve agir? Por que se deve agir? – Para as necessidades próximas e cotidianas do indivíduo é fácil responder a essas perguntas, mas quanto mais se penetra num domínio de ações mais sutis, mais extensas e mais importantes, mais o problema se torna incerto e sujeito ao arbitrário. Entretanto, é necessário que precisamente aqui o arbitrário seja excluído da decisão! – É o que exige a autoridade da moral: um temor e um respeito obscuros devem guiar o homem logo a esses atos em que não percebe *imediatamente* o objetivo e os meios! Essa autoridade da moral bloqueia o pensamento nas coisas em que poderia ser perigoso pensar *errado*: é assim pelo menos que a moral costuma justificar-se perante seus acusadores. *Errado* significa aqui "perigoso" – mas perigoso para quem? Geralmente não se trata do perigo da ação que os defensores da moral autoritária têm em vista, mas de *seu próprio perigo*, a perda que poderiam sofrer seu poder e sua influência, a partir do momento em que o direito de agir segundo a razão própria, ampla ou restrita, fosse concedido a todos, louca e arbitrariamente: de fato, por sua própria conta, eles se utilizam sem hesitar do direito ao arbitrário e à loucura – *mandam* mesmo quando as perguntas "como devo agir?, por que devo agir?" não podem ser respondidas senão com muito trabalho e com muita dificuldade. E se a *razão* da humanidade cresce com uma tão extraordinária lentidão que chegou a ser possível negar às vezes esse crescimento no progresso geral da humanidade, a quem se deveria volver, a não ser a essa solene presença, diria mesmo onipresença, de mandamentos morais que não permitem até mesmo ser posta a pergunta *individual* do "por quê" e do "como". Nossa educação não foi construída em vista de evocar em nós *sentimentos patéticos*, para nos levar a refugiar-nos na obscuridade, quando nossa razão deveria conservar toda a sua clareza e todo o seu sangue-frio! Ou seja, em todas as circunstâncias elevadas e importantes.

108. Algumas teses

Ao indivíduo, *à medida que* procura sua felicidade, não se deve dar nenhum preceito sobre o caminho que leva à felicidade: pois a felicidade individual brota segundo suas próprias leis, ignoradas por todos, de modo que só pode ser bloqueado e detido por preceitos que vêm de fora. – Os preceitos a que chamamos "morais" são na verdade dirigidos contra os indivíduos e não desejam de modo algum sua felicidade. Esses preceitos têm também pouco a ver com a "felicidade e a prosperidade da humanidade" – pois é absolutamente impossível conferir a esses termos uma significação precisa e menos ainda servir-se deles como um farol no escuro oceano das aspirações morais. – É um preconceito acreditar que a moralidade seja mais favorável ao desenvolvimento da razão que a imoralidade. – É um erro acreditar que o *objetivo inconsciente* na evolução de todo ser consciente (animal, homem, humanidade, etc.) seja sua "felicidade suprema": há, pelo contrário, em todas as etapas da evolução uma felicidade particular e incomparável a atingir, nem superior nem inferior, mas precisamente individual. A evolução não quer a felicidade, mas só a evolução e nada mais. – Somente se a humanidade tivesse um *objetivo* universalmente reconhecido é que poderíamos propor "imperativos" em sua forma de agir: provisoriamente, semelhante objetivo não existe. Não se deve, portanto, colocar as pretensões da moral em relação com a humanidade; isso seria loucura e infantilidade. – Coisa absolutamente diversa seria *recomendar* um objetivo à humanidade: esse objetivo seria então alguma coisa *que dependeria de nossa vontade*; supondo que conviesse à humanidade, ela poderia então dar-se a si mesma uma lei moral que lhe conviesse. Mas até o presente a lei moral devia ser posta *acima* de nossa vontade: propriamente, não se queria *dar-se* essa lei, pretendia-se *tomá-la* em algum lugar, *descobri-la, deixar-se comandar* por ela de onde quer que viesse.

109. Autodomínio, moderação
e seus motivos derradeiros

Vejo apenas seis métodos profundamente diferentes para combater a violência de um instinto. Em primeiro lugar, pode-se evitar as ocasiões de satisfazer um instinto, enfraquecer e eliminar esse instinto abstendo-se de satisfazê-lo durante períodos mais ou menos longos. Em segundo lugar, pode-se estabelecer uma lei de uma ordem severa e regular na satisfação dos próprios apetites: desse modo, são submetidos a uma regra, seu fluxo e refluxo é encerrado dentro de limites estáveis, para ganhar os intervalos em que não incomodam mais; – partindo disso, se poderá talvez passar ao primeiro método. Em terceiro lugar, pode-se entregar-se deliberadamente à satisfação de um instinto selvagem e desenfreado até sentir desgosto para obter, por meio desse desgosto, um poder sobre o instinto: com a condição de não fazer como aquele cavaleiro que, querendo esfalfar seu cavalo, acabou por quebrar o pescoço – o que é, infelizmente, a regra em semelhantes tentativas. Em quarto lugar, existe uma prática intelectual que consiste em associar à satisfação um pensamento doloroso e com tanta intensidade que com um pouco de exercício a ideia da satisfação se torna também cada vez mais dolorosa. (Por exemplo, quando o cristão se habitua a pensar durante o prazer sexual na presença e na zombaria do diabo ou no inferno para um crime cometido por vingança ou ainda no desprezo que incorreria aos olhos dos olhos que mais venera se cometesse um roubo; de igual modo, alguém pode reprimir um violento desejo de suicídio que lhe veio cem vezes quando pensa na desolação de seus parentes e de seus amigos e às recriminações que farão, e é assim que ele chega a se manter à margem da vida: – pois, a partir de então, essas representações se sucedem em seu espírito como a causa e o efeito). Deve-se ainda mencionar aqui o orgulho do homem que se revolta, como fizeram, por exemplo, Byron e Napoleão[33], que consideraram como afronta a preponderância de uma emoção sobre a conduta e a regra geral da razão: daí provém o hábito e o gosto de tiranizar o instinto e de alguma forma esmagá-lo. ("Não quero ser escravo de um apetite qualquer" – escrevia Byron em seu diário). Em quinto lugar, tenta-se um deslocamento das próprias forças acumuladas, dedicando-se a um trabalho qualquer, difícil e pesado, ou submetendo-se deliberadamente a atrativos e a prazeres novos, desviando assim para outras direções os pensamentos e as forças físicas. Ocorre o mesmo quando se favorece temporariamente outro instinto, dando-lhe frequentes ocasiões de se satisfazer, para torná-lo dispensador dessa força que dominaria, em outro caso, o instinto que importuna, por sua violência, e que se pretende refrear. Outro também saberia talvez conter a paixão que gostaria de agir como senhor, concedendo a todos os outros instintos que conhece um encorajamento e uma permissão mo-

---

(33) George Gordon, dito Lord Byron (1788-1824), poeta inglês; Napoleão Bonaparte (1769-1851), militar e político francês, dominou a cena política da França e da Europa de 1795 a 1814, inclusive como imperador dos franceses (NT).

mentânea para que devorem o alimento que o tirano gostaria de reservar para si. E, finalmente, em sexto lugar, aquele que suporta e acha razoável enfraquecer e oprimir *toda* a organização física e psíquica chega naturalmente da mesma forma a enfraquecer um instinto particular demasiado violento: como faz, por exemplo, aquele que mantém esfomeada sua sensualidade e que destrói, na verdade, ao mesmo tempo seu vigor e muitas vezes também sua razão, à maneira do asceta. – Portanto: evitar as ocasiões, impor regras ao instinto, provocar a saciedade e o desgosto do instinto, relacioná-lo com uma ideia martirizante (como a da vergonha, das consequências nefastas ou do orgulho ofendido), em seguida, o deslocamento das forças e finalmente o enfraquecimento e o esgotamento geral – esses são os seis métodos. Mas a *vontade* de combater a violência de um instinto não está em nosso poder mais que o método que se adota por acaso e o sucesso que se pode alcançar ao aplicá-lo. Em todo esse processo, nosso intelecto não é, ao contrário, senão o instrumento cego *de outro instinto* que é o *rival* daquele cuja violência nos atormenta, quer seja a necessidade de repouso ou o medo da vergonha e de outras consequências lamentáveis ou ainda o amor. Enquanto julgamos lamentar a violência de um instinto, portanto, no fundo é um instinto *que se queixa de outro* instinto; o que significa que a percepção do sofrimento que tal *violência* nos causa pressupõe a existência de outro instinto igualmente violento, ou mais violento ainda, e que uma *luta* se prepara, na qual nosso intelecto deve tomar partido.

110. O QUE SE OPÕE

Podemos observar em nós o seguinte processo e gostaria de que fosse observado e confirmado muitas vezes. Forma-se em nós o faro de uma espécie de *prazer* que não conhecemos ainda, do qual brota em nós um novo *desejo*. Tudo depende então do que se opõe a esse desejo: se são coisas e considerações de espécie comum e também de homens que estimamos pouco – o objetivo do novo desejo vai tomar a aparência de um sentimento "nobre, bom, louvável, digno de sacrifício", todas as disposições morais hereditárias se incluirão nisso, e o objetivo se tornará um objetivo moral – e a partir de então já não pensamos em aspirar a um desejo, mas a uma moralidade: o que aumenta muito a segurança de nossa aspiração.

111. AOS ADMIRADORES DA OBJETIVIDADE

Aquele que na infância observou nos pais e conhecidos, entre os quais cresceu, sentimentos diversos e fortes, mas pouca firmeza nos juízos e pouco gosto pela retidão intelectual, aquele, portanto, que usou o melhor de sua força e seu tempo mais precioso a imitar esses sentimentos: esse observa em si mesmo, uma vez adulto, que todo objeto novo, todo novo ser humano, suscitam nele imediatamente simpatia ou antipatia, ou ainda inveja ou desprezo; sob o peso dessa experiência perante a qual se sente desarmado, admira a *neutralidade dos sentimentos*, a "objetividade" como uma coisa extraordinária, quase genial e de rara moralidade, e nunca chega a acreditar que também ela é simplesmente *filha da educação e do hábito*.

112. PARA A HISTÓRIA NATURAL DO DEVER E DO DIREITO

Nossos deveres – são os direitos que os outros têm sobre nós. Como os adquiriram? Porque nos consideram como capazes de estabelecer contratos e mantê-los, porque nos vieram na esfera de nosso poder e nela deixariam uma influência duradoura se pelo "dever" não usássemos de represálias, isto é, se interviermos no poder deles. Os direitos dos outros só podem se referir ao que está em nosso poder: seria irrazoável da parte deles querer de nós qualquer coisa que não nos pertencesse. Dever-se-ia dizer mais exatamente: somente naquilo que eles pensam estar em nosso poder, admitindo que seja a mesma coisa que igualmente nós pensamos estar em nosso poder. O mesmo erro poderia facilmente se produzir dos dois lados. O sentimento do dever exige que tenhamos em toda a extensão de nosso poder a mesma *crença* que os outros; isto é, que *pudéssemos* prometer certas coisas, comprometer-nos a fazê-las ("livre-arbítrio"). – Meus direitos: essa é a parte de meu poder que os outros não somente me concederam, mas que querem também manter para mim. Como chegaram a isso? De um lado, por sua sabedoria, seu temor e sua prudência: seja porque em troca esperam de nós algo de equivalente (a proteção de seus direitos), seja porque consideram um embate conosco perigoso e inoportuno, seja porque veem em toda diminuição de nossa força uma desvantagem para eles, pois, nesse caso, seríamos inaptos para uma aliança com eles contra uma terceira força hostil. Por outro lado, por meio de doações e cessões. Nesse caso, os outros dispõem de suficiente poder para ceder uma parte e para poder tornar-se garantes dessa cessão: caso em que se pressupõe um fraco sentimento de poder naquele que aceita a dádiva. É assim que se formam os direitos: graus de poder, reconhecidos e garantidos. Se as relações de poder sofressem uma modificação essencial, desapareceriam alguns direitos e outros surgiriam – o que é comprovado pelo direito dos povos em seu vaivém incessante. Se nosso poder diminui muito, o sentimento daqueles que garantiam até agora nosso direito se modifica: pesam as razões que tinham para nos conceder nossa antiga posse. Se esse exame não estiver em nosso favor, negam doravante "nossos direitos". Do mesmo modo, se nosso poder aumenta de forma considerável, o sentimento daqueles que o reconheciam até então e do qual não temos mais necessidade se modifica também: tentarão reduzir esse poder à sua dimensão anterior, quererão intervir em nossos negócios, apoiando-se em seu dever – mas trata-se de palavras inúteis. Em toda parte em que reina o direito, mantém-se um estado e certo grau de poder, rechaça-se todo aumento e toda diminuição. O direito dos outros é uma concessão feita por nosso sentimento de poder ao sentimento de poder dos outros. Se nosso poder se mostra profundamente abalado e quebrado, nossos direitos cessam; pelo contrário, se nos tornamos muito mais poderosos, os direitos que até então havíamos reconhecido aos outros deixam de existir para nós. – O "homem equitativo" tem, pois, necessidade incessante do toque sutil de uma balança para avaliar os graus de poder e de direito que, segundo a vaidade das coisas humanas, só se mantêm em equilíbrio por muito pouco tempo e só fazem subir ou descer: – ser equitativo é, pois, difícil e exige muita experiência, boa vontade e uma carga enorme de espírito.

113. A ASPIRAÇÃO A SE DISTINGUIR

Aquele que aspira a se distinguir tem constantemente o olho no vizinho e quer saber quais são os sentimentos deste: mas a simpatia e o abandono de que essa inclinação tem necessidade para se satisfazer estão muito longe de ser inspirados pela inocência, pela compaixão e pela benevolência. Tentamos, pelo contrário, perceber ou descobrir de que maneira o próximo *sofre*, interna e externamente, a nosso aspecto, como perde seu autocontrole e cede à impressão que nossa mão ou nosso aspecto faz sobre ele; e mesmo quando aquele que aspira a distinguir-se dá e quer dar uma impressão alegre, exaltante ou tranquilizadora, o que ele gozaria com esse sucesso não é o fato de ter alegrado, exaltado ou tranquilizado o próximo, mas de ter deixado sua *marca* na alma do outro, de lhe ter alterado a forma e de tê-lo dominado segundo sua vontade. A aspiração a se distinguir é a aspiração a subjugar o próximo, mesmo que seja de uma maneira indireta, mesmo que fosse pelo sentimento ou até mesmo só em sonho. Há uma longa série de graus nessa secreta vontade de domínio e para esgotar sua nomeação seria necessário quase escrever uma história da civilização, desde a primeira barbárie tosca até a dissimulação do refinamento e da idealidade doentia. A aspiração a distinguir-se proporciona sucessivamente *ao próximo* – para designar por seus nomes apenas alguns graus dessa longa escala: – primeiro a tortura, depois os golpes, depois o pavor, depois o espanto angustiado, depois a surpresa, depois a inveja, depois a admiração, depois a edificação, depois o prazer, depois a alegria, depois o riso, depois a zombaria, depois o gracejo, depois os insultos, depois outros golpes desferidos, depois torturas infligidas: ali, no topo da escala, estão colocados o *asceta* e o mártir; cada um sente a maior alegria, justamente como consequência de sua aspiração a se distinguir, em sofrer o que seu oposto no primeiro grau da escala, o *bárbaro*, inflige ao outro, diante do qual quer se distinguir. O triunfo do asceta sobre si mesmo, seu olhar dirigido para dentro, percebendo o homem desdobrado num ser sofredor e espectador e que, desde então, não considera mais o mundo exterior senão para ali juntar, de algum modo, lenha para sua própria fogueira, esta última tragédia da necessidade de se distinguir, em que só resta uma única pessoa que se carboniza em si mesma – esse é o digno desfecho que convém a tal começo: nos dois casos, uma indizível felicidade com o *espetáculo da tortura*! De fato, a felicidade considerada como sentimento de poder desenvolvido ao extremo talvez nunca tenha se encontrado na terra de uma forma tão intensa como na alma dos ascetas supersticiosos. É o que exprimem os brâmanes na história do rei Viçvamitra que obtinha nos *exercícios de penitência* de milhares de anos uma tal força que se empenhou em construir um novo *céu*. Creio que, em toda essa categoria de experiências interiores, somos hoje grosseiros noviços e tateantes adivinhadores de enigmas; há quatro mil anos sabia-se mais sobre esses infames refinamentos da fruição de si. A criação do mundo foi talvez então concebida por um sonhador hindu como uma operação ascética que um deus impôs a si mesmo! Talvez esse deus tivesse querido se encerrar na natureza em movimento como num instrumento de tortura, para sentir assim duplicados sua felicidade e seu poder! E mesmo supondo que fosse um deus de amor: que prazer para ele criar homens *sofredores*, sofrer diante deles de uma maneira divina e sobre-humana uma tortura contínua e tiranizar-se assim a si próprio! Mais ainda, supondo que não era somente um deus de amor, mas um deus de santidade e de inocência: que delírio não podemos imaginar no divino asceta quando cria o pecado, os pecadores e a condenação eterna e, sob seu céu e ao pé de seu trono, uma enorme morada de tormentos eternos, de eternos gemidos! – Não é totalmente impossível que a alma de um são Paulo, de um Dante, de um Calvino e de seus semelhantes não tenha um dia penetrado nos terríveis mistérios dessa volúpia de poder; – com relação a semelhantes estados de alma, pode-se perguntar se o ciclo da aspiração a se distinguir voltou verdadeiramente a seu ponto de partida, se, com o asceta, atingiu seu ponto máximo. Esse círculo não poderá ser percorrido pela segunda vez, mantendo a ideia fundamental do asceta e ao mesmo tempo do deus compassivo? Quero dizer: fazer mal aos outros para fazê-lo *a si próprio*, para de novo triunfar sobre si e sobre sua compaixão e para gozar da extrema volúpia do poder! – Perdoem essas digressões que se apresentam a meu espírito enquanto penso em todas as possibilidades no vasto campo dos excessos psíquicos aos quais se entregou o desejo de poder!

114. O CONHECIMENTO DAQUELE QUE SOFRE

A condição das pessoas doentes, durante muito tempo e horrivelmente torturadas pelo sofrimento, mas cuja inteligência, apesar disso, não se perturba, não deixa de ter valor para o conhecimento – sem falar até dos benefícios intelectuais que trazem consigo toda solidão profunda, toda libertação súbita e lícita dos deveres e dos hábitos. Aquele que sofre profundamente, encerrado de alguma forma em seu sofrimento, lança um olhar gélido *para fora*, sobre as coisas: todos esses pequenos encantamentos enganadores em que habitualmente se movem as coisas, quando são olhadas por alguém saudável, desaparecem para ele: ele próprio permanece envolto em si, sem encanto e sem cor. Supondo que viveu até aqui em qualquer perigoso devaneio, o supremo chamamento à realidade da dor constitui o meio de arrancá-lo desse devaneio: e talvez seja o único meio. (É possível que o fundador do cristianismo tenha feito essa experiência na cruz, pois as palavras mais amargas que já foram pronunciadas "Meu Deus, por que me abandonaste?" encerram, se interpretadas em toda a sua profundidade, como se tem o direito, o testemunho de uma completa desilusão, a maior clarividência sobre a miragem da vida; no instante do sofrimento supremo, Cristo se torna clarividente acerca de si mesmo, precisamente como foi também, segundo conta o poeta, esse pobre Dom Quixote moribundo). A formidável tensão do intelecto que procura se opor à dor ilumina com isso tudo o que diz respeito a uma nova luz: e a indizível atração que sempre exercem todas as novas iluminações é muitas vezes bastante poderosa para resistir a todas as seduções do suicídio e para fazer parecer realmente desejável para aquele que sofre a continuação da vida. Pensa com desprezo no mundo vago, quente e confortável no qual o homem saudável vive sem escrúpulos; pensa com desprezo nas ilusões mais nobres e mais caras que outrora ele próprio partilhava; sente verdadeiro prazer ao evocar de qualquer maneira esse desprezo, como se viesse das profundezas do inferno, infligindo assim à alma os mais amargos sofrimentos: é por esse contrapeso que consegue resistir à dor física – sente que agora esse contrapeso é necessário. Com uma impressionante lucidez sobre sua própria natureza, exclama: "Sê uma vez teu próprio acusador e teu próprio carrasco, toma teu sofrimento como uma punição que ti próprio infliges! Goza de tua superioridade de juiz; melhor ainda: goza teu belo prazer, tua arbitrária tirania! Eleva-te acima de tua vida como acima de teu sofrimento, contempla a fundo as razões e as desrazões!" Nosso orgulho se revolta como nunca antes: sente uma atração incomparável para defender a vida contra um tirano como o sofrimento e contra todas as insinuações desse tirano que gostaria de nos levar a testemunhar contra a vida – a *representar a vida* justamente diante do tirano. Nesse estado, defendemo-nos com amargor contra toda espécie de pessimismo, para que este não apareça como uma *consequência* de nosso estado e nos humilhe como vencidos. Nunca a tentação de ser justo nos juízos foi maior que agora, pois agora a justiça é um triunfo sobre nós mesmos e sobre o estado mais irritável que se possa imaginar, um estado que escusaria todo juízo injusto; – mas não queremos ser desculpados, queremos mostrar agora mesmo que podemos ficar "sem mancha". Passamos por verdadeiras crises de orgulho. – E agora aponta a primeira aurora de apaziguamento, de cura – é quase o primeiro efeito com que nos defendemos contra a preponderância de nosso orgulho: consideramo-nos então patetas e vaidosos – como se nos tivesse acontecido qualquer coisa de único! Humilhamos sem reconhecimento a altivez todo-poderosa que nos fez suportar a dor e reclamamos com violência um antídoto contra a altivez: procuramos tornar-nos estranhos a nós próprios, despersonalizar-nos, pois a dor nos tornou por muito tempo *pessoas* com violência. "Longe de nós essa altivez, exclamamos, ela era uma doença e uma crise forte demais!" Olhamos novamente os homens e a natureza – com um olhar de desejo: lembramo-nos, sorrindo com tristeza, que temos agora a respeito deles certas ideias novas e diferentes daquelas de outrora, que um véu caiu. – Mas como nos reconforta rever as *luzes temperadas da vida* e sair desse dia terrivelmente cru, no qual, quando sofríamos, víamos as coisas e através das coisas. Não nos encolerizamos se a magia da saúde recomeça seu jogo – contemplamos esse espetáculo como se estivéssemos transformados, calmos e cansados ainda. Nesse estado, não se pode ouvir música sem chorar.

115. O que chamamos "eu"

A linguagem e os preconceitos sobre a qual se edifica a linguagem formam muitas vezes obstáculo ao aprofundamento dos fenômenos interiores e dos instintos: porque não existem palavras senão para graus *superlativos* desses fenômenos e desses instintos. – Ora, estamos habituados, quando as palavras nos faltam, a não observar com rigor, porque é penoso pensar com precisão; chegava-se até mesmo outrora a decretar involuntariamente que, onde cessa o reino das palavras, cessa também o reino da existência. Cólera, ódio, amor, piedade, desejo, conhecimento, alegria, dor – são todos nomes que convêm apenas a condições extremas; os graus mais ponderados, mais medianos nos escapam, mais ainda os graus inferiores, incessantemente em jogo, e no entanto são eles que tecem a trama de nosso caráter e de nosso destino. Ocorre muitas vezes que essas explosões extremas – e o prazer ou o desprazer mais medíocres, dos quais somos *conscientes*, seja provando uma comida, seja escutando um som, constituem talvez ainda, segundo uma avaliação exata, explosões extremas – rasgam a tela e formam então exceções violentas, quase sempre consecutivas a acumulações: – e como podem elas, a esse título, induzir o observador ao erro! Exatamente como enganam o homem de ação. Todos, *enquanto somos*, não somos o que parecemos ser segundo os únicos estados em que temos consciência e pelos quais temos palavras – e, por conseguinte, a recriminação e o elogio; nós nos desconhecemos segundo essas explosões grosseiras, que só por nós são conhecidas, tiramos conclusões a partir de uma matéria em que as exceções ultrapassam a regra, enganamo-nos ao ler esse escrito confuso de nosso eu, aparentemente claro. Entretanto, *a opinião que temos de nós próprios*, essa opinião que formamos por esse caminho errôneo, o que chamamos "eu", trabalha a partir de então para formar nosso caráter e nosso destino.

116. O mundo desconhecido do "sujeito"

Aquilo que os homens têm mais dificuldade em compreender é sua ignorância sobre si mesmos, desde os tempos mais remotos até nossos dias! Não apenas em relação ao bem e ao mal, mas também em relação a coisas muito mais importantes! A antiga ilusão, segundo a qual saberíamos perfeitamente e em todos os casos como *se efetua a ação humana*, continua viva. Não somente "Deus que vê nos corações", não somente o homem que age e que reflete sobre sua ação – mas também qualquer outra pessoa não duvida realmente de que compreende o fenômeno da ação em qualquer outra pessoa. "Sei o que quero e o que faço, sou livre e responsável de meus atos, responsabilizo os outros por aquilo que fazem, posso nomear todas as possibilidades morais e todos os movimentos interiores que precedem uma ação; qualquer que seja a maneira pela qual vocês agem – nela me compreendo a mim mesmo e nela os compreendo a todos!" – Assim é que todos pensavam antigamente, é assim que todos pensam ainda. Sócrates e Platão, que nessa matéria foram grandes céticos e admiráveis inovadores, eram, contudo, inocentemente crédulos quanto ao preconceito nefasto, a esse profundo erro, que afirma que "o justo entendimento *deve ser seguido* forçosamente pela ação justa". – Com esse princípio, eram sempre herdeiros da loucura e da presunção universais que pretendem que se conheça a essência de uma ação. "Seria *terrível* se a compreensão da essência do ato justo não fosse seguida pelo ato justo" – essa é a única forma que parecia necessária a esses grandes homens para provar essa ideia; o contrário lhes parecia inimaginável e insensato – e, no entanto, esse contrário responde à realidade nua e crua, demonstrada cotidianamente e a toda hora, desde sempre! Não é essa precisamente a verdade "terrível" que o que se pode saber de um ato não basta *nunca* para realizá-lo, que a ponte que vai do entendimento ao ato não foi estabelecida até hoje em nenhum caso! As ações não são *nunca* o que nos parecem ser! Custou-nos tanto aprender que as coisas exteriores não são o que parecem – pois bem, o mesmo deve ser dito em relação ao mundo interior! Os atos são realmente "qualquer coisa diferente" – não podemos dizer mais:

e todos os atos são essencialmente desconhecidos. O contrário é e permanece a crença habitual; temos contra nós o mais antigo realismo; até aqui a humanidade pensava: "Uma ação é tal qual nos parece ser". (Relendo essas palavras me vem à mente uma passagem muito significativa de Schopenhauer[34] que gostaria de citar para provar que também ele permaneceu sempre agarrado, sem qualquer espécie de escrúpulo, a esse realismo moral: "Na realidade, cada um de nós é um juiz moral competente e perfeito, conhecendo precisamente o bem e o mal, santificado ao amar o bem e ao detestar o mal – cada um é tudo isso, uma vez que não são seus próprios atos, mas atos estranhos que estão em causa, e que pode se contentar em aprovar ou desaprovar, enquanto o peso da execução é levado pelas costas dos outros. Cada um pode, por conseguinte, ter como professor o lugar de Deus.")

117. NA PRISÃO

Minha vista, quer seja aguda, quer seja fraca, não vê senão a certa distância. Vivo e ajo nesse espaço, essa linha do horizonte é meu mais próximo destino, grande ou pequeno, ao qual não posso escapar. Em torno de cada ser se estende assim um círculo concêntrico que lhe é particular. Igualmente o ouvido nos encerra num pequeno espaço, da mesma forma que o sentido do tato. É a partir desses horizontes, nos quais nossos sentidos encerram cada um de nós, como nos muros de uma prisão, que avaliamos o mundo, dizendo que tal coisa está perto, tal outra está longe, tal coisa é grande, tal outra é pequena, tal coisa é dura e tal outra é mole: chamamos "sensação" essa forma de medir – e tudo isso é simplesmente um erro em si! A partir da quantidade de experiências e emoções que nos são possíveis em média num espaço de tempo dado, avaliamos nossa vida, a achamos curta ou longa, rica ou pobre, cheia ou vazia: em função da média da vida humana, avaliamos aquela de todos os outros seres – e isso, tudo isso, é simplesmente um erro em si! Se tivéssemos uma vista cem vezes mais penetrante para as coisas próximas, o homem nos pareceria enorme; poderíamos até

---

[34] Arthur Schopenhauer (1788-1860), filósofo alemão (NT).

imaginar órgãos por meio dos quais o homem pareceria incomensurável. Por outro lado, certos órgãos poderiam ser constituídos de tal maneira que reduziriam e limitariam sistemas solares inteiros, para torná-los semelhantes a uma única célula: e, para seres inversamente constituídos, uma única célula do corpo humano poderia apresentar-se em sua construção, seu movimento e sua harmonia como um sistema solar. Os hábitos de nossos sentidos nos envolveram num tecido de sensações enganadoras que são, por sua vez, a base de todos os nossos juízos e de nosso "entendimento" – não há absolutamente saída, não há escapatória, não há senda voltada para o mundo *real*! Estamos em nossa teia como aranhas e, ainda que apanhemos alguma coisa, podemos apanhar somente e sempre o que *se deixar* prender em *nossa* teia.

118. O QUE É, POIS, NOSSO PRÓXIMO?

Que compreendemos, pois, de nosso próximo, senão suas fronteiras, isto é, aquilo pelo qual de algum modo coloca sua marca em nós? Tudo o que compreendemos dele são as *modificações* que têm lugar *em nossa pessoa* e das quais ele é a causa – o que sabemos dele se assemelha a um *espaço* oco. Emprestamo-lhe as sensações que seus atos suscitam em nós e lhe atribuímos assim o reflexo de uma falsa positividade. Nós o formamos de acordo com o conhecimento que temos de nós mesmos, a fim de transformá-lo num satélite de nosso sistema: e, quando ele se ilumina ou se escurece para nós, somos nós, nos dois casos, a causa última – julgamos, contudo, sempre o contrário! Mundo de fantasmas este em que vivemos! Mundo invertido, virado para baixo e vazio e que, no entanto, vemos como em sonho sob um aspecto *direto* e *pleno*!

119. VIVER E IMAGINAR

Qualquer que seja o grau que alguém possa atingir no conhecimento de si, nada pode ser mais incompleto que a imagem que se faz dos *instintos* que constituem seu ser. Mal sabe citar por seus nomes os instintos mais grosseiros: seu número e sua força, seu fluxo e refluxo, seu jogo recíproco e, antes de tudo, as leis de sua nutrição permanecem inteiramente desconhecidos. Essa nutrição se torna, pois, obra do acaso: os acontecimentos cotidianos de nossa vida lançam sua presa ora a esse instinto, ora àquele; ele os toma avidamente, mas o vaivém desses acontecimentos se encontra fora de toda correlação racional com as necessidades nutritivas do conjunto dos instintos, de modo que ocorrerá sempre duas coisas – uns desfalecerão e morrerão de inanição, outros serão alimentados em excesso. Cada momento de nossa vida faz crescer alguns tentáculos de nosso ser e faz secar alguns outros, conforme a nutrição que o momento trouxer ou não. Sob esse ponto de vista, todas as nossas experiências são alimentos, mas distribuídos às cegas, ignorando aquele que tem fome e quem já está satisfeito. Em consequência dessa nutrição de cada parte, deixada ao acaso, o estado do pólipo, em seu desenvolvimento completo, será algo também fortuito como seu desenvolvimento o foi. Falando mais exatamente: admitindo que um instinto chega ao ponto em que exige ser satisfeito – ou exercer sua força ou satisfazê-la ou preencher um vazio (para usar imagens): examinará cada acontecimento do dia para saber como pode utilizá-lo para seus próprios fins: qualquer que seja a condição em que o homem se encontre, que caminhe ou descanse, que leia ou fale, que se zangue ou lute ou que se alegre, o instinto alterado tateia de algum modo cada uma dessas condições e, na maioria dos casos, nada encontrará a seu gosto; deve então esperar e continuar a ter sede: um instante mais e vai enfraquecer, mais alguns dias ou meses, se não for satisfeito, secará como uma planta sem chuva. Talvez essa crueldade do acaso saltasse mais à vista com cores mais vivas se todos os instintos exigissem ser satisfeitos tão fundamentalmente como a *fome*, que não se contenta com *alimentos sonhados*; mas a maior parte dos instintos, sobretudo os chamados morais, *se satisfaz precisamente assim* – se for permitido supor que nossos *sonhos* servem para *compensar*, em certa medida, a ausência acidental de "alimento" durante o dia. Por que o sonho de ontem era cheio de ternura e de lágrimas, o de anteontem agradável e presunçoso, aquele outro, mais antigo ainda, aventuroso e cheio de buscas inquietas? Por que nesse sonho usufruo de indescritíveis belezas da música, por que em outro plano eu me elevo com a volúpia da águia até os cumes mais longínquos? Essas imaginações em que se descarregam e jogam nossos instintos de ternura ou de zombaria ou de excentricidade, nossos desejos de música e de cumes – e cada qual terá à mão exemplos mais chocantes ainda – são as interpretações de nossas excitações nervosas durante o sono, interpretações *muito livres*, muito arbitrárias da circulação do sangue, do trabalho dos intestinos, da pressão dos braços e dos cobertores, do som dos sinos de uma igreja, do rumor de um cata-vento, dos passos dos notívagos e de outras coisas do gênero. Se esse texto, que em geral permanece o mesmo de uma noite para outra, recebe comentários variados do ponto que a razão inventiva *imagina* ontem e hoje *causas* tão diferentes para as mesmas excitações nervosas, isso resulta de que a motivação dessa razão é hoje diferente da de ontem – outro *instinto* quis se satisfazer, se manifestar, se exercer, se aliviar, se expandir – é esse instinto que estava no momento mais forte de seu fluxo, enquanto ontem era outro. – A vida desperta não dispõe da mesma *liberdade* de interpretação que a vida de sonho e é menos poética, menos desenfreada – mas será preciso dizer que durante o dia os instintos também não fazem mais do que interpretar as excitações nervosas e fixar-lhes as "causas" segundo suas necessidades? Que entre o estado desperto e o sonho não há diferença *essencial*? Que, mesmo comparando níveis muito diferentes de cultura, a liberdade da interpretação desperta nunca é semelhante à liberdade do outro nível em sonho? Que nossas avaliações e nossos juízos morais são sempre imagens e fantasias que escondem um processo fisiológico desconhecido a nós, uma espécie de linguagem convencional para designar certas irritações nervosas? Que tudo o que chamamos consciência não é outra coisa que o comentário mais ou menos fantasioso de um texto desconhecido, talvez incognoscível, mas pressentido? Tomemos o exemplo de uma pequena experiência vivida. Suponhamos que percebemos um dia, enquanto atravessamos a praça pública, que alguém ri de nós: segundo aquele de nossos instintos que esteja então em seu ponto culminante, esse incidente terá para nós esta ou aquela significação – segundo o tipo humano a que pertencemos será um incidente totalmente diferente. Um vai recebê-lo como uma gota de chuva, outro vai sacudi-lo para longe como um inseto; um vai procurar nisso um pretexto para discutir, outro vai examinar as roupas para verificar se se prestam ao riso, outro vai meditar sobre o ridículo em si; finalmente, haverá talvez aquele que vai se alegrar por ter contribuído sem querer para acrescentar um raio de sol à alegria do mundo – e em cada um desses casos um instinto conseguirá satisfação, que seja o de desprezo, o da combatividade, o da meditação ou o da benevolência. Esse instinto, qualquer que seja, se apoderou do incidente como de uma presa: por que precisamente esse? Porque, sequioso e esfomeado, estava à espreita. – Ultimamente, às onze horas da manhã, um homem desfaleceu subitamente diante de mim, como fulminado por um raio; todas as mulheres da vizinhança começaram a gritar em desespero; eu mesmo o levantei e perto dele esperei que recobrasse a fala – durante esse tempo, nenhum músculo de meu rosto se moveu, não fui tomado de nenhum sentimento, nem de temor nem de piedade, fiz simplesmente o que devia ser feito de mais urgente e razoável, continuando depois meu caminho friamente. Supondo que tivessem me anunciado na véspera que no dia seguinte às onze horas alguém cairia assim a meus pés, teria sofrido antecipadamente tormentos de toda espécie, não teria dormido a noite toda e no momento decisivo teria ficado talvez semelhante a esse homem em vez de socorrê-lo. De fato, no intervalo todos os instintos possíveis *teriam tido tempo* de imaginar e comentar esse acontecimento diferente. – O que são, pois, os acontecimentos de nossa vida? Muito mais o que neles pomos do que neles se encontra! Ou deveríamos até mesmo dizer: são vazios em si mesmo? Viver é imaginar?

120. Para tranquilizar o cético

"Não sei de modo algum o que *faço*! Não sei absolutamente o que *devo fazer*!" – Tens razão, mas não tenhas a respeito nenhuma dúvida: *és tu que és feito!* Em cada momento de tua vida! A humanidade desde sempre confundiu o ativo e o passivo, esse foi seu eterno erro de gramática.

121. "Efeito e causa"

Sobre este espelho – e nosso intelecto é um espelho – passa-se qualquer coisa que manifeste regularidade, uma determinada coisa segue cada vez outra coisa determinada – é o que chamamos, quando o percebemos e queremos dar-lhe um nome, causa e efeito –, insensatos que somos! Como se, nesse caso, tivéssemos compreendido alguma coisa, pudéssemos compreender alguma coisa! Ora, nada vimos além das *imagens* dos "efeitos" e das "causas"! E é precisamente essa visão em imagens que torna impossível perceber uma relação mais essencial que aquela da sucessão!

122. As causas finais na natureza

Aquele que, sábio imparcial, estuda a história do olho e de suas formas nas criaturas inferiores, para mostrar o lento desenvolvimento do órgão visual, chegará forçosamente à conclusão ímpar de que, na formação do olho, a visão não foi o objetivo, pois ela se manifestou somente quando o *acaso* constituiu o aparelho da visão. Um único desses exemplos e das "causas finais" nos caem dos olhos como escamas!

123. Razão

Como a razão surgiu no mundo? De uma maneira racional, como seria justo – pelo acaso. Será necessário decifrar esse acaso como um enigma.

124. O que é querer?

Rimos daquele que ultrapassa o limiar de sua porta no momento em que o sol ultrapassa o limiar da sua e que diz: "*Quero* que o sol se levante"; e daquele que não pode fazer parar uma roda e diz: "*Quero* que ela rode"; e daquele que foi derrubado numa luta e diz: "Estou no chão, mas *quero* estar no chão!". Mas, apesar dos gracejos, agimos alguma vez de outra forma que um desses três quando empregamos a expressão "*Eu quero*"?

125. Sobre "o reino da liberdade"

Podemos pensar muitas coisas, muito mais das que podemos fazer e viver – o que quer dizer que nosso pensamento é superficial e se satisfaz com a aparência, a ponto de nem sequer a notar. Se o intelecto estivesse rigorosamente *desenvolvido*, segundo a medida de nossa força e do exercício que temos de nossa força, teríamos como supremo princípio de nossa reflexão que não podemos compreender senão aquilo que podemos *fazer – supondo que*, de uma maneira geral, exista uma compreensão. Aquele que tem sede sente falta da água, mas seu espírito lhe apresenta incessantemente diante dos olhos a imagem da água, como se nada fosse mais fácil de obter – a natureza superficial e fácil a contentar do intelecto não pode compreender a existência de uma necessidade verdadeira e se sente superior: orgulha-se de poder mais, de correr mais depressa, de chegar num instante quase ao objetivo – e assim o reino das ideias, em contraste com o reino da ação, do querer e do "viver", aparece como *o reino da liberdade*: enquanto, como já disse, não é mais que o reino do superficial e da ausência de exigências.

126. O esquecimento

Não foi ainda demonstrado que o esquecimento existe; tudo o que sabemos é que não está em nosso poder nos relembrar. Provisoriamente colocamos nessa lacuna de nosso poder a palavra esquecimento: como se isso fosse um poder a mais a registrar. Mas, afinal, o que é que está em nosso poder! – Se essa palavra se encontra numa lacuna de nosso poder, as outras palavras não se encontrariam em outra lacuna do *conhecimento de nosso poder*?

127. Em vista de um objetivo

De todos os atos humanos, os menos compreendidos são certamente aqueles que são realizados em vista de um objetivo, porque sempre foram considerados como os mais inteligíveis e que, para nosso entendimento, são os mais habituais. Os grandes problemas estão na rua.

128. O SONHO E A RESPONSABILIDADE

Querem ser responsáveis por todas as coisas! Exceto por seus sonhos! Que lamentável fraqueza, que falta de coragem lógica! Nada lhes é *mais* próprio que seus sonhos! Nada é mais *sua* obra! Matéria, forma, duração, ator, espectador – nessas comédias vocês são realmente vocês mesmos! E é precisamente ali que vocês têm medo e vergonha de vocês mesmos. Já Édipo, o sábio Édipo, sabia consolar-se com a ideia de que não podemos nada, se não sonharmos esta ou aquela coisa! Disso concluo que a grande maioria dos homens deve ter do que se recriminar por ter sonhos abomináveis. Se fosse de outra maneira, como se poderia ter explorado sua poesia noturna em favor do orgulho do homem! – Será preciso acrescentar que o sábio Édipo tinha razão, que não somos realmente responsáveis por nossos sonhos – mas não mais que por nosso estado desperto e que a doutrina do livre-arbítrio tem por pai e mãe o orgulho do homem e seu sentimento de poder? Digo isso talvez demasiadas vezes: mas essa não é uma razão para que isso seja uma mentira.

129. A PRETENSA LUTA DOS MOTIVOS

Fala-se de "luta dos motivos", mas assim se designa uma luta que *não* é a "luta dos motivos". Quero dizer que, em nossa consciência deliberativa, antes de uma ação, se apresentam as consequências de diferentes ações que julgamos poder executar todas elas e comparamos essas consequências. Julgamos estar decididos a uma ação quando constatamos que suas consequências serão as mais favoráveis; antes de chegar a essa conclusão em nossas avaliações, atormentamo-nos muitas vezes lealmente por causa das grandes dificuldades que há em adivinhar as consequências, em percebê-las em toda a sua força, todas, sem exceção: além disso, esse cálculo deve ter também sua parte de acaso. Mas é então que vem o mais difícil: todas as consequências que definimos separadamente, com tanta dificuldade, devem ser pesadas umas e outras na mesma balança; e muitas vezes, para essa casuística da vantagem, não temos nem balança nem pesos, por causa das diferenças de *qualidade* entre todas as consequências imagináveis. Supondo, contudo, que nós nos eximíssemos dessa operação como das outras e que o acaso tenha posto em nosso caminho consequências reciprocamente comparáveis: então nos restaria efetivamente, na *imagem das consequências* de uma ação determinada, um *motivo* para praticar essa ação – sim! *Um* motivo! Mas, no momento em que nos decidimos a agir, somos muitas vezes determinados por uma categoria de motivos diferente da categoria descrita aqui, aquela que faz parte da "imagem das consequências". Então intervém o modo segundo o qual nossas forças têm o hábito de representar ou ainda um leve impulso imprimido por uma pessoa que receamos, veneramos ou amamos, ou ainda a indolência que prefere executar o que está à mão, ou finalmente o despertar da imaginação provocado no momento decisivo por um pequeno incidente qualquer – então age também o elemento corporal que se apresenta sem que se possa determiná-lo, ou ainda a disposição do momento, a irrupção de uma paixão qualquer que está, por acaso, prestes a saltar: numa palavra, agem motivos que não conhecemos bem ou que ignoramos totalmente e que, por outro lado, não podemos *nunca* fazê-los entrar *de antemão* em nossos cálculos. É *provável* que entre eles também haja luta, tira-teima, arrebatamentos e repressão – essa seria a verdadeira "luta dos motivos"; – qualquer coisa que, para nós, é totalmente invisível e inconsciente. Calculei as consequências e os resultados e inseri assim *um* instinto muito importante na ordem de batalha dos motivos – mas essa ordem de batalha estabeleço-a tão pouco como a percebo: a própria luta está escondida e a vitória, como vitória, igualmente; pois sei muito bem o que acabo de *fazer*, mas não sei qual é o motivo que finalmente saiu vitorioso. *Estamos*, com efeito, *habituados* a *não* fazer entrar em linha todos esses fenômenos inconscientes e a pensar a preparação de um ato apenas na medida em que é consciente: e é por isso que *confundimos* a luta dos motivos com a comparação das consequências possíveis de diferentes ações – uma das confusões mais cheias de consequências e das mais funestas para o desenvolvimento da moral!

130. Causas finais? Vontade?

Nós nos acostumamos a acreditar em dois reinos, o reino das *causas finais* e da *vontade* e o reino do *acaso*. Neste último reino, tudo é desprovido de sentido, tudo passa, vai e vem, sem que alguém possa dizer o porquê, para que fim. – Tememos esse poderoso reino da grande imbecilidade cósmica, pois aprendemos geralmente a conhecê-lo quando cai no outro mundo, aquele das causas finais e das intenções, como uma telha cai de um telhado, atingindo sempre algum de nossos objetivos sublimes. Essa crença nos dois reinos provém de um velho romantismo e de uma lenda: nós, anões malignos, com nossa vontade e nossas causas finais, somos importunados, calcados aos pés, muitas vezes feridos por gigantes imbecis, arqui-imbecis: os acasos – mas, apesar de tudo, não gostaríamos de ser privados da medonha poesia dessa vizinhança, pois esses monstros sobrevêm muitas vezes quando a existência na *teia de aranha* das causas finais se tornou demasiado enfadonha e demasiado pusilânime, causando-nos uma sublime diversão quando sua mão *arranca* de uma vez a teia toda. – Não que seja essa a intenção desses seres insensatos! Nem mesmo se dão conta disso. Mas suas mãos grosseiramente ossudas atravessam a teia como se fosse ar. – Os gregos chamavam *Moira* a esse reino dos imponderáveis e da sublime e eterna estreiteza de espírito e o colocavam como um horizonte em torno de seus deuses, um horizonte fora do qual estes não podiam nem ver nem agir: com esse secreto desafio aos deuses que se encontra em certo número de povos: quer-se adorar os deuses, mas se reserva contra eles um último trunfo nas mãos; entre os hindus e os persas, por exemplo, eram imaginados como dependentes do *sacrifício* dos mortais, de modo que, em última instância, os mortais podiam deixar os deuses morrer de fome e de sede; entre os escandinavos, duros e melancólicos, criava-se, pela ideia de um futuro crepúsculo dos deuses, a alegria de uma vingança silenciosa, em compensação do temor perpétuo que esses deuses maus inspiravam. Bem diversamente ocorre no cristianismo, cujas ideias fundamentais não são hindus nem persas nem gregas nem escandinavas. O cristianismo que ensinou a adorar no pó *o espírito de poder* quis ainda que se abraçasse a poeira depois: deu a entender que esse todo-poderoso "reino da imbecilidade" não era tão imbecil como parece, que nós, ao contrário, somos os imbecis, nós que não notamos que por trás desse reino há – o bom Deus que até o presente foi menosprezado sob o nome de raça de gigantes ou de *Moira* e que ele próprio tece a teia das causas finais, essa teia mais sutil ainda que aquela de nossa inteligência – de modo que *foi necessário* que nossa inteligência a achasse incompreensível e até mesmo absurda – essa fábula constituía uma inversão tão audaciosa e um paradoxo tão ousado que o mundo antigo, tornado muito frágil, foi incapaz de lhe resistir, tão louca e *contraditória* pareceu a coisa; – pois, seja dito entre nós, havia ali uma contradição: se nossa razão não pode decifrar a razão e os fins de Deus, como fez para decifrar a conformação de sua razão, a razão da razão e a conformação da razão de Deus? – Nos tempos mais recentes, perguntou-se, com efeito, com desconfiança, se a telha que cai do telhado foi lançada por "amor divino" – e os homens começam a retomar as pegadas antigas do romantismo dos gigantes e dos anões. *Aprendamos*, portanto, porque já é tempo, que em nosso reino particular das causas finais e da razão são também os gigantes que governam! E nossas próprias teias são também muitas vezes destruídas por *nós mesmos* e, igualmente de modo grosseiro, como pela famosa telha. E, se quiserem concluir: "Há, portanto, um único reino, aquele da imbecilidade e do acaso?" – seria necessário acrescentar: sim, talvez haja apenas um reino, talvez não haja nem vontade nem causas finais e talvez fomos nós que os imaginamos. Essas mãos de ferro da necessidade que agitam os dados do acaso continuam seu jogo indefinidamente: é, pois, *necessário* que sejam produzidos golpes que pareçam totalmente conformes à finalidade e à sabedoria. *Talvez* nossos atos de vontade, nossas causas finais não sejam outra coisa senão esses golpes – e somos somente muito limitados e muito vaidosos para compreender nossa extrema estreiteza de espírito que não sabe o que nós mesmos agitamos com mãos de ferro, o copo dos dados que, em nossos atos mais intencionais, não fazemos outra coisa que jogar o jogo da necessidade. Talvez! – Para ir além desse *talvez*, seria necessário já ter sido hóspede do inferno, sentado à mesa de Perséfone⁽³⁵⁾, e ter jogado os dados e ter apostado com a própria Perséfone.

131. OS MODOS MORAIS

Como o conjunto dos juízos morais se modificou! Essas obras-primas da moralidade antiga, as mais prodigiosas de todas, como o gênio de Epicteto⁽³⁶⁾, nada sabiam da glorificação hoje corrente do espírito de sacrifício, da vida em prol dos outros; segundo nossos modos morais, seria necessário literalmente taxá-los de imoralidade, pois lutaram com todas as suas forças por seu *ego* e *contra* a compaixão que os outros nos inspiram (sobretudo em relação a seus sofrimentos e suas enfermidades morais). Talvez eles nos respondessem: "Se são para vocês mesmos objeto de tamanho aborrecimento ou espetáculo tão odioso, fazem bem em pensar nos outros mais que em vocês!".

132. OS ÚLTIMOS ECOS DO CRISTIANISMO NA MORAL

"Só se é bom pela compaixão: é necessário, pois, que haja alguma compaixão em todos os nossos sentimentos" – é a moral de hoje! E de onde vem isso? – O homem que realiza ações sociais simpáticas, desinteressadas, de interesse comum, é considerado hoje como o *homem moral* – esse talvez é o efeito mais geral, a transformação mais completa que o cristianismo produziu na Europa: ainda que isso não estivesse em suas intenções nem em sua doutrina. Mas foi o resíduo da mentalidade cristã que prevaleceu quando a crença fundamental, muito oposta e rigorosamente egoísta, de que "uma só coisa é necessária", a crença na importância absoluta da salvação eterna *pessoal*, assim como os dogmas nos quais se apoiava, foram pouco a pouco recuando, e que a crença acessória no "amor", no "amor do próximo", de acordo com a monstruosa prática da caridade eclesiástica, vinha assim ocupar o primeiro plano. Quanto mais se aprofundava a separação desses dogmas, mais se procurava de algum modo *justificar* essa separação por um culto de amor à humanidade: não ficar atrás em relação ao ideal cristão, mas passar-lhe à frente se possível,

---
(35) Na mitologia grega, deusa que presidia os infernos, rainha dos infernos (NT).
(36) Epicteto (50-130), filósofo grego, fundador do estoicismo (NT).

esse foi o secreto aguilhão dos livros pensadores franceses, de Voltaire e Augusto Comte[37]: e este último, com sua célebre máxima moral *"viver para os outros"*, supercristianizou, com efeito, o cristianismo. Schopenhauer na Alemanha, John Stuart Mill na Inglaterra[38] conferiram a maior celebridade à doutrina dos sentimentos simpáticos e da compaixão ou da utilidade para os outros, como princípio de ação: mas eles não foram senão ecos – essas doutrinas surgiram em toda parte ao mesmo tempo, sob formas sutis ou grosseiras, com uma vitalidade extraordinária, desde a época da Revolução Francesa aproximadamente, e todos os sistemas socialistas se colocaram como que involuntariamente no terreno comum dessas doutrinas. Não existe talvez hoje preconceito mais difundido que aquele de imaginar que *sabemos* o que constitui verdadeiramente a coisa moral. Cada um parece hoje ouvir com *satisfação* que a sociedade está prestes a adaptar o *indivíduo* às necessidades gerais e que *a felicidade assim como o sacrifício de cada um* consiste em considerar-se membro útil e instrumento de um todo: entretanto, hesita-se muito ainda neste momento para saber onde é preciso procurar esse todo, se na ordem estabelecida ou na ordem a ser fundada, se na nação ou na fraternidade dos povos, ou ainda em novas pequenas comunidades econômicas. Há hoje, a esse respeito, muitas reflexões, hesitações, lutas, muita excitação e paixão: mas singular e unânime é a harmonia na exigência que o *ego* deve se apagar até que receba de novo, sob forma de adaptação ao todo, seu círculo fixo de direitos e de deveres – até que se tenha tornado qualquer coisa de novo e totalmente diferente. Não queremos nada menos – quer o confessemos ou não – que uma transformação fundamental, que um enfraquecimento até, que uma supressão do *indivíduo*: não nos cansamos de enumerar e de acusar tudo o que há de mau, de hostil, de pródigo, de dispendioso, de luxuoso na existência individual, praticada até este dia, e esperamos instaurar uma economia mais equilibrada, menos

---

(37) François Marie Arouet, dito Voltaire (1694-1778), escritor e filósofo francês; dentre suas obras, *Cartas filosóficas, Cândido ou o otimismo, O ingênuo, Zadig ou o destino, A princesa de Babilônia, Tratado sobre a tolerância* já foram publicadas nesta coleção da Editora Escala; Auguste Comte (1798-1857), filósofo francês, fundador do positivismo; entre suas obras, *Reorganizar a sociedade* e *Discurso sobre o espírito positivo* (NT).

(38) Arthur Schopenhauer (1788-1860), filósofo alemão; John Stuart Mill (1806-1873), filósofo e economista inglês; entre suas obras, *A sujeição das mulheres, Ensaio sobre a liberdade* e *O governo representativo* (NT).

perigosa e mais unida, quando não existirem mais do que *grandes corpos* e seus *membros*. Consideramos como *bom* tudo aquilo que, de uma forma ou de outra, corresponde a esse instinto de agrupamento e a seus instintos auxiliares; esta é a *corrente fundamental* na moral de nossa época; a simpatia e os sentimentos sociais nela se confundem. (Kant[39] permanece ainda fora desse movimento: ele ensina expressamente que devemos ser insensíveis ao sofrimento dos outros, se nossos benefícios devem ter um valor moral – o que Schopenhauer chama, com uma irritação muito conveniente de sua parte, as *futilidades kantianas*).

133. "Não pensar mais em si"

Seria necessário refletir sobre isso seriamente: por que saltamos à água para socorrer alguém que está se afogando, embora não tenhamos por ele qualquer simpatia particular? Por compaixão: só pensamos no próximo – responde o irrefletido. Por que sentimos a dor e o mal-estar daquele que cospe sangue, embora na realidade não lhe queiramos bem? Por compaixão: nesse momento não pensamos mais em nós – responde o mesmo irrefletido. A verdade é que na compaixão – quero dizer, no que costumamos chamar erroneamente compaixão – não pensamos certamente em nós de modo consciente, mas *inconscientemente* pensamos e pensamos *muito*, da mesma maneira que, quando escorregamos, executamos inconscientemente os movimentos contrários que restabelecem o equilíbrio, pondo nisso todo o nosso bom senso. O acidente do outro nos toca e faria sentir nossa impotência, talvez nossa covardia, se não o socorrêssemos. Ou então traz consigo mesmo uma diminuição de nossa honra perante os outros ou diante de nós mesmos. Ou ainda vemos nos acidentes e no sofrimento dos outros um aviso do perigo que também nos espia; mesmo que fosse como simples indício da incerteza e da fragilidade humanas que pode produzir em nós um efeito penoso. Rechaçamos esse tipo de miséria e de ofensa e respondemos com um ato de compaixão que pode encerrar uma sutil defesa ou até uma vingança. Podemos imaginar

---
(39) Immanuel Kant (1724-1804), filósofo alemão; dentre suas obras, *A religião nos limites da simples razão* e *Crítica da razão prática* (NT).

que no fundo é em nós que pensamos, considerando a decisão que tomamos em todos os casos em que *podemos* evitar o espetáculo daqueles que sofrem, gemem e estão na miséria: decidimos não deixar de evitar, sempre que podemos vir a desempenhar o papel de homens fortes e salvadores, certos da aprovação, sempre que queremos experimentar o inverso de nossa felicidade ou mesmo quando esperamos nos divertir com nosso aborrecimento. Fazemos confusão ao chamar compaixão (*Mitleid*) ao sofrimento (*Leid*) que nos causa um tal espetáculo e que pode ser de natureza muito variada, pois em todos os casos é um sofrimento de que está *isento* aquele que sofre diante de nós: diz-nos respeito a nós tal como o dele diz respeito a ele. Ora, só nos libertamos desse *sofrimento pessoal* quando nos entregamos a atos de compaixão. Todavia, nunca agimos assim por *um só* motivo: tão certo é que queremos assim nos libertar de um sofrimento, como é certo também que, pela mesma ação, cedemos a *um impulso de prazer* – prazer provocado pelo aspecto de uma situação contrária à nossa, à ideia de que podemos ajudar se o quisermos, ao pensamento dos elogios e do reconhecimento que recolheremos no caso de auxiliarmos; provocado pela própria atividade de ajudar, na medida em que o ato tenha êxito (e o sucesso causa progressivamente prazer por si mesmo ao executor), mas sobretudo provocado pelo sentimento de que nossa ação põe termo a uma injustiça revoltante (dar livre curso à própria indignação já é suficiente para reconfortar). Tudo isso, incluindo elementos ainda mais sutis, faz parte da "compaixão": – com que peso a língua se lança, com esta palavra, contra um organismo tão complexo! – Que, pelo contrário, a compaixão seja uma só com o sofrimento, cujo aspecto a suscita ou que tenha por esta uma compreensão particularmente sutil e penetrante – são duas afirmações em contradição com a *experiência* e aquele que glorificou a compaixão sob esses dois aspectos *carece* de experiência suficiente no domínio da moral. É por isso que levanto dúvidas ao ler as coisas incríveis que Schopenhauer escreve sobre a compaixão: ele que gostaria com isso de nos levar a crer na grande novidade de sua descoberta, segundo a qual a compaixão – essa compaixão que observa tão imperfeitamente e que descreve tão mal descrita – seria a fonte de toda ação moral presente e futura – e justamente graças às atribuições que teve de começar a *inventar* para ela. – O que é que distingue, no final das contas, os homens sem compaixão dos homens compassivos? Antes de tudo – para dar apenas um esboço em grandes linhas – eles não têm a imaginação irritadiça do temor, a sutil faculdade de pressentir o perigo; por isso é que sua vaidade é ferida menos depressa se ocorrer alguma coisa que tivessem podido evitar (a precaução de sua altivez lhes ordena que não se metam inutilmente nos assuntos alheios, e gostam mesmo que cada um a começar por eles se ajude a si próprio e jogue suas próprias cartas). Além disso, estão geralmente mais habituados que os compassivos a suportar a dor e não lhes parece injusto que outros sofram, pois eles mesmos já sofreram. Enfim, o aspecto dos corações sensíveis lhes causa pena, como o aspecto da estoica impassibilidade a causa aos homens compassivos; não têm, para os corações sensíveis, senão palavras desdenhosas e temem que seu espírito viril e sua fria bravura estejam em perigo, escondem suas lágrimas diante dos outros e as enxugam, irritados consigo mesmos. Fazem parte de *outro* tipo de egoístas, diferentes dos compassivos; – mas chamá-los maus num sentido distintivo e *bons* os homens compassivos, isso não passa de uma moda moral que faz época: precisamente como a moda contrária teve sua época, uma época muito longa!

134. Em que medida é necessário precaver-se contra a compaixão

A compaixão, por pouco que crie verdadeiramente sofrimento – e isso deve ser aqui nosso único ponto de vista –, é uma fraqueza como todo abandono a uma afetividade *nociva*. Ela *aumenta* o sofrimento no mundo: se, aqui ou acolá, em consequência da compaixão, um sofrimento é indiretamente atenuado ou suprimido, não deve ser permitido explorar essas consequências ocasionais, totalmente insignificantes em seu conjunto, para justificar as formas de compaixão que causam dano. Suponhamos que essas formas predominem, mesmo que fosse por um dia somente, impeliriam imediatamente a humanidade para sua perdição. Por si mesma a compaixão não possui um caráter mais beneficente que qualquer outro instinto: é somente quando é exigida e elogiada – e isso acontece quando não se compreende o que nela traz prejuízo, mas que nela se descobre *uma fonte de prazer* – que ela reveste uma espécie de boa consciência; é somente então que nos abandonamos a ela e que não receamos suas consequências. Em outras circunstâncias, em que se compreender que ela é perigosa, é considerada como uma fraqueza: ou melhor, como era o caso para os gregos, como um periódico acesso doentio, de cujos perigos podiam se prevenir, dando-lhe livre curso de quando em vez. – Aquele que já fez a experiência de procurar durante certo tempo as ocasiões de compaixão em sua vida prática e que considera constantemente em seu íntimo todo o infortúnio que se lhe oferece à sua volta torna-se inevitavelmente doente e melancólico. Mas aquele que quer, *num sentido ou em outro*, servir de médico à humanidade deveria usar de muita prudência em relação a esse sentimento – que o paralisa em todos os momentos decisivos, bloqueia seu saber e sua mão hábil e compassiva.

135. Suscitar a compaixão

Entre os selvagens, evoca-se com um arrepio moral a ideia de que se possa ser objeto de compaixão: seria a prova de que se está privado de toda virtude. Ter compaixão equivale a desprezar: não se deseja ver um ser desprezível sofrer, isso não proporciona qualquer prazer. Em compensação, ver um inimigo sofrer, inimigo que se reconhece como igual em altivez e que não abandona sua altivez sob tortura, e em geral ver sofrer todo ser que recusa fazer apelo à compaixão, isto é, à humilhação mais vergonhosa e mais profunda, esse é o prazer dos prazeres, com isso a alma do selvagem se edifica até a admiração: acaba por matar semelhante bravo, quando estiver em seu poder, e lhe rende, a esse *inflexível*, as derradeiras honras. Se tivesse gemido, se seu rosto tivesse perdido sua expressão de frio desdém, se ele tivesse se mostrado digno de desprezo – pois bem, poderia continuar vivendo como um cão – não teria mais excitado a altivez do espectador e a compaixão teria tomado o lugar da admiração.

136. A FELICIDADE NA COMPAIXÃO

Se, como os índios, colocarmos o objetivo de toda atividade intelectual no conhecimento da *miséria* humana e se, durante várias gerações, nos mantivéssemos fiéis a esse espantoso preceito, a *compaixão* acabaria por ter, aos olhos de semelhantes homens do pessimismo *hereditário*, um valor novo como valor *conservador da vida*, que ajuda a suportar a existência mesmo que esta merecesse ser rejeitada com desgosto e horror. A compaixão torna-se o antídoto do suicida, na medida em que esconde um prazer e faz provar, em pequenas dores, um sentimento de superioridade: ela nos desvia de nós mesmos, faz o coração transbordar, dissipa o medo e o entorpecimento, incita às palavras, às queixas e às ações – é uma *felicidade relativa* se comparada à miséria do conhecimento que, de todos os lados, empurra o indivíduo para um sombrio impasse e lhe corta o fôlego. A felicidade, qualquer que seja, dá ar, luz e movimentos livres.

137. POR QUE DUPLICAR O "EU"?

Observar os acontecimentos de nossa vida com os mesmos olhos com que observamos os acontecimentos da vida de outro – tranquiliza muito e é um remédio recomendável. Observar e acolher, pelo contrário, os acontecimentos da vida dos outros *como se fossem os nossos* – exigência de uma filosofia da compaixão – isso nos destruirá totalmente em muito pouco tempo; que se faça, pois, a experiência sem mais delongas. Certamente, a primeira máxima é além disso *mais conforme* com a razão e com uma boa vontade razoável, pois julgamos mais objetivamente o valor e o sentido de um acontecimento quando ocorre com os outros, e não conosco: por exemplo, o valor de um falecimento, de uma perda de dinheiro, de uma calúnia. A compaixão como princípio de ação com esta exigência: "sofre o mal do outro *como* ele próprio o sofre", levaria, pelo contrário, forçosamente o ponto de vista do *eu*, com seu exagero e seus desvios, a se tornar também o ponto de vista do outro, do compassivo: de tal maneira que teríamos de sofrer ao mesmo tempo de nosso eu e do eu do outro, carregando-nos assim, voluntariamente, de um duplo absurdo, em lugar de tornar o peso do nosso tão leve quanto possível.

138. Tornar-se mais terno

Quando amamos, veneramos e admiramos alguém e percebemos de repente que ele *sofre* – sempre com grande surpresa, pois não podemos duvidar que a felicidade que dele se expande sobre nós não tenha origem numa inesgotável felicidade *pessoal* – nosso sentimento de amor, de veneração e de admiração se transforma *em sua essência*: torna-se mais *terno*, isto é, o fosso que nos separa parece se nivelar, parece produzir-se certa aproximação de igual para igual. Só então julgamos possível retribuir-lhe, enquanto antes o imaginávamos bem longe de nosso reconhecimento. Essa faculdade de retribuir nos comove e nos dá um grande prazer. Procuramos descobrir o que poderia acalmar a dor de nosso amigo e o damos a ele; se quiser palavras, olhares, atenções, serviços, presentes consoladores – nós os damos a ele; mas, antes de tudo, se ele desejar que soframos por seu sofrimento, nós nos damos como sofredores, pois isso nos proporciona antes de tudo *as delícias do reconhecimento ativo*: o que não passa, numa palavra, *de uma boa vingança*. Se não quiser aceitar e não aceita nada de nós, nos retiramos frios e tristes, quase ofendidos: é como se nosso reconhecimento fosse recusado – e, nesse ponto de honra, o melhor dos homens fica melindrado. – De tudo isso se deve concluir que, mesmo no melhor dos casos, há alguma coisa de degradante no sofrimento e, na compaixão, alguma coisa que eleva e confere superioridade; o que separa eternamente esses dois sentimentos.

139. Pretensamente superior!

Vocês dizem que a moral da compaixão é uma moral superior à do estoicismo? Provem-no! Mas notem bem que, sobre o que é "superior" e "inferior" em moral, não se deve novamente decidir segundo avaliações morais: pois não há moral absoluta. Procurem, portanto, em outros lugares seus padrões – fiquem atentos!

140. Elogio e recriminação

Se uma guerra tem um desenlace infeliz, pergunta-se de quem é a "culpa"; se termina numa vitória, elogia-se o autor. Em toda parte em que houver fracasso procuramos a culpa, pois o insucesso traz consigo um descontentamento, contra o qual empregamos involuntariamente um único remédio: uma nova excitação do *sentimento de poder* – e esta se encontra na *condenação* do "culpado". Esse culpado não é, como poderíamos crer, o bode expiatório para a culpa dos outros: é a vítima dos fracos, dos humilhados, dos rebaixados que procuram um meio qualquer para provar que ainda têm força. Condenar-se a si mesmo pode ser também um meio de recuperar, depois do fracasso, um sentimento de força. – Inversamente, a glorificação do *autor* é muitas vezes o resultado totalmente cego de outro instinto que exige sua vítima – e, nesse caso, o sacrifício parece mesmo agradável e sedutor para a vítima: – isso ocorre quando o sentimento de poder de um povo, de uma sociedade, é culminado por um sucesso tão grande e prodigioso que sobrévem uma *fadiga da vitória* e abandonamos uma parte de nosso orgulho: surge então um sentimento de *abnegação* que procura um objeto. – Quer sejamos *elogiados* ou *recriminados*, somos geralmente somente pretextos para nossos vizinhos e muitas vezes pretextos arbitrariamente agarrados pelos cabelos, para dar livre curso às necessidades de recriminação ou de elogio acumuladas neles: nos dois casos, dispensamo-lhes um benefício para o qual nós não temos mérito e eles não têm reconhecimento.

141. MAIS BELO, MAS DE MENOR VALOR

Moralidade pitoresca: é a moralidade dos sentimentos que se elevam em linhas abruptas, atitudes e gestos patéticos, incisivos, terríveis e solenes. Esse é o grau *semisselvagem* da moralidade: não nos deixemos tentar por seu encanto estético para lhe conferir um grau superior.

142. SIMPATIA

Se, para compreender nosso próximo, isto é, para *reproduzir seus sentimentos em nós*, remontamos muitas vezes ao fundo de seus sentimentos, determinados desta ou daquela maneira, perguntando-nos, por exemplo: por que está triste? – a fim de nos tornarmos tristes nós mesmos pela mesma razão – é muito mais frequente evitarmos agir assim e provocamos esses sentimentos em nós segundo os *efeitos* que suscitam e são visíveis em nosso próximo, reproduzindo em nosso corpo a expressão de seus olhos, de sua voz, de seu andar, de sua altitude (pelo menos até uma leve semelhança do jogo dos músculos e do enervamento) ou mesmo o reflexo de tudo isso na palavra, na pintura, na música. Então, surge em nós um sentimento análogo, a partir de uma velha associação de movimentos e de sentimentos que é levada a agir nos dois sentidos. Levamos muito longe essa habilidade em compreender os sentimentos dos outros e em presença de alguém exercemos sempre e quase involuntariamente essa habilidade: observe-se sobretudo o jogo dos traços num rosto feminino, como freme e se ilumina inteiramente sob o domínio de uma constante imitação, reproduzindo incessantemente os sentimentos que se agitam em torno dele. Mas é a música que nos mostra mais claramente como nos tornamos mestres na adivinhação rápida e sutil dos sentimentos e na simpatia: pelo menos se a música é efetivamente a imitação de uma imitação de sentimentos e se, apesar do que haja nisso de distante e vago, nos faz muitas vezes participar ainda desses sentimentos, de modo que nos tornamos tristes sem ter o menor motivo para tristeza, como fazem os loucos, simplesmente porque ouvimos sons e ritmos que lembram vagamente a entonação e o movimento daqueles que estão de luto ou mesmo seus costumes. Conta-se de um rei dinamarquês que ficou enlevado com a música de um menestrel e ficou possuído de tal entusiasmo guerreiro que se precipitou do trono e matou cinco pessoas de sua corte reunida em torno dele: não havia guerra nem inimigos, muito pelo contrário, mas a força *que remonta do sentimento à causa* foi suficientemente grande para vencer a evidência e a razão. Ora, esse é quase sempre o efeito da música (supondo, é claro, que ela tenha um efeito –), e não se tem necessidade de casos tão paradoxais para se dar conta disto: o estado sentimental em que a música nos mergulha está quase sempre em contradição com a evidência de nossa situação real e da razão que reconhece essa situação real e suas causas. – Se perguntarmos como se tornou tão corrente a representação dos sentimentos alheios, a resposta não deixa qualquer dúvida: uma vez que o homem é a criatura mais receosa de todas, graças à sua natureza delicada e frágil, encontrou em sua *disposição receosa* a iniciadora dessa simpatia, dessa rápida compreensão dos sentimentos dos outros (mesmo dos animais). Durante milênios viu um perigo em tudo o que era estranho, em tudo o que se agitava: desde que semelhante espetáculo se oferecia a seus olhos, imitava os traços e a atitude daquilo que via diante dele e tirava suas conclusões sobre a natureza das más intenções escondidas por trás desses traços e dessa atitude. Essa interpretação de todos os movimentos e de todos os traços em função de *intenções*, o homem a aplicou à natureza das coisas inanimadas – levado como estava pela ilusão de que não existia nada de inanimado. Penso que tudo aquilo que chamamos *sentimento da natureza* e que nos toca ao aspecto do céu, dos campos, dos rochedos, da floresta, das tempestades, das estrelas, dos mares, das paisagens, da primavera, encontra aqui sua origem. Sem a velha prática do temor que nos forçava a ver tudo isso sob um sentido secundário e distante, estaríamos privados hoje das alegrias da natureza, precisamente como o homem e os animais nos deixariam sem prazer, se não tivéssemos tido essa iniciadora de toda compreensão, o temor. Por outro lado, a alegria e a agradável surpresa e, enfim, o sentimento do ridículo são os filhos da simpatia, os últimos filhos e os irmãos muito mais jovens do temor. – A faculdade de compreensão rápida – que se baseia, portanto, na faculdade de *simular rapidamente* – diminui nos homens e nos povos altivos e soberanos, pois são menos temerosos: em compensação, todas as variedades de compreensão e de simulação são familiares aos povos temerosos; ali ainda se encontra a verdadeira pátria das artes de imitação e da inteligência superior. – Se, a partir dessa teoria da simpatia como a proponho aqui, penso na teoria, hoje gozando de favor e consagrada, de um processo místico, por meio do qual a *compaixão*, de dois seres, faz um só e torna possível a um a compreensão imediata do outro: se recordo que um espírito tão lúcido como o de Schopenhauer se deliciava com semelhantes inutilidades exaltadas e miseráveis e que transmitiu esse prazer a outros espíritos lúcidos ou semilúcidos: minha estupefação e minha tristeza não têm limites. Como deve ser grande o prazer que nos proporcionam as incompreensíveis tolices! Como o homem se encontra ainda perto da insensatez ao auscultar seus *secretos* desejos intelectuais! – (*Por que razão* se sentia Schopenhauer tão cheio de reconhecimento para com Kant, tão profundamente agradecido? Uma vez o revelou sem equívocos. Alguém havia falado da forma pela qual a *qualitas occulta*[40] podia ser retirada do imperativo categórico de Kant para torná-lo *inteligível*. Aí Schopenhauer explodiu: "Inteligibilidade do imperativo categórico! Ideia profundamente errônea! Trevas do Egito! Deus nos livre de que se torne inteligível! Que existe justamente algo de ininteligível, que nosso *miserável juízo* com seus conceitos seja limitado, condicionado, finito, enganador: é essa certeza que é a grande aquisição de Kant." – Deixo pensar, se alguém tiver a boa vontade de *conhecer* as coisas morais, quando antecipadamente se exalta com a crença em sua *ininteligibilidade*! Alguém que ainda creia lealmente nas iluminações do alto, na magia e nas aparições e na feiura metafísica do sapo!)

143. Ai de nós se essa tendência se desencadeia!

Supondo que a tendência ao devotamento e à solicitude para com os outros ("o sentimento de simpatia") seja duas vezes mais forte do que realmente é, a permanência na terra se tornaria *intolerável*. Que se pense somente nas tolices que cada um comete todos os dias e a todo momento por devotamento e por solicitude *para consigo mesmo* e que insuportável espetáculo então se oferece: que aconteceria se *nos* tornássemos *para os outros* o objeto dessas tolices e dessas inoportunidades que até agora se reservaram unicamente para si próprios! Não deveríamos então partir cegamente em fuga, sempre que um "próximo se aproximasse" de nós? E não haveríamos de cobrir a afeição de simpatia com as mesmas palavras injuriosas com que cobrimos hoje o egoísmo?

144. Distanciar-se da miséria dos outros

Se nos deixarmos acabrunhar pela miséria e pelos sofrimentos dos outros mortais e cobrirmos de nuvens nosso céu, quem suportará as consequências desse ensombramento? Certamente os outros mortais e este será um peso a acrescentar a suas outras cargas! Não podemos ser para eles nem *compassivos*, nem

---

(40) Expressão latina que significa "qualidade oculta" (NT).

reconfortantes, se quisermos ser o eco de sua miséria e também se quisermos sem cessar dar ouvidos a essa miséria – a menos que aprendamos a arte dos olímpicos e que procuremos doravante *edificar*-nos com a infelicidade dos homens em vez de sermos infelizes com ela. Mas isso é um tanto demasiado olímpico para nós: embora, com a fruição da tragédia, já tenhamos dado um passo à frente em direção a esse canibalismo ideal dos deuses.

145. "Não egoísta"

Este está vazio e gostaria de estar cheio, aquele está cheio e gostaria de se esvaziar – ambos se sentem impelidos a procurar um indivíduo que possa ajudá-los nisso. E esse fenômeno, interpretado num sentido superior, leva nos dois casos o mesmo nome: Amor. – Como? O amor seria alguma coisa de não egoísta?

146. Olhar para além do próximo

Como? A essência daquilo que é verdadeiramente moral consistiria, para nós, em ter sempre à vista as consequências próximas e imediatas que podem ter nossas ações para os outros e em tomar decisões segundo essas consequências? Esta não passa de uma moral estreita de pequenos burgueses, embora ainda chegue a ser uma moral: mas me parece que seria próprio de um pensamento superior e mais sutil *olhar para além* dessas consequências imediatas para o próximo, a fim de promover objetivos mais distantes, mesmo com o risco de fazer sofrer os outros – por exemplo, promover o conhecimento, mesmo a despeito da certeza de que nossa liberdade de espírito lançará logo os outros na dúvida, na angústia e em algo pior ainda. Não temos o direito de tratar o próximo pelo menos da mesma maneira como nos tratamos a nós mesmos? E se não pensamos para nós mesmos de uma maneira tão estreita e pequeno-burguesa nas consequências e nos sofrimentos imediatos, por que seríamos *forçados* a agir assim para nosso próximo? Supondo que tenhamos para nós mesmos o sentido do sacrifício: o que nos impediria de sacrificar o próximo conosco? – como fizeram até agora os Estados e os soberanos, sacrificando um cidadão em proveito dos outros, "para o interesse geral", como se dizia. Mas também nós temos interesses gerais e talvez sejam interesses mais gerais ainda: por que não deveríamos ter o direito de sacrificar alguns indivíduos da geração atual em favor das gerações futuras? De modo que suas dificuldades, suas inquietudes, seus desesperos, seus erros e suas hesitações fossem julgadas necessárias, porque um novo arado deve abrir o solo e torná-lo fecundo para todos? – E, finalmente, comunicamos ao próximo um sentimento que o leva a *se considerar como vítima* e o persuadimos a aceitar a tarefa para a qual o utilizamos. Somos, portanto, sem compaixão? Se, entretanto, *para além de nossa compaixão*, quisermos obter uma vitória sobre nós mesmos, não seria essa uma atitude moral mais elevada e mais livre que aquela em que nos sentimos ao abrigo quando descobrimos que uma ação *faz bem ou mal* ao próximo? De fato, pelo sacrifício – em nos incluirmos, *nós* e nosso *próximo* – fortaleceríamos e elevaríamos o sentimento geral do *poder* humano, supondo mesmo que não conseguíssemos nada mais. Mas isso já seria um aumento positivo da *felicidade*. – no final das contas, se isso fosse mesmo... mas nenhuma palavra mais! Um olhar basta, vocês me compreenderam.

147. Causa do "altruísmo"

Os homens têm em suma falado do amor com tanta ênfase e idolatria porque *nunca o tiveram em demasia* e porque nunca podiam ficar saciados com esse alimento: é assim que acaba por se tornar para eles "alimento divino". Se um poeta quisesse mostrar a imagem realizada da utopia do *amor universal dos homens*, certamente deveria descrever um estado atroz e ridículo de que nunca se viu igual na terra – cada um seria assediado, importunado e desejado não por um só ser amante, como isso acontece hoje, mas por milhares e mesmo por todos, graças a uma tendência irresistível que será insultada então, que será amaldiçoada como o fez a humanidade antiga com o egoísmo; e os poetas dessa nova época, se lhes deixarem o tempo para compor obras, sonharão apenas com o feliz passado sem amor, com o divino egoísmo, com a solidão que outrora ainda era possível na terra, com a tranquilidade, com o estado de antipatia, de ódio, de desprezo e quaisquer que sejam os nomes que se quiser dar à infâmia da cara animalidade em que *nós* vivemos.

148. OLHAR PARA O LONGE

Se só são chamadas morais, como o quer uma definição, as ações feitas por causa do próximo e unicamente por causa do próximo, então não há ações morais! Se só são morais, como o quer outra definição, as ações realizadas sob a influência de uma vontade livre, então não há igualmente ações morais! – O que é, pois, que se *chama* assim e que, no entanto, existe realmente e exige, por conseguinte, ser explicado? São os efeitos de alguns equívocos intelectuais. – E, supondo que nos livrássemos desses erros, que se tornariam as "ações morais"? – Em virtude desses erros, até agora concedemos a algumas ações um valor superior ao que possuem realmente: nós as dividimos em ações "egoístas" e ações "não livres". Se agora as juntamos novamente a estas, como devemos fazer, *diminuímos* certamente seu valor (o sentimento de seu valor), rebaixando-as mais do que é justo, pois as ações "egoístas" e "não livres" foram avaliadas muito baixo até hoje, por causa dessa pretensa diferença íntima e profunda. – Serão, portanto, desde então, realizadas menos frequentemente, porquanto, desde então, serão avaliadas de valor menor? – É inevitável! Pelo menos por certo tempo, enquanto a balança do sentimento dos valores sofrer a reação das faltas antigas! Mas em contrapartida daremos aos homens a coragem para as ações depreciadas como egoístas e restabeleceremos assim seu *valor* – nós lhes tiraremos a má consciência! E como até hoje as ações egoístas foram as mais frequentes e ainda o serão por toda a eternidade, tiraremos da imagem das ações e da vida sua *aparência má*! Esse é um resultado superior! Quando o homem não mais se considerar mau, deixará de sê-lo!

Livro Terceiro

149. Pequenas ações divergentes são necessárias!

Em questões de costumes, agir uma única vez que seja ao *encontro* daquilo que reputamos preferível; ceder aqui, na prática, conservando, contudo, a liberdade intelectual; comportar-se como todos e manifestar assim, a todos, uma amabilidade e uma bondade para compensá-los de alguma forma das divergências de nossas opiniões: – tudo isso é considerado, entre os homens um pouco independentes, não somente como admissível, mas também como "honesto", "humano", "tolerante", "nada pedante" e quaisquer que sejam os termos que se usa para adormecer a consciência intelectual: e é assim que um tal faz batizar cristãmente seu filho apesar de ser ateu, outro cumpre seu serviço militar como todos, embora condene severamente o ódio entre os povos, e um terceiro se apresenta à igreja com uma mulher porque ela é de piedosa família e faz promessas diante de um padre sem sentir vergonha de sua inconsequência. "Isso não tem *importância* se algum de nós faz o que todos fazem e sempre fizeram" – assim fala o *preconceito* grosseiro! E o erro *grosseiro*! Pois nada é mais *importante* que confirmar uma vez mais o que já é poderoso, tradicional e reconhecido sem razão, pelo ato de alguém reconhecidamente sensato: é assim que se confere a essa coisa, aos olhos de todos aqueles que dela ouvem falar, a sanção da própria razão! Mil respeitos por suas opiniões! Mas *pequenas ações divergentes* têm mais valor!

150. O acaso dos casamentos

Se eu fosse um deus e um deus benevolente, nada provocaria mais minha impaciência que os *casamentos* dos homens. Um indivíduo pode progredir muito nos setenta ou mesmo trinta anos de sua vida – isso é realmente surpreendente, mesmo para os deuses! Mas, se virmos então como emprega a herança e os legados dessa luta e dessa vitória, os louros de sua humanidade, no primeiro local em que chega, onde uma jovem pode recolhê-los; se virmos como se dedica bem a ganhar e mal a conservar, como está longe de imaginar que poderá, pela procriação, preparar uma vida ainda mais vitoriosa: então ficamos impacientes e dizemos: "A longo prazo, a humanidade não pode chegar a lugar algum, os indivíduos são desperdiçados, o acaso dos casamentos torna impossível qualquer razão de um grande progresso da humanidade; – deixemos de ser os espectadores assíduos e os tolos desse espetáculo sem fim!" – Nessa disposição de espírito, os deuses de Epicuro retiraram-se outrora para sua tranquilidade e sua beatitude divina: estavam cansados dos homens e de suas intrigas amorosas.

151. Há aqui um novo ideal a inventar

Não devia ser permitido, quando estamos apaixonados, tomar uma decisão que comprometa para a vida e fixar uma vez por todas, por causa de um capricho violento, o caráter da sociedade em que vivemos: dever-se-ia declarar publicamente sem valor os juramentos dos apaixonados e impedi-los de se casar: – e isso porque se deveria conferir ao casamento uma importância muito maior! De modo que, nos casos em que até o presente era concluído, não se concluiria mais! A maior parte dos casamentos não é feita de tal modo que não se deseja por testemunha uma terceira pessoa? E essa terceira pessoa geralmente não falta – é o filho – ele é mais que testemunha, é o bode expiatório!

152. Fórmula de juramento

"Se minto agora, não sou mais um homem honesto e todos devem ter o direito de me dizê-lo na cara." – Recomendo essa fórmula em lugar do juramento jurídico e da usual invocação a Deus: ela é *mais forte*. O próprio homem piedoso não tem qualquer razão para recusá-la: de fato, desde que o juramento habitual não *serve* mais de modo suficiente, é necessário que o homem piedoso escute seu catecismo que lhe prescreve: "Não invocarás *em vão* o nome do Senhor, de Deus!".

153. UM DESCONTENTE

É um desses velhos descontentes: irrita-se contra a civilização porque pensa que ela visa a tornar acessíveis todas as coisas boas – honrarias, tesouros, belas mulheres – aos covardes como aos bravos.

154. CONSOLAÇÕES NOS PERIGOS

Os gregos, numa vida em que os graves perigos e os cataclismas estavam sempre próximos, procuravam na meditação e no conhecimento uma espécie de segurança emocional e um último refúgio. Nós, que vivemos numa quietude incomparavelmente maior, levamos o perigo para a meditação e para o conhecimento, e é *na vida* que nos repousamos e nos acalmamos ante esse perigo.

155. CETICISMO EXTINTO

Os empreendimentos arriscados são mais raros nos tempos modernos que na antiguidade e na Idade Média – provavelmente porque os tempos modernos deixaram de acreditar nos presságios, nos oráculos, nos astros e nos adivinhos. Isso significa que nos tornamos incapazes de *acreditar num futuro* que *nos* é reservado, como o faziam os antigos que – ao contrário de nós – eram muito menos céticos em relação ao que *vinha acontecendo* do que ao que já *existia*.

156. MAU POR ORGULHO...

"Uma vez que não nos sentimos realmente muito bem!" – esse era o temor secreto dos gregos da bela época. *É por isso* que pregavam a moderação! E nós também!

157. Culto da "voz da natureza"

Que significado tem o fato de nossa cultura não só dar provas de tolerância com relação às manifestações de dor, com relação às lágrimas, às queixas, às recriminações, às atitudes de raiva ou de humildade, como também o fato de lhes dar sua aprovação e incluí-las entre as coisas nobres e inevitáveis? – enquanto o espírito da filosofia antiga as considerava com desdém e não lhes reconhecia necessidade alguma? Lembremo-nos, pois, da maneira como Platão – que não era um dos filósofos mais desumanos – fala do Filocteto da cena trágica. Nossa civilização moderna teria falta talvez de "filosofia"? Segundo a avaliação desses antigos filósofos, todos nós faríamos parte talvez da "plebe"?

158. Clima do bajulador

Atualmente já não é necessário procurar os bajuladores sem escrúpulos nas rodas dos príncipes – estes últimos possuem todos o espírito militar que não tolera o bajulador. Mas essa flor desabrocha agora nas rodas dos banqueiros e dos artistas.

159. Os evocadores dos mortos

Certos homens vaidosos preferem um fragmento do passado a partir do momento em que podem revivê-lo sentimentalmente (sobretudo se isso é difícil), gostariam mesmo, na necessidade, de fazê-lo ressuscitar dentre os mortos. Uma vez que o número dos vaidosos é sempre considerável, o perigo dos estudos históricos não é realmente dos menores, sempre que são aplicados a toda uma época: desperdiçamos então demasiada força para todas as ressurreições imagináveis. Talvez se poderá compreender melhor todo o movimento do romantismo partindo desse ponto de vista.

160. Vaidoso, ávido e pouco sábio

Seus desejos são maiores que sua razão e sua vaidade é ainda maior que seus desejos – a homens de sua espécie é conveniente recomendar fundamentalmente *muita* prática cristã e, além disso, um pouco de teoria schopenhaueriana!

161. Beleza adequada à época

Se nossos escultores, nossos pintores e nossos músicos quisessem exprimir o sentido de sua época, deveriam mostrar a beleza empolada, gigantesca e nervosa: precisamente como os gregos, sob o domínio de sua moral da moderação, viam e representavam a beleza no Apolo de Belvedere. Nós deveríamos, em suma, achá-lo *feio*! Mas os "classicistas" pedantes nos tiraram toda a lealdade!

162. A ironia dos homens de hoje

Está atualmente em moda entre os europeus tratar todos os grandes interesses com ironia, porque, à força de nos atarefarmos a seu serviço, não temos tempo para levá-los a sério.

163. Contra Rousseau[41]

Se é verdade que nossa civilização é, por si mesma, algo de deplorável, vocês têm a possibilidade de prosseguir com suas conclusões com Rousseau: "Esta civilização deplorável é causa de nossa *má* moralidade", ou de concluir invertendo a fórmula de Rousseau: "Nossa *boa* moralidade é causa desta deplorável civilização. Nossos conceitos sociais do bem e do mal, fracos e efeminados, sua desmesurada preponderância sobre o corpo e a alma, acabaram por enfraquecer todos os corpos e todas as almas e por alquebrar os homens independentes, autônomos, sem preconceitos, os verdadeiros pilares de uma civilização *forte*: em toda parte em que ainda hoje encontramos a *má* moralidade, vemos as últimas ruínas desses pilares". Há, portanto, paradoxo contra paradoxo! A verdade não pode estar, a qualquer preço, dos dois lados: estará ela em geral de um lado ou de outro? Convém examinar!

164. Talvez prematuro

Parece que atualmente, sob diferentes nomes equivocados que induzem em erro e, na maioria das vezes, com grande falta de clareza, aqueles que não se sentem ligados aos costumes e às leis estabelecidas fazem as primeiras tentativas para se organizar e para se

---

(41) Jean-Jacques Rousseau (1712-1778), filósofo e escritor suíço; entre suas obras, *O contrato social* e *A origem da desigualdade entre os homens* (NT).

criar assim um *direito*: enquanto até agora todos os criminosos, os livres pensadores, todos os homens imorais e celerados viviam desacreditados e fora da lei, perecendo sob o peso da má consciência. Em suma, se deveria *aprovar* isso e achá-lo *bom*, mesmo que torne perigoso o século futuro e obrigue cada um de nós a pôr as armas às costas: – mesmo que fosse somente para que houvesse uma força de oposição que relembre sempre que não há moral absoluta e exclusiva e que toda moralidade que se afirma à exclusão de qualquer outra destrói muita força viva e custa muito caro à humanidade. Os divergentes, que são tão frequentemente indivíduos inventivos e fecundos, não devem mais ser sacrificados; não se deve mais considerar como vergonhoso afastar-se da moral em ações e pensamentos; deve-se fazer numerosas tentativas novas de existência e de comunidade; é necessário que um peso enorme de má consciência seja suprimido do mundo – é necessário que esses objetivos gerais sejam reconhecidos e implementados por todas as pessoas leais que procuram a verdade!

165. A MORAL QUE NÃO ABORRECE

Os principais mandamentos que um povo procura constantemente para que sejam ensinados e pregados se relacionam com seus principais deslizes e é por isso que não os considera aborrecedores. Os gregos, que perdiam tão frequentemente a moderação, o sangue-frio, o sentido da justiça e em geral a sabedoria, davam ouvidos às quatro virtudes socráticas – pois delas tanto precisavam, uma vez que justamente a elas tão pouco se devotavam!

166. NA ENCRUZILHADA

Que vergonha! Vocês querem entrar num sistema em que é necessário ser uma engrenagem, plena e totalmente, sob pena de ser esmagado por essa engrenagem! Disso decorre evidentemente que cada um *é* o que seus superiores *fazem* dele! Onde a caça às "relações" faz parte dos deveres naturais! Onde ninguém se sente ofendido quando o tornam atencioso para com alguém, observando que "pode lhe ser útil"! Onde ninguém tem vergonha de fazer uma visita para solicitar a intercessão de alguém! Onde ninguém suspeita sequer que, por uma subordinação tão intencional a semelhantes costumes, se classifica, de uma vez por todas, entre as vis vasilhas da natureza que os outros podem utilizar e quebrar à vontade, sem experimentar com isso um grave sentimento de responsabilidade, como se se quisesse dizer: "Gente de minha espécie nunca haverá de faltar: sirvam-se, portanto, de mim, sem cerimônia!".

167. AS HOMENAGENS INCONDICIONAIS
Quando penso no filósofo alemão mais lido, no músico alemão mais ouvido, no homem de Estado alemão mais considerado, sou obrigado a confessar: se atualmente se torna a vida muito dura para os alemães, esse povo dos sentimentos absolutos, isso é devido a seus grandes homens. Nos três casos, o espetáculo é esplêndido para contemplar: é cada vez um rio, tão poderosamente agitado no leito que ele próprio cavou, que se poderia muitas vezes acreditar que quer escalar a montanha. E, no entanto, por mais longe que seja levada a admiração, quem não gostaria de ser, no final das contas, de *outro* estilo que o de Schopenhauer[42]! E quem gostaria de compartilhar agora, nas grandes e nas pequenas coisas, as opiniões de Wagner[43]? – por mais justa que possa ser a observação daquele que disse que, sempre que Wagner dá ou toma um impulso, um problema está escondido – vamos adiante, não é ele que vai trazê-lo à luz. – E, finalmente, quantos não haveria que gostariam, de todo o coração, de estar de acordo com Bismarck[44], com a condição que ele estivesse de acordo consigo mesmo ou que pelo menos aparentasse sê-lo doravante! Certamente: *não há princípios, mas instintos*, um espírito flexível a serviço de violentos instintos dominantes e por isso sem princípios – isso não deveria ser nada surpreendente num homem de Estado, mas deveria antes ser considerado como justo e normal. Ai! Isso foi até agora tão pouco alemão! Tão pouco como o ruído em torno da música, as dissonâncias e o mau humor em torno do músico! Tão pouco como a nova e extraordinária posição escolhida por Schopenhauer: nem *acima* das coisas, nem de joelhos diante delas – nos dois casos, isso teria sido ainda alemão – mas *contra* as coisas!

---
(42) Arthur Schopenhauer (1788-1860), filósofo alemão (NT).
(43) Richard Wagner (1813-1883), compositor alemão (NT).
(44) Otto Bismarck (1815-1898), estadista alemão (NT).

Incrível e desagradável! Colocar-se no *mesmo* nível das coisas, mas ser, apesar disso, seu adversário e, no final das contas, o adversário de si próprio! – Que deve fazer o admirador incondicional com semelhante modelo? E sobretudo de três desses modelos que nem mesmo mostram o desejo de estar em paz entre si! Aí está Schopenhauer, adversário da música de Wagner, e Wagner, adversário da política de Bismarck, e Bismarck, adversário de todo wagnerismo e de todo schopenhauerismo! Que resta fazer? Onde se refugiar com sua sede de "veneração em bloco"? Seria possível talvez escolher na música do compositor algumas centenas de boas medidas que toquem o coração e que se goste de ter no coração porque têm coração – seria possível ir embora com esse pequeno espólio e esquecer todo o resto? E procurar semelhante arranjo com o filósofo e com o homem de Estado – escolher, guardar no coração e, sobretudo, *esquecer o resto*? Sim, se não fosse tão difícil esquecer! Era uma vez um homem muito orgulhoso que, a nenhum preço, queria aceitar nada que não fosse de si próprio, tanto no bem como no mal: mas, quando teve necessidades do *esquecimento*, não pôde dá-lo a si próprio e foi forçado a conjurar os espíritos por três vezes; eles vieram, ouviram seu pedido e disseram no fim: "É justamente a única coisa que não está em nosso poder!". Os alemães não deveriam tirar proveito da experiência de *Manfredo*? Para que conjurar primeiro os espíritos! É inútil, não se esquece quando se quer esquecer. E como seria importante "o resto" para esses três grandes homens de nosso tempo, a fim de poder permanecer seu admirador em bloco! Seria, portanto, preferível aproveitar a ocasião para tentar algo de novo: quero dizer, progredir na *lealdade para consigo mesmo* e tornar-se, em vez de um povo que repete de uma forma crédula e que odeia maldosa e cegamente, um povo de aprovação condicional e de oposição benevolente; mas aprender antes de tudo que as homenagens incondicionais para com as pessoas são algo de ridículo, que mudar de opinião a respeito não seria desonroso, mesmo para os alemães, e que existe uma máxima profunda, digna de ser seguida: "*O que importa não são as pessoas, mas as coisas*". Esta máxima é, como aquele que a pronunciou, grande, honesta, simples e silenciosa – assim como

Carnot[45], soldado e republicano. — Mas pode-se agora falar assim de um francês a alemães, e mais ainda de um republicano? Talvez não e talvez não se tenha até mesmo o direito de lembrar o que Niebuhr[46] pôde dizer outrora aos alemães: que ninguém como Carnot lhe tinha dado a impressão da *verdadeira grandeza*.

168. UM MODELO

De que é que gosto em Tucídides[47], que é que faz com que eu o estime mais que Platão[48]? Ele tem o prazer mais amplo e mais livre de preconceitos com tudo o que há de típico no homem e nos acontecimentos e acha que a cada tipo corresponde certa quantidade de *bom senso*: é esse bom senso que ele tenta descobrir. Possui uma maior justiça prática que Platão; não calunia nem rebaixa os homens que não lhe agradam ou que lhe causaram dano na vida. Pelo contrário: acrescenta e introduz algo de grande em todas as coisas e em todas as pessoas, vendo em toda parte apenas tipos; com efeito, que importa à posteridade, à qual ele dedica sua obra, o que *não* é típico! É assim que essa cultura do mais livre conhecimento do mundo chega a ele, o pensador-homem, a um florescimento maravilhoso, essa cultura que tem em Sófocles[49] seu poeta, em Péricles[50] seu homem de Estado, em Hipócrates[51] seu médico, em Demócrito[52] seu sábio naturalista: essa cultura que merece ser batizada com o nome de seus mestres, os *sofistas*, e que infelizmente, desde o momento de seu batismo, começa a se tornar de repente pálida e inacessível para nós — porque desde logo suspeitamos que essa cultura, por ter sido combatida por Platão e por todas as escolas socráticas, devia ser bem imoral! A verdade é tão complicada e enredada que nos repugna desenroscá-la: que o velho erro (*error veritate simplicior*[53]) siga, pois, seu velho caminho!

---

(45) Lazare Carnot (1753-1823), político e cientista francês (NT).
(46) Berthold Georg Niebuhr (1776-1831), diplomata e historiador alemão (NT).
(47) Tucídides (465-395 a.C.), historiador grego (NT).
(48) Platão (427-347 a.C.), filósofo grego; entre suas obras, *A república* (NT).
(49) Sófocles (496-406 a.C.), poeta trágico grego (NT).
(50) Péricles (495-429 a.C.), estadista ateniense (NT).
(51) Hipócrates (460-377 a.C.), médico grego (NT).
(52) Demócrito (460-370 a.C.), filósofo grego (NT).
(53) Expressão latina que significa "o erro é mais simples que a verdade" (NT).

169. O GÊNIO GREGO NOS É MUITO ESTRANHO

Oriental ou moderno, asiático ou europeu: comparado ao grego, tudo isso se caracteriza pelo tamanho e pelo gosto das grandes massas, como linguagem do sublime, enquanto em Paestum[54], em Pompeia e em Atenas nos surpreendemos, diante da arquitetura grega, ao ver até que ponto, *com quais pequenas massas*, os gregos sabiam e *gostavam* de exprimir coisas sublimes. – De igual modo, como na Grécia os homens eram simples na ideia *que de si mesmos se faziam*! Como os ultrapassamos no conhecimento dos homens! Como parecem cheias de labirintos nossas almas e nossas representações da alma em comparação com as deles! Se quiséssemos tentar uma arquitetura conforme à natureza de *nossa* alma (somos demasiado frouxos para isso): – o labirinto deveria ser nosso modelo! A música que nos é própria e que nos exprime verdadeiramente já permite adivinhar o labirinto (pois, na música, os homens se deixam levar porque imaginam que não há ninguém capaz de vê-los *através* de sua música).

170. OUTRAS PERSPECTIVAS DO SENTIMENTO

Que significa a nossa tagarelice sobre os gregos? Que entendemos, pois, de sua arte, cuja alma é a paixão pela beleza *viril* nua! – É só *a partir daí* que eles tinham o sentimento da beleza feminina. Tinham, portanto, para esta, uma perspectiva bem diferente da nossa. Ocorria o mesmo com seu amor pela mulher: veneravam de outra forma, desprezavam de outro modo.

171. A ALIMENTAÇÃO DO HOMEM MODERNO

O homem moderno dedica-se a digerir muitas coisas e mesmo a digerir quase tudo – essa é a vaidade típica dele: mas seria de uma espécie superior se, justamente, *não* se dedicasse a isso: o *homo pamphagus*[55] não é o que há de mais refinado. Nós vivemos

---

(54) Histórica cidade grega do sul da Itália, fundada no século VII a.C.; pertencia à Magna Grécia e foi conquistada pelos romanos no ano 273 a.C.; inexistente hoje como centro urbano, a lembrança grega, contudo, persiste em suas ruínas, destacando-se os templos, considerados os mais bem conservados da época da colonização helênica da Itália meridional. A cidade de Pompeia, citada a seguir, foi fundada pelos oscos no século VI a.C., mas foi dominada também pelos gregos e pelos etruscos; anexada a Roma em 290 a.C., foi totalmente destruída no ano 79 de nossa era por uma violenta erupção do Vesúvio (NT).

(55) Expressão latina que significa "homem comilão"; na realidade, o termo latino *phago, phagonis* (tomado do grego *phágon*, derivado de *phágein*, comer) já significava comilão; composto do prefixo grego *pan* (tudo), *pamphagus* significa concretamente "come tudo" (NT).

entre um passado, que tinha um gosto mais delirante e bizarro que o nosso, e um futuro, que talvez terá um gosto mais seleto – vivemos demasiadamente no meio-termo.

172. Tragédia e música

Os homens de uma disposição de espírito guerreira, como os gregos da época de Ésquilo⁽⁵⁶⁾, são *difíceis de comover* e, quando a compaixão triunfa uma vez sobre sua dureza, uma espécie de vertigem se apodera deles, semelhante a uma "força demoníaca" – eles se sentem então constrangidos e abalados por uma emoção religiosa. A seguir, experimentam uma reticência em relação a esse estado; enquanto estão mergulhados nele, usufruem do êxtase que lhes proporciona a embriaguez e o maravilhoso, mesclado ao absinto mais amargo do sofrimento: essa é verdadeiramente uma bebida para os guerreiros, algo raro, perigoso, doce e amargo que não se partilha facilmente. – A tragédia dirige-se às almas que sentem desse modo a compaixão, às almas duras e guerreiras que dificilmente vencemos, seja pelo temor, seja pela compaixão, mas para as quais é útil ser *abrandadas* de tempos em tempos. Mas que pode dar a tragédia àqueles que estão abertos aos "sentimentos simpáticos" como a vela o está ao vento? Quando os atenienses se tornaram mais ternos e mais sensíveis, na época de Platão – Ah! Como estavam ainda longe da falsa sensibilidade dos habitantes de nossas grandes e de nossas pequenas cidades! – os filósofos já se queixavam, contudo, do caráter *nocivo* da tragédia. Uma época cheia de perigos, como aquela que começa neste momento, em que a bravura e a virilidade aumentam de preço, talvez torne lentamente as almas bastante duras, para que poetas trágicos lhes sejam necessários: mas, entrementes, estes são antes *supérfluos* – para utilizar o termo mais moderado. – Talvez chegue assim para a música uma época melhor (será certamente mais *maldosa*!), aquela em que os artistas músicos tiverem de se dirigir a homens rigorosamente pessoais, duros em si mesmos, dominados pela seriedade sombria de sua paixão própria: mas que pode trazer a música a essas almazinhas de hoje, nascidas com uma idade

---

(56) Ésquilo (525-456 a.C.), poeta trágico grego (NT).

feita, excessivamente agitadas, de crescimento imperfeito, pessoais pela metade, curiosas e ávidas de tudo?

173. OS APOLOGISTAS DO TRABALHO

Na glorificação do "trabalho", nos infatigáveis discursos sobre a "bênção do trabalho", vejo a mesma segunda intenção que nos elogios dos atos impessoais e de interesse geral: o temor de tudo o que é individual. Agora nos damos realmente conta, perante o trabalho – isto é, dessa dura atividade da manhã à noite –, que essa é a melhor polícia, pois ela mantém cada um com rédeas curtas e se empenha vigorosamente a evitar o desenvolvimento da razão, dos desejos, do gosto da independência. De fato, o trabalho usa a força nervosa em proporções extraordinárias e a subtrai à reflexão, à meditação, aos sonhos, aos desejos, ao amor e ao ódio, coloca sempre diante dos olhos um objetivo mesquinho e assegura satisfações fáceis e regulares. Assim, uma sociedade em que se trabalha sem cessar duramente terá maior segurança: e é a segurança que hoje se adora como divindade suprema. – E aí está (ó horror!) justamente o "trabalhador" que se tornou *perigoso*! Os "indivíduos perigosos" formigam! E atrás deles está o perigo dos perigos – o *individuum*[57]!

174. MODA MORAL DE UMA SOCIEDADE MERCANTIL

Por trás desse princípio da atual moda moral: "As ações morais são as ações de simpatia para com os outros", vejo dominar o instinto social do temor que assume assim um disfarce intelectual: esse instinto põe como princípio superior, o mais importante e o mais próximo, que é necessário retirar da vida o caráter *perigoso* que possuía outrora e que *cada um* deve ajudar nisso com todas as suas forças. É por essa razão que unicamente as ações que visam à segurança coletiva e ao sentimento de segurança da sociedade podem receber o atributo de "bom"! – Quão poucos prazeres devem desde logo ter os homens para consigo mesmos, para que tal tirania do temor lhes prescreva a lei moral superior, para que se deixem assim intimar sem contestação para não tirar ou desviar o olhar de sua própria pessoa, mas ter

---

(57) Vocábulo latino que significa "indivíduo" (NT).

olhos de lince para toda miséria, para todo sofrimento dos outros! Com nossa intenção, impelida até o extremo, de querer aparar todas as asperezas e todos os ângulos da vida, não estamos no caminho certo para reduzir a humanidade até transformá-la em *areia*? Em areia! Uma areia fina, tênue, granulosa, infinita! É esse seu ideal, ó heróis dos sentimentos simpáticos? – Entretanto, resta saber se porventura se serve *mais* ao próximo correndo imediatamente e sem cessar em seu socorro e *ajudando*-o – o que só pode ser feito muito superficialmente, a menos que se torne penhora tirânica – ou *fazendo* de si mesmo algo que o próximo vê com prazer, por exemplo, um belo jardim tranquilo e fechado que possua altas muralhas contra as tempestades e a poeira das grandes estradas, mas também uma porta acolhedora.

175. Pensamento fundamental de uma cultura de comerciantes

Vemos hoje formar-se, em diversos lugares, a cultura de uma sociedade em que o *comércio* é a alma, precisamente como o combate singular era a alma da cultura entre os antigos gregos, e a guerra, a vitória e o direito entre os romanos. Aquele que exerce o comércio se dedica a taxar tudo sem produzir, a taxar *segundo as necessidades do consumidor,* e não segundo suas necessidades pessoais; no negócio dele a pergunta das perguntas é saber "que pessoas e quantas pessoas consomem isso?". Emprega, desde logo, portanto, instintivamente e sem cessar esse tipo de taxação: a tudo, portanto também às produções das artes e das ciências, dos pensadores, dos sábios, dos artistas, dos homens de Estado, dos povos, dos partidos e mesmo de épocas inteiras: ele se informa a respeito de tudo o que se cria, da oferta e da procura, a fim de *fixar para si mesmo o valor de uma coisa*. Isso, erigido em princípio de toda uma cultura, estudado desde o ilimitado até o mais sutil e imposto a toda espécie de querer e de saber, isso será o orgulho de vocês, homens do próximo século: se os profetas da classe dos comerciantes têm razão em lhes prometer a posse! Mas tenho pouca fé nesses profetas. *Credat judaeus Apella*[58] – para falar com Horácio.

---

(58) Frase extraída da obra *Satirae* (I, 5, 100) do poeta latino Quintus Horatius Flaccus (65-8 a.C.) e que significa "O judeu Apella que o creia" ou "Que o judeu Apella acredite nisso" (NT).

176. A CRÍTICA DOS PAIS

Por que já suportamos agora a verdade sobre o passado mais recente? Porque existe sempre uma nova geração que se sente em *contradição* com esse passado e que saboreia, nessa crítica, primícias do sentimento de poder. Antigamente, pelo contrário, a geração nova queria se *basear* na antiga e começava a ter *consciência* de si mesma não somente aceitando as opiniões dos pais, mas defendendo-as com mais *rigor* ainda, se possível. Criticar a autoridade paterna era outrora um vício: hoje os jovens idealistas *começam* por isso.

177. Aprender a solidão

Oh! Pobres diabos, vocês que habitam as grandes cidades da política mundial, jovens dotados, torturados pela ambição, acreditam que é seu dever dar seu palpite em todos os acontecimentos (– pois sempre acontece alguma coisa)! Vocês acreditam que, ao levantar assim poeira e fazer barulho, são a carroça da história! Vocês espiam sempre e esperam sem cessar o momento em que poderão jogar sua palavra ao público e perdem assim toda verdadeira produtividade! Qualquer que seja seu desejo de grandes obras, o profundo silêncio do amadurecimento nunca chega a vocês! O acontecimento do dia expulsa-os de sua frente como palha leve, enquanto vocês têm a ilusão de apanhar o acontecimento – pobres diabos! – Sempre que se quer ser um herói na cena, não se deve nem pensar em saber como atua o *coro*.

178. Aqueles que utilizamos cotidianamente

Esses jovens não têm falta nem de caráter, nem de disposição, nem de aplicação: mas nunca lhes demos tempo para se darem a si mesmos uma direção, pelo contrário, os habituamos, desde sua mais tenra idade, a receber uma direção. Quando estavam maduros para serem "enviados ao deserto", agimos de modo diferente – nós os utilizamos, os subtraímos a si próprios, os criamos para serem *usados cotidianamente*, fizemos disso um dever e um princípio para eles – e agora eles não podem passar sem isso e não querem que seja de outra forma. Mas a essas pobres bestas de carga não se deve recusar suas "férias" – assim é que se designa esse ideal forçado de um século esgotado: férias em que se pode uma vez ficar preguiçoso com o coração cheio de alegria, ser estúpido e infantil.

179. Tão pouco Estado quanto possível!

Todas as situações políticas e sociais não merecem que sejam justamente os espíritos mais dotados que tenham o direito de se ocupar delas e que sejam forçados a isso: um tal desperdício dos espíritos é no fundo mais grave que um estado de miséria. A política é o campo de trabalho para cérebros mais medíocres e esse campo de trabalho não deveria estar aberto a outros: que a máquina se quebre antes em mil pedaços de uma vez por todas! Mas como as coisas se apresentam hoje, quando não somente todos creem dever *saber* cada dia o que se passa, mas quando cada um quer intervir ativamente a todo instante e abandona para isso seu próprio trabalho, tudo se transforma numa grande e ridícula loucura. A esse preço, pagamos caro demais a "segurança pública": e o que há de mais louco é que desse modo engendramos cada vez mais o contrário da segurança pública, como nosso excelente século está demonstrando: como se isso nunca tivesse sido feito! Dar à sociedade a segurança contra os ladrões e contra os incêndios, torná-la infinitamente cômoda para toda espécie de comércio e de relações e transformar o Estado em providência, no bom e no mau sentido – esses são objetivos inferiores, medíocres e de modo algum indispensáveis, a que não se deveria visar com os meios e os instrumentos mais nobres *que se tenha* – meios que deveriam precisamente ser reservados aos fins superiores e aos excepcionais! Nossa época, embora fale muito de economia, é dissipadora: dissipa o que há de mais precioso: o espírito.

180. As guerras

As grandes guerras contemporâneas são o resultado dos estudos históricos.

181. Governar

Uns governam pelo prazer de governar, outros para não serem governados – entre dois males, escolheram o menor.

182. A LÓGICA GROSSEIRA

Diz-se de alguém, com o mais profundo respeito: "É um homem de caráter!" – Sim! Se exibir uma lógica grosseira, uma lógica que salta aos olhos menos clarividentes! Mas, quando se trata de um espírito mais sutil e mais profundo, consequente à sua maneira, a maneira superior, os espectadores negam a existência do caráter. É por isso que os homens de Estado astutos geralmente representam sua comédia sob a máscara da lógica grosseira.

183. OS VELHOS E OS JOVENS

"Há algo de imoral na existência dos parlamentos – assim pensa ainda este ou aquele –, pois temos o direito de ali expor também opiniões contra o governo!" – "Devemos ter sempre sobre as coisas a opinião que nosso mestre e senhor ordena!" – é o décimo primeiro mandamento de certos bravos cérebros velhos, sobretudo na Alemanha do norte. Rimos disso como de uma moda antiquada: mas antigamente era essa a moral! Talvez um dia também vamos rir daquilo que, na geração nova educada no parlamentarismo, passa agora por moral: quero dizer, colocar a política dos partidos acima da sabedoria pessoal e responder a cada pergunta que se refere ao bem público segundo o vento que é necessário para enfunar as velas do partido. "Deve-se ter a esse respeito a opinião que a situação do partido exige" – esses seriam os termos do cânon. Agora fazemos, a serviço de semelhante moral, toda espécie de sacrifícios, até a vitória sobre nós mesmos e o martírio.

184. O ESTADO, UM PRODUTO DOS ANARQUISTAS

Nos países em que os homens são disciplinados, subsistem sempre bastantes retardatários não disciplinados: imediatamente se juntam aos campos socialistas, mais que em qualquer outro lugar. Se estes viessem um dia a ditar *leis*, pode-se esperar que se imporiam correntes de ferro e que exerceriam uma disciplina terrível: – *eles se conhecem*! E suportariam essas leis com a consciência de que eles próprios as promulgaram – o sentimento de poder, e desse poder, é demasiado recente neles e demasiado sedutor para que não sofram tudo por amor dele.

185. Mendigos

É necessário suprimir os mendigos, pois nos irritamos ao lhes dar e ao não lhes dar.

186. Homens de negócios

Seus negócios – esses são seus maiores preconceitos, pois eles os ligam ao local em que vocês estão, à sua sociedade, a seus gostos. Aplicados nos negócios – mas preguiçosos no que diz respeito ao espírito, satisfeitos com sua insuficiência, o balcão do dever fixado a essa satisfação: é assim que vocês vivem, é assim que querem que seus filhos sejam!

187. Um futuro possível

Não se poderia imaginar um estado social em que o malfeitor se declarasse ele próprio culpado, pronunciasse ele próprio publicamente sua pena, como o sentimento orgulhoso que honra a lei que ele próprio fez, que exerce seu poder punindo-se, o poder do legislador? Pode falhar uma vez, mas por sua punição voluntária se eleva acima de seu delito; não somente o apaga por sua franqueza, por sua grandeza e por sua tranquilidade, mas acrescenta-lhe ainda um benefício público. – Esse seria o criminoso de um futuro possível, que supõe, é verdade, a existência de uma legislação do futuro com a ideia fundamental: "Eu me submeto somente à lei que eu mesmo promulguei, nas grandes e nas pequenas coisas". Muitas tentativas devem ainda ser feitas! Muitos futuros devem ainda ver o dia!

188. Embriaguez e nutrição

Os povos só são tão enganados porque *procuram* sempre um enganador, isto é, um vinho excitante para seus sentidos. Contanto que possam obter esse vinho, contentam-se com pão de má qualidade. A embriaguez lhes interessa mais que a alimentação – esta é a isca com que sempre se deixam pescar! Que significam para eles homens escolhidos em suas fileiras – mesmo que fossem os especialistas mais competentes – ao lado de conquistadores ilustres, de velhas e suntuosas casas principescas? Como mínimo seria necessário que o homem do povo, para ter sucesso, lhes abrisse a perspectiva de conquistas e de aparato: isso o levaria talvez a conseguir crédito. Os povos obedecem sempre e vão mais longe ainda, com a condição de poder embriagar-se! Não temos até mesmo o direito de lhes oferecer o prazer sem a coroa de louros, cuja força enlouquece. Mas esse gosto popularesco que considera *a embriaguez mais importante que a nutrição* não surgiu de modo algum das profundezas do populacho: foi, pelo contrário, transportado e transplantado para crescer tardiamente com mais abundância, embora tenha sua origem nas inteligências mais altas, onde floresceu durante milhares de anos. O povo é o último *terreno inculto* onde pode ainda prosperar essa esplendorosa erva daninha. – Como! E é justamente ao povo que se gostaria de confiar a política? Para que nela alimente sua embriaguez cotidiana?

189. Sobre a grande política

Qualquer que seja a parte que tomem, na *grande política*, o interesse e a vaidade dos indivíduos como dos povos, a força mais viva que os impele a avançar é a *necessidade de poder* que, não somente na alma dos soberanos e dos poderosos, mas também, e não em mínima parte, nas camadas inferiores do povo, brota de tempos em tempos de fontes inesgotáveis. O momento volta sempre onde as massas *estão prontas* a sacrificar sua vida. Chega sempre um momento em que a massa está disposta a arriscar a sua vida, sua fortuna, sua consciência, sua virtude para obter esse prazer superior e para reinar, como nação vitoriosa e tiranicamente arbitrária, sobre outras nações (ou pelo menos para imaginar que reinam). Então, os sentimentos de prodigalidade, de sacrifício, de esperança, de confiança, de audácia extrema, de entusiasmo brotam com tal abundância que o soberano ambicioso ou previdente com sabedoria pode tomar o primeiro pretexto para uma guerra e substituir à sua justiça a boa consciência do povo. Os grandes conquistadores sempre tiveram nos lábios a linguagem patética da virtude: estavam sempre rodeados de massas que se encontravam em estado de exaltação e somente queriam ouvir discursos exaltados. Estranha loucura dos juízos morais! Quando o homem experimenta um sentimento de poder, ele se julga e se declara *bom*: e é justamente então que os outros, sobre os quais é obrigado a *desencadear* seu poder, o declaram *mau*. – Hesíodo[59], em sua fábula das idades do homem, descreveu duas vezes seguidas a mesma época, aquela dos heróis de Homero, e é assim que de *uma* só época fez *duas*: vista por aqueles que foram submetidos ao domínio terrível, à espantosa pressão desses heróis aventureiros da força ou que deles haviam ouvido falar seus antepassados, essa época aparecia como *má*: mas os descendentes dessas gerações cavaleirescas veneravam nela um bom velho tempo, quase feliz. É por isso que o poeta não conseguiu ter outra saída senão aquela que apresentou – pois tinha provavelmente em torno dele ouvintes dos dois tipos!

190. A ANTIGA CULTURA ALEMÃ

Quando os alemães começaram a se tornar interessantes para os outros povos da Europa – e não se passou ainda muito tempo depois disso –, foi graças a uma cultura que hoje já não possuem, da qual se libertaram com um ardor cego, como se fosse uma doença: e no entanto não souberam colocar nada melhor em seu lugar do que a loucura política e nacional. É verdade que com isso acabaram por se tornar muito mais interessantes ainda para os outros povos do que outrora tinham sido por sua cultura: deixemos-lhes, portanto, essa satisfação! É, no entanto, inegável que essa cultura alemã enganou os europeus e que ela não era digna nem de ser imitada nem do interesse que despertara e menos ainda do anseio que havia em copiá-la. Tentemos nos informar hoje sobre Schiller, Wilhelm von Humboldt, Schleiermacher, Hegel, Schelling[60], ler suas correspondências e tentemos nos introduzir no vasto círculo de seus discípulos: que têm eles de comum, qual deles nos impressiona, tal como somos hoje, ora de uma forma tão insuportável, ora de uma maneira tão tocante e digna de pena? Por um lado, a ânsia de parecer a qualquer preço moralmente *comovido*; por outro lado, o desejo de uma universalidade

---

(59) Hesíodo (séc. VIII a.C.), poeta grego (NT).

(60) Friedrich von Schiller (1750-1805), escritor alemão; Wilhelm von Humboldt (1767-1835), linguista e político alemão; Friedrich Daniel Ernst Schleiermacher (1768-1834), teólogo protestante alemão; Georg Wilhelm Friedrich Hegel (1770-1831), filósofo alemão; Friedrich Wilhelm Joseph von Schelling (1775-1854), filósofo alemão (NT).

brilhante e sem consistência, assim como a intenção deliberada de ver tudo belo (caracteres, paixões, épocas, costumes) – infelizmente esse "belo" correspondia a um mau gosto vago que, no entanto, se vangloriava de ser de origem grega. É um idealismo terno, bonachão, com reflexos prateados, que acima de tudo quer ter atitudes e jeitos nobremente disfarçados, algo de pretensioso como de inofensivo, animado de uma cordial aversão contra a realidade "fria" ou "seca", contra a anatomia, contra as paixões completas, contra toda a espécie de continência e de ceticismo filosófico, mas especialmente contra o conhecimento da natureza, por pouco que possa servir a um simbolismo religioso. Goethe[61] assistia à sua maneira a essas agitações da cultura alemã: colocando-se à parte, resistindo suavemente, silencioso, afirmando-se sempre mais em seu próprio caminho melhor. Um pouco mais tarde, também Schopenhauer assistiu a isso – segundo ele, uma boa parte do mundo verdadeiro e das diabruras do mundo havia novamente se tornado visível e falava disso com tanta grosseria como entusiasmo: pois nessas diabruras havia beleza! – E, no fundo, o que foi que seduziu os estrangeiros e os impediu de se comportar como Goethe e Schopenhauer ou simplesmente de se afastarem? Era esse brilho enfraquecido, essa enigmática claridade de Via Láctea que resplandecia em torno dessa cultura: isso levava os estrangeiros a dizer: "Aí está algo que está muito, muito longe de nós; perdemos a vista, o ouvido, a compreensão, o sentido da alegria e da avaliação; mas, apesar de tudo, poderiam muito bem ser estrelas! Os alemães teriam descoberto em silêncio um pequeno canto no céu onde se teriam instalado? É preciso tentar se aproximar dos alemães". E aproximaram-se deles; mas, pouco tempo depois, esses mesmos alemães começaram a ter trabalho para se desembaraçar desse brilho de Via Láctea: eles sabiam muito bem que não tinham estado no céu – mas numa nuvem!

191. Homens melhores

Dizem-me que nossa arte se dirige aos homens de hoje, ávidos, insaciáveis, indomáveis, desgostosos, atormentados e que

---

(61) Johann Wolfgang von Goethe (1749-1832), escritor alemão (NT).

lhes mostra uma imagem da beatitude, da elevação, da sublimidade, ao lado da imagem de sua feiura: a fim de que possam de uma vez por todas esquecer e respirar livremente, talvez até mesmo extrair desse esquecimento um incentivo à fuga e à conversão. Pobres artistas que têm semelhante público! Com tais segundas intenções, dignas do padre e do médico psiquiatra! Quanto mais feliz era Corneille[62] – "o grande Corneille", como exclamava Madame de Sévigné[63], com o tom da mulher diante de um *homem* completo – como era superior *seu* público, para o qual ele podia fazer o bem com as imagens das virtudes cavaleirescas, do dever rigoroso, do sacrifício generoso, da heroica disciplina de si mesmo! Quão diversamente um e outro amavam a existência, não criada por uma "vontade" cega e inculta, que maldizemos porque não conseguimos destruí-la, mas como um lugar em que a grandeza e a humanidade são *possíveis* ao mesmo tempo e onde até mesmo a coação mais severa das formas, a submissão ao bom prazer principesco ou eclesiástico, não podem sufocar a altivez nem o sentimento cavaleiresco nem a graça nem o espírito de cada indivíduo, mas são antes considerados como um *encanto* a mais e um *estimulante* cuja *oposição* reforça o domínio de si e a nobreza inata, o poder hereditário da vontade e da paixão!

192. Desejar adversários perfeitos

Não se poderia contestar aos franceses que foram o povo *mais cristão* da terra: não que na França a devoção das massas tenha sido maior que em outros lugares, mas as formas mais difíceis de realizar o ideal cristão ali se encarnaram em homens e não permaneceram no estado de concepção, de intenção, de esboço imperfeito. Veja-se Pascal[64], na união do fervor, do espírito e da lealdade, o maior de todos os cristãos – e que se pense em tudo o que se trataria de unir aqui! Veja-se Fénelon[65], a expressão mais perfeita e sedutora

---

(62) Pierre Corneille (1606-1684), poeta dramático francês (NT).
(63) Marie de Rabutin-Chantal, madame de Sévigné (1626-1696), escritora francesa (NT).
(64) Blaise Pascal (1623-1662), matemático, físico e filósofo francês; escapando da morte num acidente de carruagem quando tinha 31 anos, largou a vida mundana e decidiu entregar-se inteiramente a Deus, passando a viver como um místico, embora nunca tenha deixado de lado suas experiências científicas (NT).
(65) François de Salignac de La Mothe Fénelon (1651-1715), escritor francês, bispo de Cambrai; teve problemas com o Vaticano por causa de seu apoio a Madame de Guyon (NT).

da *cultura eclesiástica* sob todas as suas formas: um equilíbrio sublime, do qual, como historiador, se estaria tentado a demonstrar sua impossibilidade, enquanto na realidade só foi uma perfeição de uma dificuldade e de uma improbabilidade infinitas. Veja-se Madame de Guyon[66], entre seus semelhantes, os quietistas franceses: e tudo o que a eloquência e o ardor do apóstolo Paulo tentaram adivinhar do estado mais sublime, mais apaixonado, mais silencioso, mais extasiado e, numa palavra, semidivino do cristão, aqui tudo se tornou verdade, despojando-se dessa inoportunidade judaica de que são Paulo dá mostras para com Deus, rejeitando-a graças a uma ingenuidade de palavras e gestos, autenticamente feminina, refinada e distinta como a conhecia a antiga França. Veja-se o fundador da Ordem dos Trapistas[67], o último que levou a sério o ideal ascético do cristianismo, não que ele fosse uma exceção entre os franceses, mas, pelo contrário, como verdadeiro francês: pois, até hoje, sua sombria criação não conseguiu se aclimatar e prosperar senão entre os franceses; ela os seguiu na Alsácia e na Argélia. Não esqueçamos dos huguenotes[68]: depois deles não houve ainda mais bela união do espírito guerreiro e do amor ao trabalho, dos costumes refinados e da austeridade cristã. Veja-se ainda Port-Royal[69], onde se verifica o último florescimento da grande erudição cristã: no tocante a esse florescimento, na França os grandes homens compreendem melhor isso que os de qualquer outro lugar. Longe de ser superficial, um grande francês conserva sempre sua superfície, um envoltório natural que encobre seu conteúdo e sua profundidade – enquanto a profundidade de um grande alemão está geralmente encerrada numa

---

(66) Jeanne-Marie Bouvier de La Motte, dita Madame Guyon (1648-1717), mística francesa, difundiu o quietismo, doutrina teológica que afirmava a presença contínua de Deus na alma e pregava um abandono total a ele; a doutrina foi condenada pela Igreja, e Madame de Guyon foi presa e exilada (NT).

(67) Armand Jean Le Bouthillier de Rancé (1626-1700) foi o fundador da Ordem Monástica dos Trapistas; na verdade, foi o reformador dessa Ordem que, na origem, era beneditina, impondo uma regra extremamente severa, caracterizada especialmente pelo silêncio perpétuo; o designativo trapistas deriva do nome do mosteiro que se chama *Notre-Dame de la Trappe* (NT).

(68) Assim eram chamados pelos católicos os protestantes franceses durante as guerras de religião nos séculos XVI e XVII; o termo huguenote é uma corruptela do vocábulo alemão *Eidgenossen*, que significa confederados (NT).

(69) Port-Royal era um mosteiro feminino que se celebrizou por adotar a doutrina jansenista (pregada pelo bispo Jansênio), que se caracterizava por uma observância estrita e um rigorismo extremado; o mosteiro tornou-se um centro de cultura religiosa e atraiu muitos solitários, entre eles Pascal; o jansenismo foi condenado pela Igreja e Pascal tentou defendê-lo, mas em vão; as monjas foram expulsas e o mosteiro foi demolido (NT).

espécie de frasco estranhamente envolvido, como um elixir que tenta proteger-se da luz e das mãos frívolas com seu duro e singular envoltório. – Que se tente adivinhar, depois disso, por que esse povo, que possui os mais completos da cristandade, gerou necessariamente também os tipos contrários mais completos do livre pensamento anticristão! O espírito livre francês, em seu foro íntimo, sempre lutou com grandes homens, e não somente com dogmas e com sublimes abortos, como os espíritos livres dos outros povos.

193. Espírito e moral

O alemão que possui o segredo de ser aborrecido com espírito (*Geist*), saber e sentimento e que se habituou a considerar o aborrecimento como moral – o alemão experimenta no *espírito* francês o medo que este arranque os olhos da moral – e esse medo é semelhante, no entanto, ao temor e ao prazer do passarinho diante da cascavel. Entre os alemães célebres, nenhum talvez tenha tido mais *espírito* que Hegel – mas tinha um medo alemão tão grande que esse medo criou nele um estilo particularmente defeituoso. O específico desse mau estilo consiste em envolver um núcleo, envolvê-lo ainda e sempre, até que mal traspasse, arriscando um olhar vergonhoso e curioso – como o "olhar de um jovem através de seu véu", para falar com Ésquilo, esse velho inimigo das mulheres: – mas esse núcleo é uma saliência espiritual, muitas vezes impertinente, sobre um assunto dos mais intelectuais, uma combinação de palavras sutil e ousada, como convém numa *sociedade de pensadores*, como acessório da ciência – mas apresentado com esse revestimento é a própria ciência abstrusa e o mais completo aborrecimento moral! Os alemães encontraram nisso uma forma de *espírito* que lhes era permitida e a usufruíram com um entusiasmo tão desenfreado que a inteligência penetrante de Schopenhauer ficou estupefata de surpresa – durante toda a sua vida esbravejou contra o espetáculo que lhe ofereciam os alemães, mas nunca soube explicá-lo a si.

194. Vaidade dos mestres de moral

O sucesso, no final das contas medíocre, dos mestres de moral se explica pelo fato de que queriam muitas coisas de uma só vez, isto é, eram muito ambiciosos: gostavam demais de ditar preceitos *para todos*. Mas isso é divagar na confusão e fazer discursos aos animais para deles fazer homens: que espantoso se os animais acharem isso aborrecido! Seria necessário escolher círculos restritos, procurar e encorajar neles certa moral, fazer por exemplo discursos aos lobos para fazer deles cães. Entretanto, o grande sucesso fica geralmente reservado àquele que não quer educar todos nem círculos restritos, mas um só indivíduo e que não olha à direita nem à esquerda. O século passado é precisamente superior ao nosso porque possuía tantos homens educados individualmente, bem como educadores na mesma proporção que tinham encontrado nisso a *vocação* de sua vida – e com a vocação também a dignidade perante si próprios e diante de qualquer outra "boa companhia".

195. O QUE SE COSTUMA CHAMAR EDUCAÇÃO CLÁSSICA

Descobrir que a nossa vida está *consagrada* ao conhecimento; que nós a desperdiçaríamos, não! Que a teríamos desperdiçado, se essa consagração não nos protegesse de nós mesmos; recitem-se muitas vezes e com emoção estes versos:

Destino, eu te sigo! Se não o quisesse,
Eu teria de fazê-lo, mesmo em lágrimas!

E agora, voltando pelo caminho da vida, descobrir igualmente que ele é algo de irreparável: a dissipação de nossa juventude, quando nossos educadores não empregaram esses anos ardentes e ávidos de saber para nos guiar em direção ao *conhecimento* das cosias, mas que os utilizaram para a "educação clássica"! A dissipação de nossa juventude, quando nos inculcavam, com tanta falta de habilidade como com barbárie, um saber imperfeito, sobre os gregos e os romanos, bem como sobre suas línguas, agindo em detrimento do princípio superior de toda cultura que exige que só se dê alimento àquele que está *com fome*! Quando nos impunham, à força, a matemática e a física, em lugar de primeiramente nos fazer passar pelo desespero da ignorância e reduzir nossa pequena vida cotidiana, nossas ocupações, e tudo o que se passa da manhã à noite em casa, no escritório, no céu e na natureza, com milhares de problemas – problemas torturantes, humilhantes, irritantes – para mostrar então a nossos desejos que acima de tudo temos *necessidade* de um saber matemático e mecânico e nos ensinar então o primeiro entusiasmo científico que a lógica absoluta desse saber proporciona! Se nos tivessem ensinado unicamente o *respeito* por essas ciências; se tivessem feito tremer de emoção nossa alma, mesmo que uma só vez, diante das lutas, das derrotas, dos retornos ao combate dos grandes homens, diante do martirológio, que é a história da ciência exata! Pelo contrário, éramos tomados de certo desprezo perante ciências verdadeiras em proveito dos estudos "históricos", da "instrução própria para desenvolver o espírito" e do "classicismo"! E nós nos deixamos enganar tão facilmente! Instrução própria para desenvolver o espírito! Não teríamos podido apontar com o dedo os melhores professores de nossos colégios e perguntar rindo: "Onde está, pois, essa instrução própria para desenvolver o espírito? E, se não existir, como poderiam ensiná-la?" E o classicismo! Aprendemos alguma coisa com aquilo que justamente os gregos ensinavam à sua juventude? Aprendemos a falar como eles, a escrever como eles? Exercitamo-nos sem descanso na esgrima do diálogo, na dialética? Aprendemos a mover-nos com beleza e altivez, a rivalizar na luta, no jogo, no pugilato, como eles? Aprendemos alguma coisa do ascetismo prático de todos os filósofos gregos? Fomos exercitados numa única virtude antiga e da forma com que os antigos se exercitavam nela? Não faltou inteiramente à nossa educação toda meditação sobre a moral e, logo, com maior razão o que constitui sua única crítica possível, essas tentativas severas e corajosas de *viver* segundo esta ou aquela moral? Tentamos, por pouco que fosse, despertar em nós um dos sentimentos que os antigos estimavam mais que os modernos? Apresentavam-nos a divisão do dia e da vida e os objetivos que um espírito antigo punha acima da vida? Aprendemos as línguas antigas como aprendemos as línguas vivas – isto é, para falar, para falá-las corretamente e bem? Em lugar algum uma aptidão real, uma faculdade nova, como resultado desses anos difíceis! Mas unicamente informações sobre o que os homens sabiam e podiam fazer outrora! E que informações! Ano após ano, nada me parecia mais evidente que o mundo grego e antigo, apesar da simplicidade e da notoriedade em que parece se exibir diante de nós, é muito difícil de compreender e pouco acessível e que a facilidade habitual com que se fala dos antigos é realmente a leviandade ou a velha vaidade hereditária da irreflexão. A semelhança das palavras e das ideias nos engana: mas por trás delas se oculta sempre um sentimento que *deveria parecer* estranho e incompreensível para a sensibilidade moderna. Esses eram os domínios em que as crianças tinham o direito de se divertir! Já basta que o tenhamos feito quando crianças e que tenhamos angariado quase uma antipatia definitiva contra a antiguidade, antipatia nascida de uma familiaridade aparentemente demasiado grande! De fato, a ilusão de nossos educadores clássicos, que pretendiam de alguma forma estar de posse dos antigos, é tamanha que resplandece naqueles que eles educam com a ideia que, embora não seja feita para tornar felizes, essa posse pode pelo menos bastar a pobres velhos ratos de biblioteca, bravos e tolos. "Que eles guardem seu tesouro, que certamente é digno deles!" – com essa silenciosa segunda intenção se completou nossa educação clássica. – Tudo isso é irreparável – pelo menos para nós! Mas não pensemos somente em nós!

196. AS PERGUNTAS MAIS PESSOAIS SOBRE A VERDADE

"O que é que realmente *faço*? Que pretendo alcançar exatamente com isso?" – essa é a questão da verdade, que não se ensina no estado atual de nossa cultura e que, por conseguinte, não a colocamos, pois não se disporia de tempo. Por outro lado, dizer tolices às crianças em vez de lhes falar a verdade, dizer amabilidades às mulheres e não lhes falar a verdade, falar aos jovens de seu futuro e de seus prazeres e não da verdade – para isso encontramos tempo e prazer! – Mas também, o que são setenta anos! – passam depressa; importa tão pouco que a onda saiba para onde a leva o mar! Poderia até mesmo haver nisso alguma prudência *ao não o saber*. – "Admitamos: mas é uma falta de brio não querer sequer se *informar*; nossa civilização não torna os homens altivos." – Tanto melhor. – "Realmente tanto melhor?"

197. A HOSTILIDADE DOS ALEMÃES CONTRA O ILUMINISMO

Passemos em revista as contribuições que, por seu trabalho intelectual, os alemães da primeira metade deste século trouxeram para a cultura geral e, em primeiro lugar, os filósofos alemães: alcançaram o grau primitivo da especulação, pois se satisfaziam com conceitos em vez de explicações, como os pensadores das épocas visionárias – ressuscitaram uma espécie de filosofia pré-científica. Em segundo lugar, os historiadores e os românticos alemães: seus esforços gerais foram orientados no sentido de colocar em lugar de honra sentimentos antigos e primitivos, particularmente o cristianismo, a alma popular, as lendas populares, a linguagem popular, a Idade Média, a ascese oriental, o hinduísmo. Em terceiro lugar, os sábios: lutaram contra o espírito de Newton[70] e de Voltaire[71] e tentaram restabelecer, como Goethe e Schopenhauer, a ideia de uma natureza divinizada ou satanizada, e a significação totalmente moral e simbólica dessa ideia. A principal tendência dos alemães opunha-se, em seu conjunto, ao Iluminismo e também à revolução da sociedade que, por um grosseiro mal-entendido, passava por ser consequência daquele: a piedade pelas coisas estabelecidas tendia a se transformar em piedade por tudo o que havia sido estabelecido outrora, unicamente para permitir que o coração e o espírito *reencontrassem* uma vez mais sua plenitude e não dessem mais espaço a perspectivas futuras e inovadoras. O culto do sentimento foi erguido no lugar do culto da razão e os músicos alemães, enquanto artistas do invisível, da exaltação, do lendário, do desejo infinito, ajudaram a construir o novo templo, com mais sucesso que todos os artistas da palavra e do pensamento. Mesmo tendo em conta o fato de que, no detalhe, inúmeras coisas boas foram ditas e descobertas e que algumas desde então foram julgadas mais equitativamente que outrora, é necessário, contudo, concluir que o conjunto constituía um *perigo público* e, não poucas vezes, o perigo de rebaixar, sob a aparência de um conhecimento total e definitivo do passado, o conhecimento em geral abaixo do sentimento e – para falar com Kant que assim definia sua própria função – "reabrir o caminho à fé, fixando seus ao saber". Respiremos de novo o ar livre: a hora deste perigo passou! E, coisa estranha: os espíritos que os

---

(70) Isaac Newton (1642-1727), físico, matemático e astrônomo inglês (NT).

(71) François Marie Arouet, dito Voltaire (1694-1778), escritor e filósofo francês; dentre suas obras, *Cartas filosóficas, Cândido ou o otimismo, O ingênuo, Zadig ou o destino, A princesa de Babilônia, Tratado sobre a tolerância* (NT).

alemães evocavam justamente com tanta eloquência se tornaram com o tempo os adversários mais perigosos dos desígnios de seus evocadores – a história, a compreensão da origem e da evolução, a simpatia pelo passado, a paixão ressuscitada do sentimento e do conhecimento, tudo isso, depois de ter sido posto durante algum tempo a serviço do espírito obscurecido, exaltado, retrógrado, revestiu um dia outra natureza e agora se eleva, com asas mais amplas, sob os olhos de seus antigos evocadores, e se torna o gênio forte e novo, *justamente desse Iluminismo*, contra o qual havia sido evocado. Este Iluminismo, compete a nós agora fazê-lo progredir – sem nos importarmos de que houve uma "grande revolução" e também uma "grande reação" contra ela, e que tanto a revolução como a reação existem sempre: isso não é, afinal, senão jogo de eventuais ondas em comparação com a onda verdadeiramente grande que *nos* arrasta e na qual queremos estar!

198. Conferir uma posição a seu povo

Ter muitas grandes experiências interiores e repousar nelas e acima delas o olhar do espírito – assim fazem os homens de cultura que conferem uma posição a seu povo. Na França e na Itália, esse era o papel da nobreza, na Alemanha, onde até o presente a nobreza se colocava, em seu conjunto, entre os pobres de espírito (talvez não continue assim por muito tempo), esse era o papel dos padres, dos professores e de seus descendentes.

199. Nós somos mais nobres

Fidelidade, generosidade, pudor da boa reputação: essas três coisas reunidas num só sentimento – é a isso que chamamos *nobre, distinto*, nisso ultrapassamos os gregos. A nenhum preço queremos renunciar a isso, sob o pretexto de que os objetos antigos dessas virtudes decaíram em nossa consideração (e com razão), mas gostaríamos de substituir com precaução objetos novos a essa herança, a mais preciosa de todas. Para compreender que os mais nobres sentimentos dos gregos, no meio de nossa nobreza sempre cavaleiresca e feudal, deveriam ser vistos como medíocres e apenas convenientes, é necessário lembrar-se destas palavras de consolo que saem da boca de Ulisses nas situações ignominiosas: "Suporta isso, querido coração! Já suportaste muitas outras coisas, mais detestáveis ainda! Como um cão![72]". Pode-se colocar em paralelo, como exemplo de aplicação do modelo mítico, a história daquele oficial ateniense que, diante de todo o Estado-maior, ameaçado com um bastão por outro oficial, sacudiu a vergonha com estas palavras. "Bate-me! Mas escuta-me também!" (Foi o que fez Temístocles[73], este hábil Ulisses da época clássica, que era muito homem para dirigir a seu "querido coração", nesse momento ignominioso, essas palavras de consolo na aflição). Os gregos estavam muito longe de encarar levianamente a vida e a morte por causa de um ultraje, como nós fazemos graças a um espírito de aventura, cavaleiresco e hereditário, e de certa necessidade de sacrifício; muito longe também estavam de procurar ocasiões de arriscar honrosamente a vida e a morte como nos duelos; ou ainda de estimar a conservação de um nome sem mancha (honra) mais que a má reputação, quando esta é compatível com a glória e o sentimento de poder; ou ainda de ser fiel aos preconceitos e aos artigos de fé de uma casta, se com isso corriam o risco de impedir a chegada de um tirano. De fato, esse é o segredo pouco nobre de todo bom aristocrata grego: por um profundo ciúme, trata cada um dos seus companheiros de classe em pé de igualdade, mas está constantemente pronto a saltar como um tigre sobre a presa – sobre o poder despótico: que lhe importam então a mentira, o crime, a traição, a perda voluntária de sua cidade natal! A justiça era extremamente difícil aos olhos dessa espécie de homens, passava quase por qualquer coisa de incrível; "o justo", esta palavra soava aos ouvidos dos gregos como "o santo" aos ouvidos dos cristãos. Mas, quando Sócrates chegava a ponto de dizer "O homem virtuoso é o mais feliz", não se acreditava nos próprios ouvidos, pensava-se ter ouvido qualquer coisa de louco. Porque a imagem do mais feliz dos homens evocava em cada cidadão de extração nobre a ausência total de consideração, a perfeição diabólica do tirano que tudo e a todos sacrifica à sua arrogância e a seu prazer. Nos homens que em seus

---

(72) Citação extraída da obra *Odisseia* (XX, 18), do poeta grego Homero, que teria vivido no século IX a.C. (NT).

(73) Temístocles (528-462 a.C.), estadista ateniense que transformou Atenas na maior potência naval da época (NT).

sonhos secretos e selvagens se encantavam com tal felicidade, a veneração do Estado não podia ser implantada com bastante profundidade – mas, na minha opinião, os homens cujo desejo de poder já não conhece essa raiva cega própria desses nobres gregos não têm hoje tanta necessidade dessa idolatria do conceito de Estado, graças ao qual púnhamos outrora um freio a seu desejo.

200. Suportar a pobreza
A grande superioridade da origem nobre é que ela permite suportar melhor a pobreza.

201. Futuro da nobreza
As atitudes do mundo aristocrático mostram que em todos os seus membros o sentimento do poder joga constantemente seu jogo encantador. É assim que o indivíduo de nobres costumes, homem ou mulher, não se deixa levar a gestos de abandono, evita pôr-se à vontade diante de todos, por exemplo, no trem evita encostar-se no espaldar do assento, parece não se cansar quando permanece durante horas de pé no corredor, não constrói sua casa tendo em vista não o conforto, mas para que produza a impressão de algo vasto e imponente, como se ela se destinasse à morada de seres maiores (que vivem mais tempo), responde a palavras provocantes com dignidade e clareza de espírito, não como se estivesse descontrolado, aniquilado, envergonhado, ofegante, à maneira dos plebeus. Assim como sabe conservar a aparência de uma força física superior, sempre presente, deseja igualmente manter, com uma serenidade e delicadeza constantes, mesmo nas situações mais penosas, a impressão que sua alma e seu espírito estão à altura dos perigos e das surpresas. Uma cultura aristocrática pode parecer, do ponto de vista das paixões, quer ao cavaleiro que experimenta um violento prazer em fazer marchar em passo espanhol um animal distinto e fogoso – lembremo-nos da época de Luis XIV –, quer ao cavaleiro que sente seu cavalo fugir debaixo dele como uma força da natureza e que ambos não estão longe de perder a cabeça, mas que se soerguem com altivez, usufruindo prazerosamente de seu andar: nos dois casos, a *cultura* aristocrática respira o poder e, se frequentemente, em seus costu-

mes, não exige mais que a aparência do sentimento de poder, entretanto, o verdadeiro sentimento de superioridade cresce sem cessar pela impressão que esse jogo produz naqueles que não são nobres e pelo espetáculo dessa impressão. – Essa felicidade incontestável da cultura aristocrática, edificada sobre o sentimento de superioridade, começa agora a elevar-se a um nível ainda superior, porque, graças a todos os espíritos livres, é doravante permitido àqueles que nasceram e foram educados na nobreza penetrar sem enfraquecimento na esfera do conhecimento, para ali procurar confirmações mais espirituais e aprender uma cortesia superior; é permitido também olhar para esse ideal de *sabedoria vitoriosa* que nenhuma época conseguiu ainda propor a si mesma com tão boa consciência como a época que está prestes a surgir. E, em último lugar, de que se ocuparia de agora em diante a nobreza, se parece cada dia mais evidente que é *indecente* ocupar-se de política?

202. Cuidados a ter com a saúde

Mal começamos a refletir sobre a fisiologia dos criminosos e logo nos encontramos, contudo, diante da imperiosa certeza de que entre os criminosos e os doentes mentais não há diferença essencial: posto que *consideremos* a maneira *corrente* de pensar como a maneira de pensar própria da *saúde intelectual*. Nenhuma crença é hoje tão bem aceita como essa. Não deveríamos, portanto, ter receio de extrair daí as devidas consequências e tratar o criminoso como um doente mental: sobretudo de não tratá-lo com uma piedade arrogante, mas com uma sabedoria e uma boa vontade de médico. Ele necessita de mudança de ares e de sociedade, de um afastamento momentâneo, talvez de solidão e de nova ocupação – perfeito! Talvez ele veja vantagens em viver certo tempo sob vigilância a fim de encontrar desse modo proteção contra si próprio e seu incômodo *instinto tirânico* – perfeito! É necessário apresentar-lhe claramente a possibilidade e os meios da cura (de extirpar, de transformar, de sublimar esse instinto) e mesmo, no pior dos casos, a improbabilidade dessa cura; deve-se oferecer ao criminoso incurável, que tem horror de si mesmo, a oportunidade de se suicidar. Permanecendo isso reservado, como um meio extremo de obter alívio, nada se deve negligenciar para, acima de tudo, restituir muita coragem e liberdade de espírito ao criminoso; deve-se apagar de sua alma todos os remorsos, como se isso foi questão de limpeza, e sugerir-lhe os meios para remediar e até compensar largamente o prejuízo que ele causou a alguém por meio de um benefício feito a outrem, benefício que talvez supere o erro. Tudo isso com extrema cautela e sobretudo no anonimato ou utilizando novos nomes, com frequentes mudanças de residência, para que a integridade da reputação e a vida futura do criminoso corram o mínimo risco possível. É verdade que atualmente aquele que se sente prejudicado quer sempre *vingar*-se, abstração feita da maneira como se poderia remediar esse prejuízo, e se dirige para isso aos tribunais – é isto que assegura ainda provisoriamente a manutenção do nosso abominável código criminal, com sua balança de merceeiro e *sua vontade de compensar a falta com a pena*. Mas não deveríamos ser capazes de ultrapassar isso? Como ficaria aliviado o sentimento geral da vida se, com a crença na falta, nos pudéssemos nos desembaraçar do velho instinto de vingança e se considerássemos que é uma sutil sabedoria dos homens felizes abençoar os inimigos, como faz o cristianismo, e *fazer o bem* àqueles que nos ofenderam! Expulsemos do mundo a ideia de *pecado* – e enviemos atrás deste a ideia de *punição*! Que esses demônios em exílio vão viver doravante longe dos homens, caso tenham mesmo que viver, e não morrer desgostosos de si mesmos! – Consideremos, no entanto, que os danos causados à sociedade e ao indivíduo pelo criminoso são absolutamente idênticos aos danos que os doentes lhes causam: os doentes espalham preocupação, mau humor, não produzem nada e consomem os rendimentos dos outros, necessitam de vigilantes, de médicos, de sustento material e vivem à custa do tempo e das forças das pessoas saudáveis. Entretanto, trataríamos como desnaturado quem quisesse *vingar*-se de tudo isso contra os doentes. É verdade que antigamente se agia assim; nos estágios rústicos da civilização e ainda hoje, em certos povos selvagens, o doente é efetivamente tratado como criminoso, como perigo para a comunidade e como morada de algum ser demoníaco qualquer que nele se encarnou em consequência de uma falta; – o que significa:

todo doente é um culpado! E nós, não estaríamos ainda amadurecidos para a concepção contrária? Não teríamos ainda o direito de dizer: todo "culpado" é um doente? – Não, ainda não chegou a hora. Sobretudo ainda não existem médicos para os quais aquilo que até agora designamos por moral prática se torne um capítulo da arte ou da ciência de curar; falta ainda de um modo geral esse interesse ávido por essas questões que talvez um dia pareça bastante semelhante ao *Sturm und Drang*[74] que outrora a religião provocava; as igrejas ainda não estão nas mãos daqueles que cuidam dos doentes; o estudo do corpo e do regime sanitário ainda não faz parte das matérias obrigatórias em todas as escolas primárias ou superiores; ainda não existem sociedades discretas de homens que se tivessem comprometido a renunciar ao auxílio dos tribunais, assim como à punição e à vingança das ofensas recebidas; nenhum pensador teve ainda a coragem de medir a saúde de uma sociedade, e dos indivíduos que a compõem, segundo o número de parasitas que ela pode suportar; ainda não foi encontrado nenhum homem de Estado que tenha guiado sua charrua no espírito destas palavras cheias de generosidade e doçura: "Se queres cultivar a terra, cultiva-a com a charrua: farás então a alegria do pássaro e do lobo que vão atrás da charrua – *farás a alegria de todas as criaturas*".

203. Contra o mau regime

Fora com as refeições que os homens hoje fazem, tanto nos restaurantes como onde quer que viva a classe abastada da sociedade! Mesmo quando os sábios reputados, são costumes semelhantes que carregam sua mesa, precisamente como aquela dos banqueiros: segundo o princípio da maior abundância e da multiplicidade – disso se segue que os manjares são preparados em vista do efeito e não das consequências e que as bebidas excitantes devem contribuir para tirar o peso do estômago e do cérebro. Fora com a dissolução e com a sensibilidade exagerada que tudo isso acarreta! Fora com os sonhos que esses tais devem ter! Fora com as artes e os livros que devem servir de sobremesa a esses banquetes!

---

(74) "Tempestade e pressão", com o sentido figurado de titanismo, impetuosidade.

E que ajam como quiserem, seus atos serão regidos pela pimenta e pela contradição ou pelo cansaço do mundo! (As classes ricas na Inglaterra necessitam de seu cristianismo para poder suportar sua má digestão e suas dores de cabeça). No final das contas, para dizer não somente tudo o que isso tem de desgostoso, mas também de divertido, esses homens não são de modo nenhum boêmios; nosso século e seu tipo de atividade têm mais poder sobre as extremidades do que sobre o ventre. Que significam então esses banquetes? – *Representam*! Mais o quê, santo Deus? A classe social? – Não, o dinheiro: as classes acabaram! Só existe o "indivíduo"! Mas o dinheiro significa poder, glória, preeminência, dignidade, influência; o dinheiro atribui agora a um homem, em função de quanto ele possui, a grandeza ou a pequenez do preconceito! Ninguém quer esconder seu dinheiro, ninguém quer exibi-lo sobre a mesa; é necessário, portanto, que o dinheiro tenha um representante que se possa pôr sobre a mesa: vejam nossas refeições!

204. Dânae[75] e o Deus ouro

De onde vem essa excessiva impaciência que faz atualmente do homem um malfeitor, em situações que melhor explicariam tendências contrárias? Pois, se este utiliza pesos falsos, se aquele põe fogo à sua casa depois de tê-la segurado acima de seu valor, se um terceiro é implicado na fabricação de moeda falsa, se três quartos da alta sociedade se dedicam à fraude lícita e se carregam a consciência de operações da bolsa e de especulações: o que os impele? Não é a autêntica necessidade, sua vida não é tão precária assim, eles comem e bebem sem preocupação – mas o que os impele, dia e noite, é uma impaciência terrível quando veem o dinheiro acumular-se demasiado lentamente e a alegria e o amor igualmente terríveis que desperta neles o dinheiro acumulado. Nessa impaciência e nesse amor, contudo, reaparece esse fanatismo do *desejo de poder* que inflamou outrora a crença de estar de posse da verdade, esse

---
(75) Segundo a mitologia grega, Dânae era filha de Acrísio, rei de Argos; como o oráculo havia predito que ela teria um filho que mataria o avô, Acrísio mandou encerrá-la numa prisão subterrânea; Zeus se encantou de tal forma com a beleza de Dânae que penetrou na prisão disfarçado em chuva de ouro, fecundando a jovem, que foi mãe de Perseu; este, anos mais tarde, matou involuntariamente o avô nos jogos públicos (NT).

fanatismo que usava tão belos nomes que se podia ousar ser humano com *boa consciência* (queimar judeus, hereges e bons livros e exterminar inteiramente civilizações superiores como as do Peru e do México). Os meios utilizados pelo desejo de poder mudaram, mas o mesmo vulcão ferve sempre, a impaciência e o amor desmesurado reclamam suas vítimas: o que outrora se fazia "por amor a Deus", hoje se faz por amor ao dinheiro, isto é, àquilo que *hoje* confere o sentimento de poder mais elevado e a boa consciência.

205. Sobre o povo de Israel

Entre os espetáculos para que nos convida o próximo século, é preciso colocar o regulamento definitivo do destino dos judeus europeus. É de todo evidente agora que eles lançaram seus dados, que atravessaram o Rubicão[76]: não lhes resta senão se tornarem os senhores da Europa ou perder a Europa como perderam outrora o Egito, onde se haviam deparado com semelhante alternativa. Na Europa, porém, tiveram uma escola de dezoito séculos, coisa que nenhum outro povo pôde pretender, e isso de tal maneira que não foi tanto a comunidade, mas sobretudo os indivíduos que lucraram com as experiências desse espantoso período de provas. A consequência disso é que, entre os judeus atuais, os recursos da alma e do espírito são extraordinários; entre todos os habitantes da Europa, são eles que, na desgraça, têm mais raramente o recurso à bebida ou ao suicídio para sair de um embaraço profundo – o que é tão tentador para qualquer pessoa menos capacitada. Todo judeu encontra na história de seus pais e de seus antepassados uma fonte de exemplos de raciocínio frio e de perseverança em situações terríveis, da mais sutil utilização da desgraça e do acaso pela astúcia; sua coragem sob a capa de uma submissão humilhante, seu heroísmo do *spernere se sperni*[77] ultrapassa as virtudes de todos os santos. Durante dois mil anos se quis torná-los

---

(76) Rubicão (*Rubicone*, em italiano) é o nome de um rio da Itália; na época da República romana, marcava a fronteira entre a Gália Cisalpina e a Itália; no ano 49 a.C., Júlio César, que era governador da Gália, atravessou-o ilegalmente para marchar com seu exército sobre Roma, provocando a guerra contra Pompeu, confronto bélico que depois se transformou em guerra civil. César, no fim, levou a melhor e se tornou o primeiro imperador de Roma. Subsiste ainda hoje a expressão *atravessar o Rubicão*, que significa superar uma dificuldade enorme ou tomar uma decisão audaciosa e irrevogável (NT).

(77) Expressão latina que significa "desprezar de ser desprezado, menosprezar por ser menosprezado" (NT).

desprezíveis tratando-os com desprezo, impedindo-lhes o acesso a todas as honras, a tudo o que existe de honroso, impelindo-os pelo contrário para baixo, para os trabalhos mais sórdidos – para dizer a verdade, esse procedimento não os tornou mais decentes. Mais desprezíveis, talvez? Eles mesmos nunca deixaram de se considerar votados às maiores coisas e as virtudes de todos aqueles que sofrem nunca deixaram de embelezá-los. A maneira como eles honram os pais e os filhos, a razão que preside a seus casamentos e a seus hábitos matrimoniais os distingue entre todos os europeus. Além disso, eles se empenharam em extrair precisamente um sentimento de poder e de vingança eterna dos trabalhos que deixávamos para eles (ou às quais nós os abandonávamos); é preciso até dizer, em desconto de sua usura, que sem essa tortura de seus depreciadores, às vezes agradável e vantajosa, dificilmente teriam chegado a considerar-se a si próprios durante tanto tempo. De fato, a estima por nós mesmos está ligada à possibilidade de fazer o bem e o mal. Com isso, os judeus não se deixaram levar muito longe pela vingança; pois todos eles têm a liberdade de espírito e também a da alma que produzem no homem a mudança frequente de lugar, de clima, o contato com os costumes dos vizinhos e dos opressores; possuem a maior experiência de todas as relações com os homens e, mesmo na paixão, conservam a prudência nascida dessa experiência. Estão tão seguros de sua maleabilidade intelectual e de sua habilidade que nunca têm necessidade, mesmo nas situações mais difíceis, de ganhar o pão pela força física, como trabalhadores rústicos, carregadores, escravos agrícolas. Vemos ainda por suas maneiras que nunca lhes inculcamos sentimentos cavaleirescos e nobres na alma nem lhes pusemos belas armaduras em seu corpo: algo de indiscreto alterna com uma deferência muitas vezes terna e quase sempre penosa. Mas agora, que ano após ano se aliaram inevitavelmente com a melhor nobreza da Europa, logo terão conquistado uma herança considerável nas boas maneiras do espírito e do corpo: de modo que, dentro de cem anos, já terão o porte suficientemente aristocrático para não provocar, como senhores, a *vergonha* daqueles que lhes serão submissos. E é isso que importa! É por isso que uma regulamentação de seu caso é ainda prematura! Eles são os primeiros a saber que não se trata para eles de uma conquista da Europa nem de qualquer tipo de violência: mas sabem também que a Europa, como um fruto maduro, deverá cair um dia em suas mãos, bastando para tanto estendê-las. Esperando, é necessário para eles se distinguir em todos os domínios da distinção europeia e se posicionar entre os primeiros, até que sejam eles próprios a determinar o que distingue. Serão então os inventores e os guias dos europeus e não ofenderão mais o pudor destes. É essa abundância de grandes impressões acumuladas que constitui a história judaica para todas as famílias judias, essa abundância de paixões, de virtudes, de decisões, de renúncias, de combates, de vitórias de toda espécie – a que deverá chegar finalmente com grandes obras e com grandes homens intelectuais! Então, quando os judeus puderem mostrar como sua obra de pedras preciosas e de taças de ouro, tais que os povos europeus de experiência mais curta e menos profunda não podem nem puderam produzir – quando Israel tiver transformado sua vingança eterna em bênção eterna da Europa: então retornará esse sétimo dia em que o velho Deus dos judeus poderá se alegrar consigo mesmo, por sua criação e por seu povo eleito –, e todos nós, todos, queremos nos alegrar com ele!

206. A IMPOSSÍVEL CLASSE

Pobre, alegre e independente! – Essas qualidades podem estar reunidas numa única pessoa; pobre, alegre e escravo! – Isso também é possível – e eu não poderia dizer nada de melhor aos operários escravos das fábricas: supondo que isso não lhes pareça em geral como uma *vergonha* de serem *utilizados*, quando isso ocorre, como o parafuso de uma máquina e de algum modo como tapa-buraco do espírito inventivo dos homens. Com os diabos acreditar que, por um salário mais elevado, o que há de essencial em sua desgraça, isto é, sua subserviência impessoal, pudesse ser supresso! Com os diabos deixar-se convencer que, por um aumento dessa impessoalidade no meio das engrenagens de uma nova sociedade, a vergonha do escravo pudesse ser transformada em virtude! Com os diabos ter um preço mediante o qual se deixa de ser uma pessoa para passar a ser uma engrenagem! Vocês são cúmplices da loucura atual das nações que não pensam senão em produzir muito e em enriquecer o mais possível? Sua tarefa seria de lhes apresentar outro abatimento, de lhes mostrar que grandes somas de valor interior são *dissipadas* para um objetivo tão exterior! Mas onde está seu valor interior, se vocês não sabem mais o que é respirar livremente? Se mal sabem se possuir vocês mesmos? Se estão cansados demais de vocês mesmos, como uma bebida que perdeu seu frescor? Se prestam atenção aos jornais e espiam seu vizinho rico, devorados de inveja ao ver a subida e a queda rápida do poder, do dinheiro e das opiniões? Se não têm mais fé na filosofia esfarrapada, na liberdade de espírito do homem sem necessidades? Se a pobreza voluntária e idílica, a ausência de profissão e o celibato, que deveriam convir perfeitamente aos mais intelectuais dentre vocês, se tornaram objeto de zombaria? Em compensação, a flauta socialista dos apanhadores de ratos lhes ressoa sempre aos ouvidos – esses apanhadores de ratos que querem inflamá-los em esperanças absurdas! Que lhes dizem de estar *prontos* e nada mais, prontos de hoje para amanhã, de modo que vocês esperam algo de fora, esperam sem cessar, vivendo de resto como sempre – até que essa espera se transforma em fome e sede, em febre e loucura, e que se ergue finalmente, em todo o seu esplendor, o dia da besta triunfante! – Pelo contrário, cada um deveria pensar por si: "Antes emigrar, para procurar tornar-me senhor em regiões selvagens e intactas do mundo e sobretudo para me tornar senhor de mim mesmo; mudar de lugar mal um sinal de escravidão contra mim se manifeste; não evitar a aventura e a guerra e, no pior dos acasos, estar pronto para morrer: contanto que não seja necessário suportar mais essa indecente servidão para não me tornar venenoso e conspirador!". Esse é o estado de espírito que conviria ter: os operários na Europa deveriam se considerar doravante como uma verdadeira impossibilidade *como classe,* e não como algo de duramente condicionado e impropriamente organizado; deveriam suscitar uma época de grande enxame para fora da colmeia europeia, como nunca antes vista, e protestar por meio desse ato de liberdade de estabelecimento um ato de grande estilo contra a máquina, o capital e a alternativa que hoje os ameaça: *dever* escolher entre ser escravo do Estado ou escravo de um partido revolucionário. Pudesse a Europa livrar-se de um quarto de seus habitantes! Seria um alívio para ela e para eles. Somente ao longe, nos empreendimentos dos colonos partindo aos enxames para a aventura, se poderia finalmente reconhecer quanto de bom senso e de equidade, quanta sã desconfiança a mãe Europa inculcou em seus filhos – nesses filhos que não podiam mais suportar viver ao lado dela, essa velha mulher embrutecida, e que corriam o risco de se tornarem melancólicos, irritadiços e gozadores como ela. Fora da Europa, seriam as virtudes da Europa que viajariam com esses trabalhadores e o que na pátria começava a degenerar em perigoso descontentamento e em tendências criminosas, fora dela ganharia um caráter selvagem e belo e seria chamado heroísmo. – Assim é que um ar mais puro sopraria finalmente sobre a velha Europa, atualmente superpovoada e dobrada sobre si mesma! E que importa se então nos faltará um pouco de "braços" para o trabalho! Talvez nos lembraríamos então que nos habituamos a numerosas necessidades somente desde que se tornou *fácil* satisfazê-las – bastaria esquecer algumas necessidades! Talvez iríamos então introduzir *chineses*: e estes trariam a maneira de pensar e de viver que convêm às formigas trabalhadoras. Sim, no conjunto, poderiam até mesmo contribuir para infundir no sangue da Europa turbulenta e que se extenua um pouco de calma e de contemplações asiáticas e – o que certamente é bem mais necessário – um pouco de *persistência* asiática.

207. Como se comportam os alemães diante da moral

Um alemão é capaz de grandes coisas, mas é pouco provável que as realize, pois ele obedece *onde pode*, como convém aos espíritos preguiçosos por natureza. Se for colocado numa situação perigosa de ficar só e sacudir sua preguiça, se não lhe for mais possível esconder-se como um número numa soma (nessa qualidade tem infinitamente menos valor que um francês ou um inglês) –

descobrirá suas forças: torna-se então perigoso, mau, profundo, audacioso, e traz à luz do dia o tesouro de energia latente que conserva em si, um tesouro no qual, por outra, ninguém acredita (nem sequer ele próprio). Quando, num caso desse gênero, um alemão obedece a si próprio – é a grande exceção –, ele o faz com o mesmo peso, a mesma inflexibilidade, a mesma resistência que aplica habitualmente a obedecer a seu soberano e a seus deveres profissionais: embora, como dizíamos, ele tenha então envergadura para fazer grandes coisas que não têm qualquer relação com a "fraqueza de caráter" que ele julga possuir. Mas habitualmente receia depender apenas *de si*, receia *improvisar* (é por isso que a Alemanha consome tantos funcionários e tanta tinta). – A leveza de caráter lhe é estranha, é muito temeroso para se abandonar a ela; mas, em situações totalmente novas, que o arrancam de seu torpor, é quase de *espírito* frívolo; usufrui então da raridade de sua nova situação como de uma bebedeira, e ele se reconhece na bebedeira! Assim, o alemão é hoje quase frívolo em política: se bem que aí também ele tenha por si o preconceito da profundidade e da seriedade, que ele não deixa de explorar em suas relações com as outras forças políticas, e está, contudo, cheio de uma arrogância secreta, com a ideia de poder finalmente divagar, seguir os caprichos e seus gostos por novidades, mudar pessoas, partidos e esperanças como se fossem máscaras. – Os sábios alemães, que pareciam ser até agora os mais alemães dos alemães, eram e são talvez ainda tão bons como os soldados alemães, graças à sua tendência profunda e quase infantil para a obediência em todas as coisas exteriores, graças também à necessidade de se encontrarem muitas vezes isolados na ciência e de terem de responder a muitas coisas; se eles sabem proteger seu estilo orgulhoso, simples e paciente, e sua independência das loucuras políticas em tempos em que o vento sopra em outras direções, é ainda possível esperar deles grandes coisas; tal como são (ou eram) representam, em estado embrionário, qualquer coisa de *superior*. – A vantagem e a desvantagem dos alemães, mesmo entre seus sábios, é que se encontravam até agora mais próximos da superstição e da necessidade de crer que os outros povos; seus vícios continuam a ser, hoje como ontem, a embriaguez e a tendência ao suicídio (este último é um sinal do peso de um espírito que se deixa facilmente levar a abandonar as rédeas); o perigo para eles reside em tudo o que bloqueia as forças da razão e desencadeia as paixões (como o uso excessivo da música e das bebidas alcoólicas): pois a paixão alemã se volta contra o que lhe é pessoalmente útil, é por si mesma destrutiva, como aquela da embriaguez. O próprio entusiasmo tem menos valor na Alemanha que em outros lugares, pois é estéril. Se um alemão realizou qualquer coisa de grande, foi sob a pressão do perigo, num momento de bravura, com os dentes cerrados, o espírito tenso e muitas vezes com uma inclinação à generosidade. – Poder-se-ia aconselhar a colocar-se em contato frequente com os alemães – pois cada alemão tem qualquer coisa a dar, se se souber conduzi-lo a *encontrá*-la, a *reencontrá*-la (pois ele é fundamentalmente desordenado). – Mas se um povo desse gênero se ocupa de moral: qual será a moral que justamente o haverá de satisfazer? Antes de tudo, ele vai querer certamente que sua tendência cordial a obedecer pareça idealizada. "O homem deve ter qualquer coisa a que possa *obedecer* sem condições" – esse é um sentimento alemão, uma consequência da lógica alemã: é encontrado na base de todas as doutrinas morais alemãs. Como é diferente a impressão que se sente diante de toda a moral antiga! Todos os pensadores gregos, por diversa que seja a imagem que nos é proposta, parecem semelhantes, enquanto moralistas, a esse professor de ginástica que exorta um jovem: "Vem! Segue-me! Confia-te à minha disciplina! Chegarás talvez então a alcançar um mérito maior do que todos os gregos". A distinção pessoal – esta é a virtude antiga. Submeter-se, obedecer publicamente ou em segredo – esta é a virtude alemã. – Muito tempo antes de Kant e de seu imperativo categórico, Lutero havia dito, guiado pelo mesmo sentimento, que devia existir um ser no qual o homem pudesse confiar de modo absoluto – esta era sua *prova* da existência de Deus; ele queria, mais rude e mais plebeu que Kant, que se obedecesse cegamente não a uma ideia, mas a uma pessoa e, no final das contas, Kant efetuou seu desvio pela moral apenas para chegar à *obediência para com a pessoa*: é exatamente o culto do alemão, qualquer que seja o traço imperceptível de culto que tenha restado em sua religião. Os gregos e os romanos tinham outros sentimentos e teriam ridicularizado um tal "*deve haver um ser*": era próprio de sua liberdade de sentimento totalmente meridional se precaverem contra a "confiança absoluta" e conservar no último reduto do coração um leve ceticismo em relação a tudo e a todos, fosse ele deus, homem ou ideia. O filósofo antigo vai mais longe ainda! *Nil admirari*[78] – nesta frase ele vê toda a filosofia. E um alemão, penso em Schopenhauer, chega ao ponto de dizer o contrário: *Admirari, id est philosophari*[79]. – Que se passará então, se um dia, como acontece às vezes, o alemão se encontrar na situação em que é capaz de *grandes coisas*? Se chegar a hora da *exceção*, a hora da desobediência? – Não creio que Schopenhauer tenha razão ao dizer que a única vantagem dos alemães sobre os outros povos reside no fato de que entre eles há mais ateus do que entre os outros – mas sei de uma coisa: quando o alemão está na situação em que é capaz de grandes coisas, *ele se eleva sempre acima da moral*! E por que não o faria? E agora está na situação de fazer alguma coisa de novo, isto é, comandar – a si ou aos outros! Ora, é justamente comandar que sua moral alemã não o ensinou! A arte de comandar está nele esquecida!

---

(78) Expressão latina que significa "não se surpreender com nada" (NT).
(79) Frase latina que significa "surpreender-se, isto é, filosofar" (NT).

LIVRO QUARTO

208. QUESTÃO DE CONSCIÊNCIA
"E, em resumo, que querem afinal de novo?" – Não queremos mais que as causas sejam pecados, e os efeitos, carrascos.

209. A UTILIDADE DAS TEORIAS MAIS SEVERAS
Somos indulgentes com as fraquezas morais de um homem e, se o passarmos por um crivo, é somente pela malha larga deste que ele confessa sempre sua fé numa *moral* severa. Em compensação, sempre examinamos no microscópio a vida dos moralistas de espírito livre: com a segunda intenção de que um passo em falso na vida seria o melhor argumento contra um conhecimento indesejável.

210. O QUE É "EM SI"
Outrora perguntava-se: o que faz rir? Como se houvesse, fora de nós mesmos, coisas cuja propriedade fosse fazer rir e então as pessoas se perdiam em conjeturas (um teólogo julgava mesmo que fosse "a ingenuidade do pecado"). Hoje costuma-se perguntar: o que é o riso? Como se produz? Refletiu-se e finalmente se determinou que em si não há nada de bom, nada de belo, nada de sublime, nada de mau, mas antes estados de alma que levam a atribuir às coisas fora de nós mesmos esses qualifi-

cativos. *Retiramos* então esses atributos às coisas ou pelo menos recordamos que fomos nós que os *atribuímos* a elas: – cuidemos para que essa convicção não nos faça perder a *faculdade* de atribuir, cuidemos para não nos tornarmos ao mesmo tempo *mais ricos e mais avaros.*

211. PARA AQUELES QUE SONHAM A IMORTALIDADE

Desejam, portanto, a *duração eterna* dessa bela consciência de vocês mesmos? Não é vergonhoso? Esquecem todas as outras coisas que, por sua vez, teriam de suportá-*los* por toda a eternidade como os suportaram até agora com uma paciência mais que cristã? Ou julgam que seu aspecto possa lhes proporcionar um sentimento de bem-estar eterno? Um único homem imortal na terra bastaria para inspirar a tudo o que o envolvesse um tal *desgosto* que dele resultaria uma verdadeira epidemia de suicídio! E vocês, pobres habitantes da terra como são, com seus pequenos conceitos de alguns milhares de minutos no tempo, querem estar eternamente dependentes da existência eterna e universal! Há algo de mais inoportuno? – Mas, no final das contas, sejamos indulgentes com um ser de setenta anos! – Ele não pôde exercer a imaginação para descrever seu *próprio* "aborrecimento eterno" – faltou-lhe tempo!

212. EM QUE NOS CONHECEMOS

Desde que um animal percebe outro, mede-se com ele em pensamento: os homens das épocas selvagens agiam da mesma maneira. De onde se segue que quase cada homem só aprende a conhecer-se com relação à sua força de defesa e de ataque.

213. OS HOMENS DE VIDA FALHA

Alguns são modelados de tal matéria que é permitido à sociedade *fazer* deles isto ou aquilo: sob todos os aspectos, eles se sentirão bem e não terão de se queixar de uma vida falha. Outros são modelados de uma matéria muito especial – não é preciso que seja particularmente nobre, mas apenas mais rara – para que possam não se sentir insatisfeitos, salvo num só caso, aquele em que poderiam viver segundo seus únicos objetivos que lhes é possível ter: – em todos os outros casos, a sociedade sofre o prejuízo. De fato, tudo o que aparece ao indivíduo como vida falha, sem êxito, todo o seu fardo de desencorajamento, de impotência, de doença, de irritabilidade, de avidez, ele lança sobre a sociedade – e é assim que se forma em torno dele uma atmosfera viciada e pesada ou, no caso mais favorável, uma nuvem de tempestade.

214. PARA QUE CONSIDERAÇÃO!

Vocês sofrem e exigem que sejamos indulgentes para com vocês quando seu sofrimento os leva a serem injustos com as coisas e com os homens! Mas que importa a consideração que temos! Vocês deveriam, contudo, ser mais *circunspectos* em seu próprio interesse! Que bela maneira de se indenizar do sofrimento, usando este acréscimo de *prejuízo em seu julgamento*! É sobre vocês mesmos que recai sua vingança quando difamam alguma coisa; perturbam assim sua vista e não só a dos outros: vocês se habituam a *ver torto e de viés*!

215. A MORAL DAS VÍTIMAS

"Sacrificar-se com entusiasmo", "imolar-se a si próprio" – esses são os clichês de sua moral e acredito de boa vontade que, como vocês o dizem, estão "de boa fé": mas eu os conheço melhor que vocês mesmos, se sua "boa fé" é capaz de andar de braço dado com semelhante moral. Olham do mais alto essa outra moral sóbria que exige o domínio de si, a severidade, a obediência, vocês chegam a chamá-la egoísta e certamente! – vocês *são* sinceros com vocês mesmos ao dizer que ela lhes desagrada – *é necessário* que lhes desagrade! De fato, ao sacrificar-se com entusiasmo, ao imolar-se a vocês mesmos, usufruem com embriaguez da ideia de não ser mais que *um* com o poderoso, seja deus ou homem, ao qual vocês se consagram: saboreiam o sentimento de seu poder que torna a afirmar-se com um sacrifício. Na realidade, só se sacrificam *na aparência*, sua imaginação os torna deuses e usufruem de vocês mesmos como se fossem deuses. Avaliada do ponto de vista dessa fruição, como lhes parece fraca e pobre essa moral "egoísta" da obediência, do dever, da razão: desagrada porque aqui é preciso sacrificar e imolar de verdade, *sem* que o autor do sacrifício tenha como vocês a ilusão de ser metamorfoseado em deus. Numa palavra, *vocês* querem a embriaguez e o excesso, e essa moral que desprezam se ergue *contra* a embriaguez e *contra* o excesso – creio realmente que ela lhes causa desprazer!

216. Os maus e a música

A perfeita felicidade do amor que há na *confiança absoluta* teria algum dia podido acontecer a pessoas que não fossem profundamente desconfiadas, más e irritadiças? De fato, estas gozam no amor de um formidável estado de *exceção* de seu espírito, que lhes parece incrível e no qual jamais acreditaram. Um belo dia são submergidos por esse sentimento ilimitado, semelhante a uma visão, contrastando com todo o resto de sua vida secreta e visível: como um delicioso enigma, uma maravilha com centelhas douradas, ultrapassando todas as palavras e todas as imagens. A confiança absoluta torna mudo; há até uma espécie de sofrimento e de peso nesse feliz mutismo; é por isso que essas almas, oprimidas pela felicidade, experimentam geralmente mais reconhecimento para com a *música* do que todas as outras, ainda que melhores: pois, por meio da música, veem e ouvem, como numa nuvem colorida, seu amor tornado de algum modo mais *distante*, mais comovente e menos pesado; a música constitui para essas almas o único meio de ser *espectadora* de seu estado de exceção e de participar de seu aspecto, com uma espécie de afastamento e de alívio. Qualquer amante pensa, ao ouvir música: "Ela fala de mim, fala em meu lugar, *ela sabe tudo!*".

217. O artista

Os alemães querem ser transportados pelo artista a uma espécie de paixão sonhada; os italianos querem, graças a ele, descansar de suas paixões verdadeiras; os franceses querem que lhes ofereça uma ocasião de comprovar seu juízo e um pretexto para discorrer. Sejamos, pois, equilibrados!

218. Agir como artista com as próprias fraquezas

Se é absolutamente necessário que tenhamos fraquezas e que tenhamos também de reconhecê-las como leis acima de nós, desejo a cada um suficientes capacidades artísticas para saber dar relevo a suas virtudes por meio de suas fraquezas, de modo a nos tornar, por suas fraquezas, ávidos de suas virtudes: foi o que os grandes músicos souberam fazer num grau tão excepcional. Há com frequência na música de Beethoven[80] um tom grosseiro, presumido, impaciente; em Mozart[81], uma jovialidade de homem honesto, cujo coração e espírito devem contentar-se; em Richard Wagner[82], uma inquietude fugaz e insinuante, em que o paciente está *a ponto de* perder seu bom humor: mas é então que o compositor retoma sua força, como os primeiros. Todos criaram em nós, por suas fraquezas, uma fome devoradora de suas virtudes e tornaram nosso paladar dez vezes mais sensível a cada gota de espírito sonoro, de beleza sonora, de bondade sonora.

219. O DISPARATE NA HUMILHAÇÃO

Causaste, por tua desrazão, um sofrimento infinito a teu próximo e destruíste irremediavelmente sua felicidade; agora vences tua vaidade e vais te humilhar junto dele, renuncias diante dele à tua desrazão e pensas que, depois dessa cena difícil, extremamente penosa para ti, tudo está resolvido, que o dano voluntário de tua honra compensa o dano involuntário da felicidade do outro: repleto desse sentimento, tu te afastas, reconfortado, com a virtude reconquistada. Mas o outro conservou a profunda dor que tinha antes, não há nada de consolador para ele no fato de seres irrazoável e o teres confessado; ele se lembra até do penoso espetáculo que lhe ofereceste quando te desprezaste diante dele, como de uma nova ferida de que te é devedor; mas não pensa na vingança e não compreende como, entre ti e ele, alguma coisa poderia ser *reparada*. No fundo, representaste esse papel diante de ti mesmo e para ti mesmo: convidaste uma testemunha, novamente por tua causa, e não por causa dele – não te iludas!

---

(80) Ludwig van Beethoven (1770-1827), compositor alemão (NT).
(81) Wolfgang Amadeus Mozart (1756-1791), compositor austríaco (NT).
(82) Richard Wagner (1813-1883), compositor alemão; Nietzsche e Wagner eram grandes amigos, mas depois romperam relações de forma radical e irrevogável, fato que Nietzsche descreve em seu opúsculo *O caso Wagner* (NT).

220. A DIGNIDADE E O TEMOR
As cerimônias, os costumes de aparato e de dignidade, os rostos sérios, os ares solenes, os discursos indiretos e tudo o que, em geral, se chama dignidade: é a forma de dissimular própria daqueles que carregam o temor no fundo de si mesmos; querem desse modo inspirar temor (deles próprios ou daquilo que representam). Os homens sem temor – isto é, originariamente aqueles que são sempre e indubitavelmente terríveis – não têm necessidade de dignidade nem de cerimônias; por suas palavras e atitudes, sustentam o bom e mais ainda o mau renome da honestidade e da lealdade para indicar que têm consciência de seu caráter terrível.

221. MORALIDADE DO SACRIFÍCIO
A moralidade que se avalia segundo o espírito de sacrifício é aquela de uma semisselvageria. A razão deve obter uma vitória difícil e sangrenta no íntimo da alma, deve abater terríveis instintos contrários; isso não é possível sem uma espécie de crueldade, como nos sacrifícios exigidos pelos deuses canibais.

222. ONDE O FANATISMO É DESEJÁVEL
Não se pode entusiasmar as naturezas fleumáticas sem fanatizá-las.

223. O OLHO TEMÍVEL
Não há nada que os artistas, os poetas, os escritores receiem mais que o olho que percebe sua *pequena fraude*, que percebe imediatamente que muitas vezes se detiveram no limite, antes de se entregar à inocente alegria de se contentar a si mesmos ou de cair nos efeitos fáceis; o olho que verifica se não há pequenas coisas que quiseram vender muito caro, se não tentaram exaltar e embelezar, sem ser eles próprios exaltados; o olho que, por meio de todos os artifícios de sua arte, vê o pensamento como se apresentava inicialmente diante deles, talvez como uma encantadora visão de luz, mas talvez também como um plágio perpetrado à custa de todos, como um pensamento banal que querem estender, encurtar, colorir, desenvolver, temperar, para fazer dele alguma

coisa. – Oh! Esse olho que reconhece em sua obra toda a sua inquietude, sua espionagem e sua avidez, sua imitação e seu exagero (que não passa de imitação invejosa), que conhece o rubor de sua vergonha como sua arte de dissimular esse rubor e de lhe conferir outro sentido diante de vocês mesmos!

224. O QUE HÁ DE "EDIFICANTE" NA INFELICIDADE ALHEIA
Ele está infeliz e eis que chegam os "apiedados", os "compassivos", que lhe arrancam a infelicidade. – Quando vão embora, no fim, satisfeitos e edificados, estão repletos do espanto do infeliz como de seu próprio espanto e passaram uma bela tarde.

225. MEIO DE SER RAPIDAMENTE DESPREZADO
Um homem que fala depressa e muito cai extraordinariamente baixo em nossa estima, dentro de muito pouco tempo, mesmo se fala de modo sensato – e não só na proporção do aborrecimento que nos causa, mas muito mais baixo. De fato, pensamos que já se tornou inoportuno a muita gente e acrescentamos ao desprezar que nos causa todos os outros desprazeres que supomos que nos tenha causado.

226. DAS RELAÇÕES COM AS CELEBRIDADES
A – Mas por que evitas este grande homem?
B – Não gostaria de aprender a ignorá-lo! Nossos defeitos não concordam juntos: eu sou míope e desconfiado, e ele usa os diamantes falsos com tanto prazer como os verdadeiros.

227. ACORRENTADOS
Cuidado com todos os espíritos acorrentados! Por exemplo, com mulheres inteligentes que o destino confinou num local mesquinho e limitado, onde envelhecem. Elas estão lá, deitadas ao sol, aparentemente preguiçosas e meio cegas: mas cada passo estranho, toda espécie de imprevisto as leva a se sobressaltar e a mostrar os dentes; vingam-se de tudo o que conseguiu escapar de seu canil.

228. Vingança no elogio

Aí está uma página cheia de elogios e vocês dizem que ela é desinteressante: mas, se descobrem que há vingança dissimulada nesses elogios, vão achar essa página quase muito sutil e vão se divertir muito com sua riqueza de pequenos traços e figuras audaciosas. Não é o próprio homem, mas sua vingança que é sutil, tão rica e tão inventiva; ele próprio mal se dá conta disso.

229. Altivez

Ai! Nenhum de nós conhece o sentimento que experimenta o torturado depois da tortura, quando foi reconduzido à sua cela com seu segredo! – Ele o guarda ainda entre os dentes. Como querem conhecer o júbilo da altivez humana!

230. "Utilitário"

Hoje, os sentimentos entrecruzam-se nas questões de moral, a ponto de, para um, demonstrarmos a moral por sua utilidade e, para outro, a refutarmos precisamente por sua utilidade.

231. Da virtude alemã

Como um povo deve ser degenerado em seu gosto, servil diante das dignidades, das categorias sociais, dos costumes, da pompa e do aparato, para considerar o que é simples como mau, o homem simples (*schlicht*) como homem mau (*schlecht*)! É preciso opor sempre ao orgulho moral dos alemães esta pequena palavra "mau" e nada mais!

232. Extrato de uma discussão

A – Meu amigo, você ficou rouco de tanto falar!
B – Estou, portanto, refutado. Não falemos mais disso!

233. Os "conscienciosos"

Notaram quais eram os homens que conferiam a maior importância à consciência mais severa? Aqueles que conhecem muitos sentimentos miseráveis, que pensam em si mesmos com receio e que têm medo dos outros, aqueles que querem esconder o melhor possível seu intimo – tentam *se impor a si próprios* por essa severidade conscienciosa e esse rigor do dever, graças à impressão severa e dura que os outros (sobretudo os subordinados) devem ter deles.

234. Receio da celebridade

A – Que alguém se furte à própria celebridade, que ofenda deliberadamente seus elogiadores, que receie ouvir juízos pronunciados contra ele, por medo do elogio – *isso se encontra, isso existe* – quer você acredite ou não!

B – Isso se encontra, isso existe! Só um pouco de paciência, jovem arrogante!

235. Recusar agradecimentos

Pode-se muito bem recusar um pedido, mas nunca se tem o direito de recusar agradecimentos (ou, o que é o mesmo, aceitá-los friamente e de maneira convencional). Isso ofenderia profundamente – e por quê?

236. Punição

Que coisa estranha nossa maneira de punir! Não purifica o criminoso, não é uma expiação: pelo contrário, suja mais que o próprio crime.

237. Perigo num partido

Em quase todos os partidos há uma aflição ridícula, mas que não é desprovida de perigo: sofrem com ela todos aqueles que durante longos anos foram fiéis e dignos defensores da opinião do partido e que um dia percebem subitamente que alguém muito mais poderoso se apoderou da trombeta. Como poderiam suportar serem reduzidos ao silêncio? E é por isso que levantam o tom e, às vezes, até mesmo o alteram.

238. A aspiração à elegância

Se uma natureza vigorosa não tem inclinação à crueldade e não se ocupa constantemente de si própria, aspira involuntariamente à *elegância* – é sua *marca distintiva*. Os caracteres fracos, ao contrário, amam os juízos rudes – eles se associam aos heróis do desprezo da humanidade, aos caluniadores da existência, religiosos ou filósofos, ou se entrincheiram atrás dos costumes severos e de uma estrita "vocação": é assim que procuram se criar um caráter e uma espécie de vigor. E isso também, eles fazem involuntariamente.

239. ADVERTÊNCIA AOS MORALISTAS

Nossos músicos fizeram uma grande descoberta: acharam a *feiura interessante*, ela também era possível em sua arte! É por isso que se precipitam com embriaguez no oceano da feiura e nunca foi tão fácil fazer música. Agora conquistamos o último plano geral tenebroso, no qual o mais leve clarão de música adquire o brilho do ouro e da esmeralda; agora ousamos provocar no ouvinte a perturbação e a revolta, deixá-lo sem fôlego, *para* lhe dar em seguida, num momento de enfraquecimento e de apaziguamento, um sentimento de beatitude que dispõe a apreciar música. Descobrimos o contraste: é agora que os efeitos mais poderosos são possíveis, e *por bom preço*: ninguém mais reclama boa música. Mas é preciso se apressar! A arte tem pouco tempo de vida desde que se fez essa descoberta. – Ah! Se nossos pensadores tivessem ouvidos para escutar, através de sua música, o que se passa na alma de nossos músicos! Até quando será preciso esperar para reencontrar semelhante ocasião de surpreender o homem interior em flagrante delito de maldade, cometida com toda a inocência! De fato, nossos músicos estão bem longe de suspeitar que transpõe em música sua própria história, história do enfeamento da alma. Outrora um músico era quase forçado por sua arte a se tornar um homem bom. – E agora!

240. DA MORALIDADE DO PALCO

Engana-se aquele que imagina que o efeito produzido pelo teatro de Shakespeare[83] é moral e que a visão de Macbeth afasta definitivamente dos perigos da ambição: engana-se uma segunda vez quando pensa que o próprio Shakespeare teve a mesma impressão que ele. Aquele que é verdadeiramente possuído por uma

---

(83) William Shakespeare (1564-1616), dramaturgo e poeta inglês; *Macbeth* é o título e o personagem principal de uma de suas peças teatrais (NT).

ambição furiosa contempla com *alegria* essa imagem de si mesmo; e, quando o herói perece, vítima de sua paixão, esse é precisamente o ingrediente mais picante na bebida ardente dessa alegria. O poeta sentiu, pois, de outra maneira? Com que altivez real, sem nada de libertino, o ambicioso percorre sua carreira, uma vez perpetrado seu audacioso crime! É somente a partir desse momento que atrai "diabolicamente" e que impele à imitação as naturezas semelhantes; – diabolicamente quer dizer aqui: com revolta *contra* o interesse e a vida, em benefício de uma ideia e de um instinto. Acreditam, portanto, que Tristão e Isolda[84] testemunharam *contra* o adultério porque ambos morrem? Seria virar os poetas de cabeça para baixo, eles que, sobretudo como Shakespeare, são apaixonados pela paixão em si e de modo algum pela disposição *mórbida* que gera: quando o coração não se segura mais à vida do que como uma gota na borda do copo. Não é a falta e suas consequências que os interessam, tanto Shakespeare como Sófocles[85] (em *Ájax, Filocteto, Édipo*): mesmo que tivesse sido fácil nos casos indicados, fazer da falta a alavanca do drama, justamente como procuraram evitá-lo. De igual modo, o poeta trágico, por suas imagens da vida, não quer prevenir *contra* a vida! Pelo contrário, exclama: "É o encanto de todos os encantos essa existência agitada, mutável, perigosa, sombria e muitas vezes ardentemente ensolarada! Viver é uma *aventura*, tomem este ou aquele partido na vida, ela sempre conservará essa característica!" – É assim que fala numa época inquieta e vigorosa que inebria e atordoa pela metade sua superabundância de sangue e de energia, numa época mais maldosa que a nossa: aí está por que temos necessidade de *modificar* e de *adaptar* o objetivo de um drama de Shakespeare, isto é, de não conseguir compreendê-lo.

241. Medo e inteligência

Se é verdade o que se afirma hoje categoricamente, que não é preciso procurar na luz a causa do pigmento negro da pele, esse fenômeno poderia ser o último efeito de frequentes acessos de raiva (e de

---

(84) Lenda celta da Idade Média, *Tristão e Isolda* teve muitas versões em prosa e verso; a lenda narra a paixão proibida e fatal entre Tristão e Isolda; aqui Nietzsche se refere à lenda em si, mas talvez relembre o drama musical em três atos com este título e de autoria de Richard Wagner (NT).

(85) Sófocles (496-406 a.C.), poeta trágico grego; entre parênteses são citadas três obras dele (NT).

afluxos de sangue sob a pele) acumulados durante séculos? Enquanto entre outras raças mais *inteligentes*, o fenômeno da palidez e do medo, também muito frequentes, teria contribuído para produzir a cor branca da pele? – De fato, o grau de temor é uma medida da inteligência: e o fato de se abandonar muitas vezes a uma raiva cega é o sinal de que a animalidade está ainda bem próxima e tenta se impor de novo – castanho-acinzentado, essa talvez seria a cor primitiva do homem – qualquer coisa que lembra o macaco e o urso, como seria justo.

242. Independência

A independência (chamada "liberdade de pensamento", em sua dose mais fraca) é a forma de renúncia que o espírito dominador acaba por aceitar – ele que há muito procurava o que dominar e não encontrou nada senão ele mesmo.

243. As duas direções

Se tentarmos contemplar o espelho em si, acabamos por não descobrir senão os objetos que nele se refletem. Se quisermos agarrar esses objetos, voltamos a ver somente o espelho. – Essa é a história geral do conhecimento.

244. O prazer que a realidade causa

Nossa tendência atual de encontrar prazer na realidade – quase todos a temos – não pode ser compreendida de outra forma que admitindo que, durante muito tempo e até a saciedade, encontramos nosso prazer na irrealidade. Essa tendência, tal como se apresenta hoje, sem escolha e sem sutileza, não é isenta de perigos: – seu menor perigo é a falta de gosto.

245. Sutileza do sentimento de poder

Napoleão ficava exasperado por falar mal e nesse aspecto ele não mentia a si próprio: mas seu desejo de dominar quem não perdia nenhuma ocasião para se manifestar e se mostrava mais sutil que seu espírito sutil impelia-o a falar ainda pior *do que realmente podia*. É assim que se vingava de sua própria exasperação (era ciumento de todas as suas paixões, porque elas tinham *poder*) para usufruir de seu *belo prazer* autocrático. Em seguida, usufruía uma segunda vez desse belo prazer com relação aos ouvidos e ao juízo de seus ouvintes: como se fosse muito bom para eles de lhes falar assim. Rejubilava-se mesmo em segredo com a ideia de perturbar o juízo e de estragar o gosto pelo brilho e pelo trovão da mais alta autoridade – que reside na união do poder com a genialidade; – enquanto seu juízo e seu gosto conservavam nele próprio a convicção de que falava *mal*. – Napoleão, como tipo completo, totalmente desejado e realizado por um único instinto, pertence à humanidade antiga, cujas características – a construção simples e o desenvolvimento engenhoso de um só e de um pequeno número de motivos – são bastante fáceis de identificar.

246. Aristóteles e o casamento

Nos filhos dos grandes gênios explode a loucura; naqueles dos grandes virtuosos, a estupidez – observa Aristóteles[86]. Queria, desse modo, convidar ao casamento os homens excepcionais?

247. Origem do mau temperamento

A injustiça e a instabilidade emocional de certos homens, sua desordem e falta de medida, são as últimas consequências de inúmeras inexatidões lógicas, falta de profundidade, de conclusões apressadas de que seus antepassados se tornaram culpados. Os homens de bom temperamento, em compensação, descendem de raças refletidas e sólidas, que erguream bem alto a razão – que isso tenha sido para fins louváveis ou não, isso não conta muito.

248. Simulação por dever

A bondade foi particularmente desenvolvida por uma simulação persistente que queria parecer boa: por toda parte em que existia um grande poder, reconheceu-se a necessidade particular dessa espécie de simulação – ela inspira a segurança e a confiança e centuplica a soma real de força física. A mentira é, senão a mãe, pelo menos a ama da bondade. De igual modo, a honestidade foi criada especialmente pela exigência de uma aparência de honesti-

---

(86) Pensamento extraído da obra *Retórica* (II, 15), de Aristóteles (384-322 a.C.), filósofo grego (NT).

dade e de lealdade: na aristocracia hereditária. Do exercício constante de uma simulação, acaba por nascer a *natureza*: a simulação, a longo prazo, se suprime a si própria, órgãos e instintos são os frutos inesperados do jardim da hipocrisia.

249. Quem nunca está só!
O homem receoso não sabe o que é estar só; há sempre um inimigo atrás de sua cadeira. – Ah! Quem, portanto, poderia nos contar a história desse sentimento sutil que se chama solidão!

250. Noite e música
Foi somente na noite e na semiobscuridade das sóbrias florestas e das cavernas que o ouvido, órgão do medo, pôde se desenvolver tão abundantemente como o fez, graças à maneira de viver da idade do medo, isto é, da mais longa das épocas humanas que houve: à luz, o ouvido é muito menos necessário. Disso decorre a característica da música, arte da noite e da penumbra.

251. De maneira estoica
Há uma serenidade peculiar no estoico quando se sente sob pressão no cerimonial que ele próprio prescreveu a suas ações; ele sente prazer então em si mesmo como dominador.

252. Pensemos nisso!
Aquele que é punido nunca é o mesmo que cometeu o ato. É sempre o bode expiatório.

253. Evidência
É triste dizer, mas há uma coisa que é necessário demonstrar com mais rigor e obstinação, é a evidência. De fato, a maioria das pessoas não tem olhos para vê-la. Mas essa demonstração é tão aborrecida!

254. Aqueles que antecipam
O que distingue as naturezas poéticas, mas é também um perigo para elas, é sua imaginação que *esgota* de antemão: a imaginação que antecipa o que vai ocorrer ou poderia ocorrer, que

se alegra ou sofre com isso de antemão, e que, no momento final do acontecimento ou da ação, já está *fatigado*. Lord Byron[87], que conhecia isso muito bem, escrevia em seu diário: "Se algum dia tiver um filho, ele deverá se tornar alguma coisa de totalmente prosaico – jurista ou pirata".

255. Conversa sobre a música

A – O que você acha desta música?

B – Ela me subjugou, não tenho absolutamente nada a dizer. Escute! Ela recomeça!

A – Tanto melhor! Vamos tomar cuidado para que agora sejamos *nós* que a subjugamos. Posso acrescentar algumas palavras a esta música? E mostrar-lhe também um drama que talvez não tenha querido ver na primeira audição?

B – Já estou escutando! Tenho dois ouvidos e mais que isso se for necessário. Venha para bem perto de mim!

A – Não é ainda isto que ela nos quer dizer, até aqui, promete somente que quer dizer alguma coisa, alguma coisa de inaudito, como o dá a entender através destes gestos. Como faz sinais! Como se endireita! Como gesticula! E eis que parece ter chegado o momento de tensão suprema: ainda duas fanfarras e vai apresentar seu tema soberbo e adornado, soando como pedras preciosas. É uma bela mulher? Ou um belo cavalo? Logo, ele olha em torno dele, arrebatado, pois há olhares de encanto a recolher; – somente agora seu tema lhe agrada completamente, somente agora se torna inventivo, ousa trechos novos e audaciosos. Como valoriza seu tema! Ah! Prepare-se! – Ele não se dedica somente a ornar, mas também a *pintá*-lo! Ele sabe muito bem qual é a cor da saúde e se empenha a fazê-la aparecer – é mais sutil no conhecimento de si do que eu pensava. E agora crê já ter convencido seus ouvintes, apresenta suas invenções como se fossem as coisas mais importantes sob o sol, aponta seu tema com um dedo insolente, como se fosse demasiado bom para este mundo. – Ah! Como é desconfiado! Tem medo de que nos cansemos! É por isso que

---

(87) George Gordon, Lord Byron (1788-1824), poeta inglês (NT).

envolve suas melodias em açúcar – agora apela mesmo para os mais grosseiros de nossos sentidos, para nos comover e nos manter de novo sob seu poder! Escute como evoca a força elementar dos ritmos, da tempestade e do trovão! E agora que percebeu de que estes ritmos nos possuem, nos estrangulam e estão prestes a nos matar, ele ousa misturar de novo seu tema ao jogo dos elementos para nos *convencer*, a nós que estamos semiestupefatos e abalados, que nossa estupefação e nossa emoção são os efeitos de seu tema miraculoso. E a partir daqui os ouvintes lhe dão crédito: desde que o tema ressoa uma lembrança desses comovedores efeitos elementares nasce em sua memória – e o tema aproveita agora dessa lembrança – aí está ele, que se torna "demoníaco"! Que conhecedor da alma humana, este músico! Ele nos domina com os artifícios de um orador popular. – Mas a música emudece!

    B – E o faz perfeitamente bem! Pois não posso mais suportar ouvi-*lo*! Prefiro dez vezes me deixar enganar que conhecer uma vez a verdade à sua maneira!

    A – Isso é o que eu queria ouvir de você. Os melhores são hoje feitos à sua imagem: você fica satisfeito por se deixar enganar! Você vem aqui com ouvidos grosseiros e ávidos, mas não traz a consciência da arte de escutar. Pelo caminho, você jogou fora sua *mais sutil boa fé*! É assim que você corrompe a arte e os artistas! Sempre que aplaude e aclama, você tem entre as mãos a consciência dos artistas – e infelizes deles se perceberem que você não sabe distinguir entre música inocente e música culpada! Não quero realmente falar de "boa" e de "má" música – há de uma e de outra nas duas espécies! Mas chamo *música inocente* aquela que pensa exclusivamente em si, acredita apenas em si e que, por causa dela mesma, esqueceu o mundo – a ressonância espontânea da mais profunda solidão que fala de si mesma para si mesma e que não sabe mais que há lá fora ouvintes à escuta, efeitos, mal-entendidos e insucessos. – Em resumo: a música que acabamos de ouvir *é* precisamente dessa espécie nobre e rara e tudo o que disse dela era mentira – desculpe minha maldade, se quiser!

    B – Ah! Você gosta então *desta* música? Então muitos pecados lhe serão perdoados!

256. Felicidade dos maus

Esses homens silenciosos, sombrios e maus possuem alguma coisa que não podem disputar com eles, um prazer raro e singular no *dolce farniente*[88], uma tranquilidade de crepúsculo e de sol se pondo, como só o conhece um coração que foi muitas vezes devorado, dilacerado e envenenado pelas paixões.

257. Palavras presentes em nosso espírito

Só sabemos exprimir nossos pensamentos com as palavras que temos à mão. Ou melhor, para exprimir todas as minhas suspeitas: a cada instante temos somente o pensamento para o qual temos presentes na memória as palavras que podem exprimi-lo aproximativamente.

258. Acariciar o cão

Basta acariciar uma vez o pelo do cão: logo ele se põe a vibrar e a lançar faíscas como faria qualquer outro bajulador – e é espiritual à sua maneira. Por que não haveríamos de suportá-lo?

259. O antigo elogiador

"Ele se cala por minha causa, embora saiba agora a verdade e que poderia dizê-la. Mas soaria como uma vingança – e ele estima tanto a verdade, esse homem tão digno de estima!

260. Amuleto dos homens dependentes

Aquele que depende inevitavelmente de um mestre deve possuir alguma coisa que inspira o medo e mantém o mestre com rédeas curtas, por exemplo, a probidade ou a franqueza ou ainda a má língua.

261. Por que tão sublime!

Ai! Vocês conhecem essa espécie animal! É verdade que gosta mais de si quando avança erguida sobre duas pernas "como um deus" – mas, quando recai sobre suas quatro patas, é a mim que agrada mais: isso lhe é incomparavelmente mais natural!

---

[88] Na realidade, *dolce far niente*, expressão italiana que significa literalmente "doce fazer nada", com o sentido geral de o belo ócio, a vida fácil sem problemas e preocupações, sem trabalho algum (NT).

262. O demônio do poder

Não é a necessidade, não é o desejo – não, é o amor ao poder que é o demônio dos homens. Ainda que se lhes dê tudo, saúde, alimento, alojamento, distrações – eles continuam infelizes e caprichosos, pois o demônio espera e espera sempre, ele quer ser satisfeito. Tiremos tudo aos homens e satisfaçamos o demônio, e eles ficarão quase felizes – tão felizes quanto o podem ser homens e demônios. Mas por que eu repetiria isso? Lutero já o disse, e melhor que eu, nos versos: "Se nos tirarem o corpo e bens, honra, mulher e filhos: deixem-nos fazer isso – o Reino restar-nos-á de qualquer modo!" Sim, sim! o "Reino"!

263. A contradição tornada corpo e alma

Naquilo que se chama gênio, há uma contradição fisiológica: o gênio possui, por um lado, muito movimento selvagem, desordenado, involuntário e, por outro lado, uma grande finalidade superior nesse movimento – com isso, tem como próprio um espelho que mostra os dois movimentos, um ao lado do outro, entrelaçados, mas com muita frequência também opostos, um contra o outro. A consequência desse aspecto é que o gênio é muitas vezes infeliz e, se ele se sente mais feliz na criação, é porque esquece que justamente então, em sua atividade superior, faz alguma coisa de imaginário e de não razoável (toda arte é assim) – e é necessário que o faça.

264. Querer enganar-se

Os homens invejosos que têm um faro sutil não procuram conhecer de perto seu rival, a fim de poder se sentir superiores a ele.

265. O teatro tem seu tempo

Quando a imaginação de um povo declina, nasce nele o gosto de representar no palco suas lendas, *suportando* a partir de então os grosseiros substitutos da imaginação – mas, para a época à qual pertence a rapsódia, o teatro e o ator disfarçado em herói são um entrave em vez de uma asa da imaginação: muito próximos, muito definidos, muito pesados, muito pouco sonho e voo de pássaro.

266. SEM GRAÇA

Ele não tem graça e sabe: Oh! Como se dedica a mascarar isso! Com uma severa virtude, com o olhar sombrio, com uma desconfiança adquirida em relação aos homens e à existência, com gestos grosseiros, com o desprezo de um modo de vida refinado, com o *pathos* e as exigências, com uma filosofia cínica – sim, soube mesmo tornar-se um caráter na consciência contínua do que lhe faltava.

267. POR QUE TÃO ALTIVO?

Um caráter nobre se distingue de um caráter vulgar porque não tem *a seu alcance*, como este, certo número de hábitos e de pontos de vista: o acaso quis que não os tivesse conseguido nem por herança nem por educação.

268. CARIBDE E CILA[89] DO ORADOR

Como era difícil em Atenas falar de maneira a ganhar os ouvintes para uma causa, sem rechaçá-los *pela forma* ou sem afastá-los da causa com a forma! Como é difícil ainda na França escrever da mesma maneira!

269. OS DOENTES E A ARTE

Contra toda espécie de tristeza e de miséria da alma, é necessário antes de tudo tentar uma mudança de regime e um duro trabalho físico. Mas os homens estão habituados nesse caso a recorrer a meios que provocam embriaguez: por exemplo, à arte – para sua infelicidade e também para aquela da arte! Não reparam que, se vocês recorrem à arte, quando doentes, tornam a arte doente?

270. TOLERÂNCIA APARENTE

Aí estão boas palavras, benevolentes e compreensíveis, sobre a ciência e em favor da ciência, mas! mas! eu olho *atrás* de sua tolerância para com a ciência! Num canto do coração, vocês

---

[89] Monstros marinhos da mitologia grega, guardiões do estreito de Messina (localizado entre a ilha da Sicília e a Itália continental). Na realidade, são os designativos de um sorvedouro e de um rochedo, muito temidos pelos marinheiros. Os navegadores que conseguiam escapar de um, geralmente não se safavam do outro. Dessa lenda e dessa realidade se conservaram as expressões *escapar de Cila e cair em Caribde, estar entre Cila e Caribde* (NT).

pensam, apesar de tudo, *que ela não lhes é necessária*, que é por pura generosidade de sua parte admiti-la e ser até mesmo advogado dela, tanto mais que a ciência não tem, de sua parte, essa magnanimidade a respeito da opinião de vocês! Sabem que vocês não têm nenhum direito a exercer essa tolerância? Que esse gesto de condescendência é um ultraje mais grosseiro à honra da ciência do que o franco desdém que se permite a respeito dela algum padre ou algum artista impetuoso? Falta-lhes essa consciência rigorosa para o que é verdadeiro e real; vocês não se sentem atormentados nem martirizados por ver a ciência em contradição com seus sentimentos, vocês ignoram o desejo ávido do conhecimento que os governaria como uma lei, não sentem um dever na necessidade de estar presentes com os olhos em toda parte onde se "conhece", para não deixar escapar nada daquilo que é "conhecido". Vocês *ignoram* o que tratam com tanta benevolência! E é somente *porque* o ignoram que conseguem assumir uma aparência tão benevolente! Vocês, exatamente vocês, teriam um olhar de ódio e de fanatismo se a ciência quisesse um dia iluminar a fisionomia de *seus* olhos! – Que nos importa, pois, que sejam tolerantes – para com um *fantasma*! E de modo algum a nosso respeito! – E que isso importa para nós!

271. A DISPOSIÇÃO DE FESTA

É justamente para esses homens que aspiram mais impetuosamente ao poder que é infinitamente agradável sentir-se *subjugados*! Afundar-se subitamente no fundo de um sentimento como num turbilhão! Deixar arrancar as rédeas das mãos e ser espectador de um movimento que vai levar não se sabe aonde! Seja quem for, seja o que for que nos preste esse serviço – presta-nos um grande serviço: estamos tão felizes e estafados e sentimos em torno de nós um silêncio excepcional, como no mais profundo centro da terra. Estar uma vez inteiramente sem poder! Joguete de forças primordiais! Há um repouso nessa felicidade, um alívio do grande fardo, uma descida sem fadiga, como que entregues a um peso cego. É o sonho do homem que escala as montanhas e que, tendo fixado o topo como *objetivo*, adormece um instante pelo caminho, cheio de fadiga, e sonha a *felicidade contrária* – de rolar sem dificuldade montanha abaixo.

Descrevo a felicidade como a imagino em nossa sociedade atual da Europa e da América, ao mesmo tempo extenuada e sedenta de poder. Por aqui e por lá os homens querem recair na *impotência* – as guerras, as artes, as religiões, os gênios lhes oferecem também esse prazer. Quando nos abandonamos a uma impressão momentânea que devora e aniquila tudo – essa é a *disposição da festa* moderna! Voltamos a tornar-nos mais livres, mais leves, mais frios, mais severos e aspiramos então, sem repouso, a alcançar o contrário: o *poder*.

272. A PURIFICAÇÃO DA RAÇA

Não há provavelmente raças puras, mas somente raças depuradas, e estas são extremamente raras. O que há de mais difundido são as raças mistas, nas quais, ao lado dos defeitos de harmonia nas formas corporais (por exemplo, quando os olhos e a boca não combinam), se encontra forçosamente defeitos de harmonia nos hábitos e nos juízos de valor. (Livingstone[90] ouviu uma vez dizer: "Deus criou os brancos e os negros, mas o diabo criou os mestiços.") As raças mistas produzem sempre, ao mesmo tempo que culturas mistas, moralidades mistas: são geralmente mais maldosas, mais cruéis, mais instáveis. A pureza é o resultado final de inumeráveis assimilações, absorções e eliminações, e o progresso em direção à pureza se manifesta no fato de que a força presente numa raça se *restringe*, cada vez mais, a algumas funções escolhidas, enquanto antes tinha de realizar, com muita frequência, muitas coisas contraditórias: semelhante restrição terá sempre aparências de *empobrecimento* e não se deve julgá-la senão com prudência e moderação. Mas finalmente, quando o processo de purificação obtete êxito, todas as forças que outrora se perdiam na luta entre as qualidades sem harmonia se encontram agora à disposição do conjunto do organismo: é por isso que as raças depuradas se tornaram sempre mais *fortes* e mais *belas*. – Os gregos nos oferecem o modelo de uma raça e de uma cultura assim depuradas: devemos esperar que a criação de uma raça e de uma cultura europeias puras tenha igualmente êxito um dia.

---
(90) David Livingstone (1813-1873), missionário e explorador inglês; atravessou o centro da África do oeste para o leste e, entre as suas muitas descobertas, está a das cataratas de Vitória (NT).

273. Os elogios

Percebes que alguém quer te *elogiar*: mordes os lábios, teu coração se aperta, ai! Que *esse cálice* se afaste de ti! Mas não se afasta, se aproxima! Bebamos, pois, a doce impertinência do bajulador, vençamos o desgosto e o profundo desprezo que nos inspira o essencial de seus elogios, enruguemos o rosto numa expressão de alegria reconhecida! – Ele queria ser agradável! E, agora que está feito, sabemos que se sente muito exaltado, obteve uma vitória sobre nós – e também sobre ele próprio, o cão! – pois não lhe foi fácil extorquir de si esses elogios.

274. Direito e privilégio do homem

Nós, homens, somos a única criatura que, quando não tem êxito, pode se autossuprimir, como uma frase mal elaborada – agimos assim, seja pela honra da humanidade ou por compaixão para com ela, seja ainda por aversão contra nós mesmos.

275. O homem transformado

Agora se torna virtuoso, unicamente para ferir os outros. Não olhem tanto para seu lado!

276. Frequente! Mas inesperado!

Quantos homens casados viram despontar a manhã em que percebiam que sua jovem mulher estava aborrecida, mas ela aparentava o contrário! Para não falar dessas mulheres cuja carne está pronta, mas o espírito é fraco!

277. Virtudes ardentes e frias

A coragem, como decisão fria e inabalável, e a coragem, como bravura fogosa e semicega – para essas duas coragens há uma só palavra! Como são diferentes, no entanto, as *virtudes frias* das *virtudes ardentes*! E louco seria quem imaginasse que a "qualidade" da virtude só é aumentada pelo ardor, mais louco ainda quem a atribuísse exclusivamente à frieza! Para dizer a verdade, a humanidade julgou muito útil a coragem de sangue-frio ou fogosa e, além do mais, muito pouco frequente para não fazê-la brilhar entre suas joias sob duas cores diferentes.

278. A memória complacente
Aquele que ocupa uma posição elevada fará bem ao adquirir para si uma memória complacente, isto é, reter nas pessoas todo o bem possível e em seguida fechar a conta: assim as mantém numa agradável dependência. O homem pode também proceder da mesma forma consigo mesmo: tenha ou não uma memória complacente, é o ponto decisivo para julgar sua atitude para consigo mesmo, sua nobreza, sua bondade ou desconfiança na observação de suas tendências e de suas intenções e finalmente a própria qualidade de suas tendências e de suas intenções.

279. Em que nos tornamos artistas
Aquele que faz de alguém seu ídolo tenta se justificar diante de si mesmo, elevando-o no ideal; ele se faz artista, na pessoa de seu ídolo, para ter boa consciência. Se sofre, não sofre por sua *ignorância*, mas por causa da mentira que se conta a si mesmo, simulando ignorância. – A miséria e a alegria interiores de semelhante homem – e todos aqueles que amam com paixão são feitos assim – não podem se esgotar com baldes de dimensão normal.

280. Infantil
Aquele que vive como as crianças – aquele, portanto, que não luta para ganhar seu pão e não acredita que suas ações tenham uma significação definitiva –, esse permanece infantil.

281. O "eu" quer possuir tudo
Parece que o homem age em geral apenas para possuir: pelo menos as línguas que não consideram toda ação passada como confluindo para uma posse permitem essa suposição ("*falei*, lutei, venci", isso quer dizer: agora estou de posse de minha palavra, de minha luta, de minha vitória). Como o homem se mostra ávido! Nem o passado quer deixar escapar, deseja *tê-lo* ainda, até ele!

282. Perigo na beleza
Esta mulher é bela e inteligente; ai! Como teria se tornado mais inteligente se não fosse bela!

283. Paz da casa e paz da alma
Nosso estado de espírito habitual depende do estado de espírito em que sabemos manter nossas companhias.

284. Apresentar uma nova notícia como se fosse antiga
Muitos parecem ficar irritados quando se lhes conta uma novidade; são sensíveis à preponderância que a notícia confere àquele que a sabe por primeiro.

285. Onde termina o "eu"?
A maioria das pessoas toma sob sua proteção uma coisa que *sabem*, como se sabê-la fosse suficiente para definir sua propriedade. O desejo de apropriação do sentimento do eu não tem limites: os grandes homens falam como se tivessem atrás deles todas as idades do tempo e eles fossem a cabeça desse imenso corpo, e as queridas mulheres tomam sobre si o mérito da beleza dos filhos, de seu vestuário, de seu cão, de seu médico, de sua cidade, mas elas não ousam dizer: "Eu sou tudo isso". – *Chi non ha, non è*[91] – como se diz na Itália.

286. Animais domésticos e de apartamento
Há coisa mais repugnante do que a sentimentalidade em relação às plantas e aos animais por parte de seres que, desde a origem, procederam a devastações no meio deles, como se fossem seus inimigos mais ferozes e que acabam por querer demonstrar até mesmo sentimentos ternos para com suas vítimas enfraquecidas e mutiladas? Diante dessa espécie de "natureza", importa que o homem seja antes de tudo *sério*, se for um homem que pensa.

287. Dois amigos
Eles eram amigos, mas deixaram de sê-lo e romperam simultaneamente de parte e de outra, um porque se julgava desprezado demais, o outro porque se julgava considerado demais

---

[91] "Quem não tem não é" ou "quem não possui não existe" (NT).

– e nisso ambos se enganaram! – pois nenhum deles se conhecia suficientemente a si próprio.

288. Comédia dos homens nobres
Aqueles que fracassam na familiaridade nobre e cordial tentam deixar adivinhar a nobreza de sua natureza pela reserva, pela severidade e por certo desprezo da familiaridade: como se o sentimento violento de sua confiança tivesse vergonha de se mostrar.

289. Onde nada se pode dizer contra uma virtude
Entre covardes é de mau gosto dizer alguma coisa contra a bravura; isso suscita o desprezo; e os homens sem consideração se mostram irritados quando se diz alguma coisa contra a compaixão.

290. Um desperdício
Nas naturezas irritadiças e impulsivas, as primeiras palavras e os primeiros atos não *significam* geralmente *nada* quanto a seu verdadeiro caráter (são inspirados pelas circunstâncias e são, de alguma forma, imitações do espírito de circunstância), mas, uma vez que essas palavras foram ditas e esses atos foram executados, as palavras e os atos que se seguem, e verdadeiramente conformes com o caráter, são muitas vezes *sacrificados* para atenuar e fazer esquecer os primeiros.

291. Presunção
A presunção é uma altivez representada e fingida; mas é precisamente próprio da altivez não poder nem querer representar, simular ou fingir – nesse sentido, a presunção é a hipocrisia da incapacidade de fingir, alguma coisa de muito difícil que é quase sempre malsucedida. Supondo, porém, que, como acontece geralmente, o presunçoso se trai em sua representação, um triplo desgosto o espera: queremos-lhe mal porque procura enganar-nos, queremos-lhe mal porque quis mostrar-se superior a nós – e, finalmente, rimos dele porque falhou nos dois casos. Não podemos, portanto, desaconselhar de modo suficiente a presunção!

292. Uma espécie de desconhecimento

Quando ouvimos alguém falar, basta às vezes o som de uma só consoante (por exemplo, de um r) para nos inspirar dúvidas sobre a lealdade de seus sentimentos: não estamos habituados a esse som e seríamos obrigados a prestar atenção para reproduzi--lo – parece-nos "artificial". Esse é o domínio do mais grosseiro desconhecimento: ocorre o mesmo com o estilo de um escritor cujos hábitos não são os de todos. Só ele pode sentir seu "natural" como tal, e é justamente com o que ele próprio considera como "artificial" – porque nisso uma vez cedeu à moda e ao "bom gosto" – que talvez possa agradar e despertar a confiança.

293. Reconhecimento

Um nada de reconhecimento e de compaixão em demasia: – e sofremos disso como de um vício, apesar de toda sua independência e sua vontade, sucumbimos à má consciência.

294. Santos

São os homens *mais sensuais* que *fogem* diante das mulheres e são obrigados a torturar o corpo.

295. Servir com sutileza

Na grande arte de servir, uma das tarefas mais sutis consiste em servir um ambicioso desenfreado que, embora sendo em todas as coisas o egoísta mais incorrigível, não quer ter sob hipótese alguma que passar por isso (essa é precisamente parte de sua ambição), que exige que tudo seja feito segundo sua vontade e seus caprichos e, no entanto, sempre de maneira a dar a impressão de que se sacrifica e que raramente quer alguma coisa para si.

296. O duelo

Considero uma vantagem, dizia alguém, poder provocar um duelo, quando tenho imperiosa necessidade disso, pois há sempre bravos camaradas em torno de mim. O duelo é o único meio de suicídio absolutamente honroso que nos resta, infelizmente é um caminho indireto e ainda não é totalmente seguro.

297. Nefasto

A maneira mais segura de estragar um jovem é incitá-lo a estimar mais quem pensa como ele do que quem pensa diversamente.

298. O culto dos heróis e seus fanáticos

O fanático de um ideal feito de carne e de sangue tem geralmente razão enquanto *nega* – e, em sua negação, é terrível: conhece o que nega tão bem como a si mesmo, pela razão elementar de que ficou reduzido a isso, que se sente bem assim e que sempre receia secretamente ser obrigado a voltar a isso; quer se tornar o retorno impossível pela maneira como nega. Mas, desde o momento em que afirma, cerra pela metade os olhos e começa a idealizar (muitas vezes com o fim de causar dano aos que ficaram na casa que abandonou); talvez se poderá chamar artística a forma de sua afirmação – muito bem, mas ela tem também algo de desleal. Aquele que idealiza uma pessoa situa essa pessoa tão longe dele que não pode mais vê-la de forma distinta e depois interpreta como "belo" o que ainda pode perceber, isto é, considera disso a simetria, as linhas indefinidas, a falta de precisão. Como, a partir de então, vai querer adorar esse ideal que plana na distância e nas alturas, deve construir para ele, a fim de protegê-lo contra o *profanum vulgus*[92], um templo para sua adoração. Leva para o local todos os objetos veneráveis e santificados que ainda possui, para que seu ideal se beneficie de sua magia e que esse *alimento* o faça crescer e tornar-se sempre mais divino. No final de tudo, conseguiu verdadeiramente aperfeiçoar seu deus, mas, infeliz dele! Há alguém que sabe como tudo isso se passou – é sua consciência intelectual – e há também alguém que, totalmente inconsciente, começa a protestar – é o próprio divinizado que, sob o efeito do culto, dos louvores e do incenso, se torna agora completamente insuportável e trai, da maneira mais evidente e mais horrível, sua não divindade e suas qualidades demasiadamente humanas. Então não resta para nosso fanático senão uma saída: ele se deixa pacientemente maltratar, a si e a seus semelhantes, e se põe a interpretar todo esse infortúnio, ainda *in majorem dei glo-*

---

(92) Expressão latina que significa "vulgo, povo profano" (NT).

riam[93], por meio de uma nova espécie de engano e de nobre mentira; toma partido contra si próprio e experimenta, assim maltratado e como intérprete desses maus-tratos, algo como um mártir – dessa maneira atinge o topo de sua presunção. – Homens dessa espécie viviam, por exemplo, nos círculos de *Napoleão*: sim, talvez tenha sido precisamente ele quem suscitou no espírito deste século essa prostração romanesca diante do "gênio" e do "herói", tão estranha ao espírito racionalista do último século, ele, diante de quem um Byron não tinha vergonha de dizer que "era um verme ao lado de tal ser". (As fórmulas de semelhante prostração foram encontradas por Thomas Carlyle[94], esse velho ranzinza, confuso e pretensioso, que gastou toda a sua longa existência para tornar romântica a razão de seus ingleses: em vão!).

299. Aparência de heroísmo
Lançar-se no meio dos inimigos pode ser um sinal de covardia.

300. Benevolente para com o lisonjeador
A última palavra de astúcia dos ambiciosos insaciáveis é não deixar ver o desprezo dos homens que o aspecto dos lisonjeadores lhes inspira: mas parecer benevolentes mesmo para com eles, como um deus que não pudesse ser senão benevolente.

301. "Cheio de caráter"
"O que disse uma vez, eu o faço" – essa maneira de pensar parece cheia de caráter. Quantas ações realizamos não porque as escolhemos por serem mais razoáveis, mas porque, no momento em que tivemos a ideia, suscitaram, de uma maneira ou de outra, a ambição e a vaidade, de modo que nos detemos para realizá-las cegamente! Assim elas aumentam em nós a fé em nosso caráter e em nossa boa consciência, portanto, em resumo, em nossa *força*: enquanto a escolha da ação mais razoável mantém certo ceticismo em relação a nós mesmos e, na mesma medida, um sentimento de fraqueza.

---

(93) Expressão latina que significa "para a maior glória de Deus" (NT).
(94) Thomas Carlyle (1795-1881), historiador, crítico e escritor escocês; entre suas obras, destaca-se *Sobre os heróis, o culto dos heróis e o heroico na história* (NT).

302. Uma, duas, três vezes verdadeiro

Os homens mentem com indizível frequência, mas logo depois não pensam mais nisso e em geral não acreditam nisso.

303. Passatempo do conhecedor de homens

Ele julga me conhecer e se julga sutil e importante quando age desta ou daquela maneira em suas relações comigo: eu me abstenho de desenganá-lo. De fato, ele me faria pagar caro isso, enquanto agora *me quer bem*, porque lhe proporciono um sentimento de superioridade consciente. – Há outro que receia que eu não me interesse em conhecê-lo e isso o leva a experimentar um sentimento de inferioridade. É por isso que se comporta comigo de maneira brusca e inconsequente e procura me afastar dele – para se elevar novamente acima de mim.

304. Os destruidores do mundo

Aquele que é incapaz de realizar certa coisa acaba por exclamar cheio de revolta: "Que o mundo inteiro pereça!". Este sentimento odioso é o cúmulo da inveja que gostaria de deduzir: uma vez que não posso ter *uma coisa*, o mundo inteiro não deve ter *nada*! O mundo inteiro deve não *ser*!

305. Avareza

Nossa avareza, quando fazemos uma compra, aumenta com o preço baixo do objeto – por quê? Será porque são as mesquinhas diferenças de preço que *suscitam* o olhar mesquinho da avareza?

306. Ideal grego

O que os gregos admiravam em Ulisses? Antes de tudo a faculdade de mentir e de responder por represálias astutas e terríveis; depois, estar à altura das circunstâncias, parecer, se isso for necessário, mais nobre que o mais nobre; saber ser tudo *o que se quer*; a tenacidade heroica; a arte de utilizar todos os meios; ter espírito – o espírito de Ulisses causa a admiração dos deuses que sorriam quando pensavam nisso: – tudo isso constitui o *ideal* grego! O mais curioso nisso tudo é que não se sente em absoluto a contradição entre *ser* e *parecer* e que, por conseguinte, não se confere a isso nenhum valor moral. Houve alguma vez comediantes tão completos?

307. *Facta! Sim, facta ficta*[95]!

O historiador não tem que se ocupar dos acontecimentos como se passaram na realidade, mas somente como se supõe que tenham ocorrido: de fato, é assim que produziram seu *efeito*. De igual modo, só tem que se ocupar dos supostos heróis. Seu objeto, o que se chama história universal: o que é senão opiniões supostas sobre ações supostas que, por sua vez, deram lugar a opiniões e ações cuja realidade, contudo, se evaporou imediatamente e não *age* mais senão como um vapor – é um contínuo parto de fantasmas sobre as profundas nuvens da impenetrável realidade. Todos os historiadores contam coisas que nunca existiram, salvo na representação.

308. É nobre não se dedicar ao comércio

Não vender a própria virtude senão pelo preço mais alto ou mesmo se entregar à usura com ela, como professor, funcionário ou artista – é o que faz do talento e do gênio um negócio de merceeiro. Deve-se vigiar para não querer ser *hábil* com a própria *sabedoria*!

309. Temor e amor

O temor fez progredir o conhecimento geral dos homens mais que o amor, pois o temor quer descobrir quem é o outro, o que sabe, o que quer: enganando-se se criaria um perigo ou um prejuízo. Inversamente, o amor é levado secretamente a ver no outro coisas tão belas quanto possível ou também elevar o outro tanto quando puder: seria para ele uma alegria e uma vantagem enganar-se a respeito – é por isso que o faz.

310. Os indulgentes

Os indulgentes adquiriram sua característica pelo temor perpétuo que as invasões estrangeiras inspiravam a seus antepassados –

---

(95) Expressão latina que significa "fatos, fatos fictícios" (NT).

eles atenuavam, tranquilizavam, imploravam, preveniam, distraíam, lisonjeavam, se humilhavam, dissimulavam a dor e o despeito, disfarçavam os traços do rosto – e finalmente todo esse mecanismo, delicado e bem conformado, foi transmitido a seus filhos e descendentes. Um destino mais clemente não expõe estes a um temor perpétuo: mas não tocam menos continuamente seu instrumento.

311. O que se chama alma

A soma dos movimentos interiores que são *fáceis* para o homem e que, por conseguinte, executa de boa vontade e com graça, essa soma se chama alma; – o homem passa por estar desprovido de alma quando deixa transparecer que seus movimentos interiores lhe são penosos e duros.

312. Os esquecidos

Nas explosões da paixão e nos delírios do sonho e da loucura, o homem redescobre sua história primitiva e aquela da humanidade: a *animalidade* e seus gestos selvagens; então sua memória retorna bastante longe para trás, enquanto, pelo contrário, seu estado civilizado se havia desenvolvido graças ao esquecimento dessas experiências originais, isto é, ao enfraquecimento dessa memória. Aquele que, homem esquecido de espécie superior, sempre ficou muito longe dessas coisas, *não compreende os homens* – mas é uma vantagem se, de tempos em tempos, há indivíduos que "não os compreendem", indivíduos gerados de alguma forma pela semente divina e colocados no mundo pela razão.

313. O amigo que não se deseja mais

Preferimos ter por inimigo o amigo cujas esperanças não podemos satisfazer.

314. Em companhia de pensadores

No meio do oceano do devir, despertamos numa ilhota não maior que uma barca, nós aventureiros e aves migrantes, e lá olhamos um instante em torno de nós: com tanta pressa e curiosidade quanto possível, pois um vento pode a qualquer momento nos levar ou uma onda nos varrer da ilhota, de tal modo que nada mais restaria de nós! Mas aqui, nesse pequeno espaço, encontramos outras aves migrantes e ouvimos falar de aves mais antigas ainda – e assim temos um minuto delicioso de conhecimento e de descoberta, chilreando juntos e batendo alegremente as asas, enquanto nosso espírito vagueia sobre o oceano, não menos altivo que o próprio oceano!

315. Despojar-se

Abandonar parte de sua propriedade, renunciar a seu direito – isso dá prazer quando é o indício de grandes riquezas. A generosidade é dessa ordem.

316. Seitas fracas

As seitas que sentem que se manterão fracas em número vão à caça para descobrir alguns discípulos inteligentes e tentam suprir pela qualidade o que lhes falta em quantidade. Há nisso, para a inteligência, um perigo que não se deveria negligenciar.

317. O juízo da tarde

Aquele que reflete sobre sua obra do dia ou da vida, quando chegou ao fim e está cansado, se entrega geralmente a considerações melancólicas: mas não se deve dar importância ao dia nem à vida, mas ao cansaço. – Em plena atividade criadora, não tomamos geralmente tempo para julgar a vida e a existência e menos ainda em pleno prazer: mas se acaso nos detemos um dia, deixamos de dar razão àquele que esperou o sétimo dia e o repouso para achar muito bom tudo o que existe – ele deixou passar o momento *melhor*.

318. Cuidado com os sistemáticos!

Há uma comédia dos sistemáticos: querendo preencher um sistema e arredondando o horizonte totalmente em torno deste, devem tentar apresentar suas fracas qualidades no mesmo estilo que suas qualidades fortes – querem aparecer como naturezas completa e unidamente fortes.

319. Hospitalidade

O sentido que se deve conferir aos usos da hospitalidade é o de paralisar no estranho a inimizade; desde que, nele, não se pressinta mais, antes de tudo, o inimigo, a hospitalidade regride; ela floresce à medida que florescem as más suposições.

320. Do bom e do mau tempo

Um tempo muito excepcional e incerto torna também os homens desconfiados uns para com os outros; tornam-se ávidos de inovações, pois é preciso que mudem seus hábitos. É por isso que os déspotas gostam de todas as regiões onde o tempo é moral.

321. Perigo na inocência

Os inocentes são eternas vítimas, pois sua inocência os impede de distinguir entre a medida e o exagero, de se mostrarem a tempo prudentes diante de si mesmos. É assim que as jovens inocentes, isto é, ignorantes, se habituam a prazeres afrodisíacos frequentes e, mais tarde, esses prazeres lhes fazem cruelmente falta quando os maridos adoecem ou envelhecem antes da idade; é justamente porque, cândidas e confiantes, imaginam que as relações frequentes são a regra e um direito que elas são levadas a uma necessidade que as expõe mais tarde às tentações mais violentas e pior ainda. Mas, para se situar num ponto de vista mais geral e mais elevado: aquele que ama um ser humano ou uma coisa, sem conhecê-lo, torna-se presa de qualquer coisa de que não gostaria se pudesse vê-la. Por toda parte em que a experiência, as precauções, os movimentos prudentes são necessários, o inocente sofre mais cruelmente, pois deve beber cegamente a borra e o veneno mais secreto de uma coisa. Consideremos as práticas de todos os príncipes, das igrejas, das seitas, dos partidos, das corporações: não se emprega sempre o inocente como isca preferida nos casos mais difíceis e mais desacreditados?
– Como Ulisses utiliza o inocente Neoptolemo para roubar o arco e as setas do velho eremita doente de Lemnos. – O cristianismo, com seu desprezo do mundo, fez da ignorância uma *virtude*, talvez porque o resultado mais frequente dessa inocência parece ser, como o indiquei, a falta, o sentimento da falta, o desespero, portanto, uma

virtude que leva ao céu pelo desvio do inferno: pois somente então as sombras do portal da salvação cristã podem se abrir, somente então a promessa de uma *segunda inocência* póstuma se torna eficaz: – é uma das mais belas invenções do cristianismo!

322. Viver se possível sem médico

Parece-me que um doente vive mais levianamente quando tem um médico do que quando ele próprio cuida de sua saúde. No primeiro caso, basta ser severo para com tudo o que lhe é prescrito; no segundo, observamos com mais consciência aquilo a que se dirigem essas prescrições, quero dizer, à nossa saúde, notamos mais coisas, nos ordenamos e nos proibimos mais do que faria a intervenção do médico. – Todas as regras têm este efeito: desviam do objetivo que se escondem atrás da regra e suscitam mais descuido. – Mas o descuido da humanidade teria se elevado até o desencadeamento e a destruição, se tivesse uma vez abandonado tudo, completa e lealmente, nos braços da divindade seu médico, segundo a fórmula "se Deus quiser"!

323. Obscurecimento do céu

Vocês conhecem a vingança dos seres tímidos que se comportam em sociedade como se tivessem roubado seus membros? A vingança das almas humildes, à moda cristã, que, por toda parte na terra, não fazem senão deslizar furtivamente? A vingança daqueles que julgam sempre imediatamente e que sempre imediatamente recebem um desmentido? A vingança dos bêbados de todo tipo, para quem a aurora é o momento mais nefasto do dia? De igual modo aquela dos doentes de todo tipo, doentios e deprimidos que não têm mais coragem de se curar? O número desses pequenos seres ávidos de vingança e, com maior razão, o número de seus pequenos atos de vingança, é incalculável; todo o ar vibra sem cessar com o silvo das setas e setinhas disparadas por sua maldade, de modo que o céu e o sol da vida ficam obscurecidos por elas – não somente para eles, mas também para nós, para os outros: o que é mais grave do que se nos arranhassem a pele e o coração. Não *negamos* algumas vezes o sol e o céu, simplesmente porque faz muito tempo que não os vemos? – Portanto: solidão! Por causa disso também, solidão!

324. Filosofia dos atores

Uma ilusão que faz a felicidade dos grandes atores é a de crer que os personagens históricos que interpretam estavam verdadeiramente no mesmo estado de espírito que aquele em que se encontram durante sua interpretação; – mas nisso se enganam redondamente: seu poder de imitação e de adivinhação que gostariam de ver passar como um poder extra-lúcido penetra de forma suficientemente distante para explicar os gestos, as entonações, os olhares e, em geral, tudo o que é exterior: o que quer dizer que eles captam a sombra de um grande herói, de um homem de Estado, de um guerreiro, de um ambicioso, de um ciumento, de um desesperado, penetram até muito perto da alma, mas não até quase o espírito de sua individualidade. Essa seria verdadeiramente uma bela descoberta, se bastasse ser ator clarividente, em vez de pensador, conhecedor, especialista, para esclarecer a própria *essência* de um estado moral qualquer! Não esqueçamos, pois, nunca, cada vez que semelhantes pretensões se apresentam que o ator é apenas um macaco ideal, e de tal modo macaco que nem sequer é capaz de acreditar na "essência" e no "essencial": tudo para ele se torna representação, entonação, gesto, cena, bastidores e público.

325. Viver e acreditar no afastamento

O meio de se tornar o profeta e o taumaturgo de sua época é hoje o mesmo ainda de outrora: é preciso viver afastado, com poucos conhecimentos, algumas ideias e muita presunção – acabamos então por imaginar que a humanidade não pode prescindir de nós, porque é absolutamente claro que nós podemos prescindir dela. Desde que estejamos convictos dessa crença, encontramos também crédito. E, para acabar, um conselho a quem o quiser seguir (foi dado a Wesley[96] por Böhler, seu mestre espiritual): "Prega a fé até que a tenhas encontrado, então a pregarás porque a tens!".

---

(96) John Wesley (1703-1791), teólogo inglês, filho de pastor anglicano; rompeu com a Igreja e passou-se para o protestantismo, no qual fundou a Igreja metodista (designativo originado do caráter rigoroso, disciplinado e ordeiro dessa corrente cristã), desenvolvendo um trabalho profícuo de pregação e de evangelização (NT).

326. Conhecer as próprias circunstâncias

Podemos avaliar nossas forças, mas não nossa *força*. Não são somente as circunstâncias que a mostram a nós e a ocultam alternadamente, mas ainda as próprias circunstâncias a engrandecem ou a diminuem. É preciso considerá-la como uma grandeza variável, cuja capacidade produtiva pode, em circunstâncias favoráveis, atingir o que há de mais elevado: é preciso, pois, refletir sobre as circunstâncias e não poupar sacrifícios para observá-las.

327. Uma fábula

O Don Juan do conhecimento: nenhum filósofo, nenhum poeta ainda o descobriu. Ele não tem amor pelas coisas que descobre, mas tem espírito e volúpia e sente prazer na caça e nas intrigas do conhecimento – que persegue até as mais altas e distantes estrelas! – até que finalmente não lhe resta mais nada para caçar, a não ser o que há de absolutamente *doloroso* no conhecimento, como o beberrão que acaba bebendo absinto e aguardente. É por isso que acaba por desejar o inferno – é o último conhecimento que o *seduz*. Talvez ele também o desaponte como tudo o que lhe é conhecido! Então deveria se deter por toda a eternidade, pregado na decepção e transformado ele próprio em conviva de pedra, aspirando a um jantar do conhecimento que nunca lhe será servido! – De fato, o mundo inteiro das coisas não vai mais encontrar um bocado para esse esfomeado.

328. O que as teorias idealistas deixam adivinhar

Encontramos as teorias idealistas mais certamente nos homens resolutamente práticos, pois estes têm necessidade do brilho dessas teorias para sua reputação. Eles se apoderam delas instintivamente e sem experimentar o menor sentimento de hipocrisia: precisamente tão pouco como um inglês se sente hipócrita com seu cristianismo e seu domingo santificado. Inversamente: as naturezas contemplativas, que devem se cuidar contra toda espécie de improvisação e que temem a reputação de exaltação, se satisfazem unicamente com as duras teorias realistas: elas se apoderam delas com a mesma necessidade instintiva e sem perder com isso sua honestidade.

329. Os caluniadores da alegria
Os homens profundamente feridos pela vida colocaram sob suspeita toda alegria, como se ela fosse sempre infantil e pueril e se revelasse uma desrazão cujo aspecto não poderia provocar senão compaixão e enternecimento, como o sentimento que se experimenta quando uma criança, às portas da morte, acaricia ainda os brinquedos em sua cama. Tais homens veem, sob todas as rosas dos túmulos escondidos e dissimulados; as alegrias, a algazarra, a música alegre parecem-lhes semelhantes às ilusões voluntárias de um homem gravemente doente que quer ainda saborear, por um momento, a embriaguez da vida. Mas esse juízo sobre a alegria não é outra coisa senão a refração desta sobre o fundo obscuro do cansaço e da doença: ele próprio é algo de tocante, de irrazoável que incita à compaixão, algo de infantil, até de pueril, mas que provém dessa *segunda infância* que se segue à velhice e que precede a morte.

330. Não é o bastante ainda!
Não basta provar uma coisa, é preciso ainda induzir a isso os homens ou elevá-los até ela. É por isso que o iniciado deve aprender a *dizer* sua sabedoria: e muitas vezes de maneira que *soe* como uma loucura!

331. Direito e limite
O ascetismo é a maneira de pensar para aqueles que devem exterminar seus instintos carnais, porque esses instintos são animais ferozes. Mas somente esses!

332. O estilo redundante
Um artista que não consegue colocar seus sentimentos sublimes numa obra, para aliviar-se deles dessa maneira, mas que pretende, pelo contrário, comunicar seu sentimento de elevação, se torna inchado, e seu estilo, redundante.

333. "Humanidade"
Não consideramos os animais como seres morais. Mas vocês pensam, pois, que os animais nos consideram seres morais? – Um

animal que sabia falar disse: "A humanidade é um preconceito de que nós, animais, pelo menos não sofremos".

334. O homem caridoso

O homem caridoso satisfaz uma necessidade de sua alma quando faz o bem. Quanto mais violenta for essa necessidade, menos ele se põe no lugar daquele que ajuda e que lhe serve para satisfazer sua necessidade; ele se torna arrogante e mesmo injurioso em certos casos. (A benevolência e a caridade judaicas têm esta reputação: sabe-se que elas são um pouco mais violentas que aquelas dos outros povos).

335. Para que o amor seja considerado como amor

Temos necessidade de sermos francos para conosco mesmos e de nos conhecermos para poder exercer com relação aos outros essa simulação benevolente que costumamos chamar amor e bondade.

336. De que somos capazes?

Alguém tinha sido atormentado o dia inteiro pelo filho mau e indisciplinado, a ponto de matá-lo na tarde seguinte, e disse ao resto da família, dando um suspiro de alívio: "Finalmente vamos poder dormir tranquilamente!" – Sabemos até onde as circunstâncias podem nos impelir?

337. "Natural"

Ser *natural* pelo menos nos próprios defeitos – é talvez o último elogio que se possa fazer a um artista artificial, comediante e arte de qualquer outra espécie. É por isso que tal ser dará sempre descaradamente livre curso a seus defeitos.

338. Consciência de troca

Certo homem pode ser a consciência de outro e isso é particularmente importante quando o outro não tem nenhuma.

339. Transformação dos deveres

Quando os deveres deixam de ser um cumprimento difícil, quando se transformam, depois de longo exercício, em gostos agradáveis e em necessidades, os direitos dos outros a que se referem nossos deveres, e agora nossos gostos, se tornam outra coisa: quero dizer que se tornam a ocasião de sentimentos agradáveis para nós. Desde então, o "outro", graças a seus direitos, se torna digno de ser amado (em lugar de ser somente venerável e terrível como antes). Procuramos nosso *prazer* quando reconhecemos e sustentamos agora o domínio de seu poder. Quando os quietistas não sentiram mais o peso de seu cristianismo e não encontraram em Deus mais que prazer, adotaram por divisa: "Tudo para a glória de Deus!". Seja o que for que fizessem nesse sentido, não era mais um sacrifício; isso se tornava a mesma coisa que dizer: "Tudo para nosso prazer!". Exigir que o dever seja sempre um pouco incômodo, como o faz Kant[97], é exigir que nunca faça parte dos hábitos e dos costumes: nessa exigência, há ainda um pequeno resto de crueldade ascética.

340. A EVIDÊNCIA É CONTRA O HISTORIADOR
É coisa mais do que provada que os homens saem do ventre da mãe: apesar disso, os filhos quando grandes e estando de pé ao lado da mãe fazem parecer totalmente absurda essa hipótese: ela é a evidência contra si.

341. VANTAGEM DO DESCONHECIMENTO
Dizia alguém que em sua infância havia um tal desprezo pelos caprichos e pelos trejeitos do temperamento melancólico que ignorou até a metade de sua vida qual era seu temperamento: era justamente o temperamento melancólico. Ele declarava que essa era a melhor de todas as ignorâncias possíveis.

342. NÃO CONFUNDIR
Sim! Ele examina a coisa de todos os lados e vocês pensam que esse é um verdadeiro pesquisador do conhecimento. Mas ele quer apenas fazer baixar o preço – quer comprá-la!

---

(97) Immanuel Kant (1724-1804), filósofo alemão; dentre suas obras, *A religião nos limites da simples razão* e *Crítica da razão prática* (NT).

343. Pretensamente moral

Vocês nunca querem estar descontentes com vocês mesmos, nunca sofrer por sua causa – e chamam a isso sua tendência moral! Pois bem! Outro diria que essa é sua covardia. Mas uma coisa é certa: nunca farão a viagem em volta do mundo (que são vocês mesmos) e ficarão em vocês mesmos, um acaso, um lote de terra preso a um lote de terra. Pensam, portanto, que nós, que somos de outro parecer, nos exporíamos por pura loucura à viagem através de nossos próprios desertos, de nossos charcos e de nossos cumes de gelo, que escolhemos voluntariamente as dores e o desgosto como os anacoretas estilitas?

344. Sutileza no equívoco

Se Homero[98], como se diz, adormecia às vezes, era mais sábio do que todos os artistas da ambição insone. Deve-se deixar retomar fôlego aos admiradores, transformando-os de tempos em tempos em censores; pois ninguém suporta uma bondade ininterrupta, brilhante e desperta; e, em vez de ser benévolo, um mestre desse tipo se torna um carrasco que odiamos enquanto caminha diante de nós.

345. Nossa felicidade não é um argumento pró ou contra

Muitos homens não são capazes senão de uma felicidade mínima: não é um argumento contra sua sabedoria se esta não pode lhes dar mais felicidade, tampouco como é um argumento contra a medicina se certos homens são incuráveis e outros sempre doentios. Que cada um possa ter a sorte de encontrar a concepção de vida que lhe permita realizar seu máximo de felicidade: isso não poderia impedir sua vida de se manter miserável e pouco invejável.

346. Inimigos das mulheres

"A mulher é nossa inimiga" – aquele que, como homem, fala assim a outros homens, esse faz falar o instinto indomado que não somente se odeia a si próprio, mas também odeia seus meios.

---

(98) Homero (séc. IX a.C.), poeta épico grego, autor das obras-primas *Ilíada* e *Odisseia*; a informação de que adormecia com frequência se encontra na obra *Ars poetica* (verso 359) de Quintus Horatius Flaccus (65-8 a.C.), poeta latino (NT).

347. A escola do orador
Quando nos calamos durante um ano, desaprendemos a conversa fútil e aprendemos a palavra. Os pitagóricos eram os melhores homens de Estado de seu tempo.

348. Sentimento de poder
Distingamos bem: aquele que quer adquirir o sentimento de poder se apodera de todos os meios e não despreza nada daquilo que possa nutrir esse sentimento. Mas aquele que o possui se tornou muito difícil e nobre em seu gosto; é raro que alguma coisa o satisfaça ainda.

349. Não tão importante
Quando assistimos a um falecimento, surge regularmente um pensamento que reprimimos imediatamente por meio de um falso sentimento de conveniência: pensamos que o ato de morrer é menos importante do que o pretende o consenso universal e que o moribundo provavelmente perdeu durante a vida coisas mais essenciais do que aquelas que está prestes a perder nesse momento. O fim, aqui, não é certamente o objetivo.

350. Como se promete o melhor
Quando fazemos uma promessa, não é a palavra que promete, mas o que há de inexpresso por trás da palavra. As palavras enfraquecem até mesmo uma promessa, liberando e dissipando uma força que é parte dessa força que promete. Tentem, portanto, levantar a mão e colocar um dedo sobre a boca – é assim que são feitos os votos mais seguros.

351. Geralmente menosprezado
Na conversa, notamos que um se aplica a preparar uma armadilha na qual o outro cai, não por maldade, como se poderia pensar, mas pelo prazer que lhe dá sua própria malícia: outros preparam também um gracejo para que o terceiro o diga e dispõem a argola para que, puxando-a, dê o nó: não por benevolência, como se poderia pensar, mas por maldade e por inteligência grosseira.

352. Centro

Este sentimento "Eu sou o centro do mundo!" se manifesta com muita intensidade quando estamos repentinamente cheios de vergonha; ficamos então como aturdidos no meio dos recifes e nos sentimos como cegados por um só olho enorme que olha de todos os lados, em nós e no fundo de nós mesmos.

353. Liberdade de palavra

"A verdade deve ser dita, ainda que o mundo se parta em mil pedaços!" – assim exclama com sua voz potente o grande Fichte[99]! – Concorde-se, mas seria necessário ainda possuir essa verdade! – Mas ele pensa que cada um deveria dar sua opinião, mesmo sob o risco de confundir completamente todo o sentido. Isso me parece pelo menos discutível.

354. Coragem de sofrer

Tal como somos feitos hoje, somos capazes de suportar certa dose de desprazer e nosso estômago está habituado a esses alimentos indigestos. Sem eles, talvez achássemos insípido o banquete da vida: e sem a boa vontade de sofrer seríamos obrigados a deixar escapar muitas alegrias!

355. Admirador

Aquele que admira a ponto de crucificar aquele que não admira é contado entre os carrascos de seu partido – evitamos até de lhe estender a mão, mesmo se somos de seu partido.

356. Efeito da felicidade

O primeiro efeito da felicidade é o *sentimento de poder*: este efeito quer *se manifestar*, seja diante de nós mesmos, seja diante dos outros homens, seja ainda diante de representações ou seres imaginários. As maneiras mais correntes de se manifestar são: dar presentes, zombar, destruir – as três decorrem de um comum instinto fundamental.

---

(99) Johann Gottlieb Fichte (1762-1814), filósofo alemão (NT).

357. Moscões morais
Esses moralistas desprovidos de amor ao conhecimento e que só conhecem a alegria de fazer mal – esses moralistas têm o espírito e o aborrecimento provincianos; seu prazer, tão cruel como lamentável, consiste em observar os dedos do vizinho e lhe presentear inopinadamente uma agulha para que se pique. Guardaram alguma coisa da maldade dos meninos que não podem se divertir sem perseguir e maltratar qualquer ser, vivo ou morto.

358. As razões e sua falta de razão
Sentes aversão a seu respeito e apresentas abundantes razões para essa aversão – mas acredito apenas em tua aversão, e não em tuas razões! Embelezas as coisas a teus próprios olhos, apresentando-te e apresentando-me como uma dedução lógica o que se faz instintivamente.

359. Aprovar alguma coisa
Aprovamos o casamento, primeiro porque ainda não o conhecemos, depois porque estamos habituados a ele e, em terceiro lugar, porque já o contraímos – quer dizer que é assim em quase todos os casos. E, no entanto, nada fica assim comprovado acerca do valor do casamento em geral.

360. De modo algum utilitaristas
"O poder de que falamos muito mal vale mais que a impotência, à qual só acontece coisa boa" – este era o sentimento dos gregos. O que quer dizer que entre eles o sentimento do poder era estimado como superior a toda espécie de utilidade ou de boa reputação.

361. Parecer feio
A temperança se vê a si mesma como bela; nada pode fazer se, aos olhos dos intemperantes, ela parece grosseira e insípida, por conseguinte, feia.

362. Diferentes no ódio
Alguns só começam a odiar quando se sentem fracos e fatigados; de outro modo, são equitativos e superiores. Outros só

começam a odiar quando entreveem a possibilidade da vingança: de outro modo, evitam toda cólera, refreada ou pública, e desviam quando se apresenta a ocasião.

363. Homens do acaso
Em toda invenção, a maior parte cabe ao acaso, mas a maioria dos homens não consegue encontrar esse acaso.

364. Escolha do círculo de convivência
Livremo-nos de viver num círculo em que não podemos nos calar dignamente nem dar a conhecer nossas ideias superiores, de modo que não nos resta outra coisa a comunicar senão nossas queixas, nossas necessidades e toda a história de nossas misérias. Tornamo-nos assim descontentes conosco mesmos e descontentes com esse círculo, e o despeito de sentir que nos queixamos permanentemente aumenta ainda a infelicidade que nos levava a nos queixarmos. Devemos viver, ao contrário, onde temos *vergonha* de falar de nós e onde não temos essa necessidade. – Mas quem pensa em semelhantes coisas, numa *escolha* em semelhantes coisas! Falamos de nosso "destino", enchemos o peito e suspiramos: "Que infeliz Atlas sou[100]!".

365. Vaidade
A vaidade é o receio de parecer original; é, portanto, uma falta de altivez, mas não necessariamente uma falta de originalidade.

366. Miséria do criminoso
O criminoso que foi descoberto não sofre por seu crime, mas pela vergonha ou pelo despeito que lhe causa uma asneira cometida ou pela privação de seu elemento habitual, e é preciso ter uma rara sutileza para saber discernir nesse caso. Todos aqueles que frequentaram muito as prisões e as casas de correção se surpreendem como raramente nelas se encontra um "remorso" inequívoco: mas muito mais frequentemente a nostalgia do querido velho crime, mau e adorado.

---

(100) Segundo a mitologia grega, Atlas era um gigante que se aliou aos Titãs na luta contra os deuses. Como castigo, Zeus o condenou a sustentar o mundo sobre os ombros (NT).

367. Parecer sempre feliz

Quando a filosofia era assunto de competição pública, na Grécia do século III, havia certo número de filósofos que tornava feliz a segunda intenção do despeito que devia excitar sua felicidade naqueles que viviam segundo outros princípios e aí encontravam seu tormento: pensavam refutar a estes com a felicidade, melhor do que com qualquer outra coisa, e acreditavam que, para alcançar esse objetivo, lhes bastava parecer sempre felizes; mas essa atitude devia, a longo prazo, *torná-los* verdadeiramente felizes! Essa foi, por exemplo, a sorte dos cínicos.

368. A razão que muitas vezes nos leva a desconhecer

A moralidade da força nervosa em aumento é alegre e agitada; a moralidade da força nervosa em declínio, à tarde ou nas pessoas doentes e nos anciãos, impele à passividade, à calma, à espera e à melancolia, às vezes, às ideias sombrias. Conforme possuímos uma ou outra dessas moralidades, não compreendemos aquela que nos falta e a interpretamos nos outros como imoralidade ou fraqueza.

369. Para se elevar acima da própria nulidade

Aí estão altivos indivíduos que, para estabelecer o sentimento de sua dignidade e de sua importância, têm sempre necessidade de outros homens que possam maltratar e violentar: daqueles cuja impotência e covardia permitem que alguém tome impunemente, diante deles, atitudes sublimes e furiosas! – É preciso que seu círculo de convivência seja miserável para que possam se elevar um momento acima de sua nulidade! – Há aqueles que para isso têm necessidade de um cão, outros de um amigo, outros ainda de uma mulher ou de um partido e, finalmente, em casos muito raros, de uma época inteira.

370. Em que medida o pensador ama seu inimigo

Nunca te reprimas nem te cales diante de ti mesmo daquilo que se poderia opor a teus pensamentos! Jura-o! Isso faz parte da lealdade fundamental. Deves fazer cada dia campanha contra ti mesmo. Uma vitória ou a tomada de um reduto não é mais de tua conta, mas diz respeito à verdade – entretanto, a derrota também não é mais de tua conta!

371. A MALDADE DA FORÇA

É necessário compreender a violência resultante da paixão, por exemplo, da cólera, do ponto de vista fisiológico, como uma tentativa para evitar um acesso de sufocamento que ameaça. Inumeráveis atos de uma arrogância que se desencadeia sobre outras pessoas foram os derivativos de congestões súbitas, por meio de uma violenta ação muscular: e talvez se deva considerar sob esse ponto de vista toda a "maldade da força". (A maldade da força fere os outros, sem que se repare nisso – *é necessário* que ela apareça; a maldade da fraqueza *quer* fazer mal e contemplar as marcas do sofrimento).

372. EM HONRA DOS CONHECEDORES

Desde que alguém, sem ser conhecedor, faz, contudo, o papel do juiz, é preciso protestar imediatamente, seja esse alguém homem ou mulher. O entusiasmo ou o arrebatamento, diante de uma coisa ou de um homem, não são argumentos: a aversão e o ódio tampouco.

373. RECRIMINAÇÃO REVELADORA

"Ele não conhece os homens" – isso quer dizer na boca de alguns: "Ele não conhece a baixeza"; e na boca de outros: "Ele não conhece o que é excepcional e conhece demais a baixeza".

374. VALOR DO SACRIFÍCIO

Quanto mais contestamos aos Estados e aos príncipes o direito de sacrificar o indivíduo (na maneira de fazer justiça, de recrutar os exércitos, etc.), mais aumentará o valor do sacrifício de si.

375. FALAR MUITO CLARAMENTE

Há várias razões para articular claramente ao falar: por um lado, a desconfiança em relação a si mesmo no uso de uma língua nova e pouco familiar e, por outro lado, a desconfiança em relação aos outros por causa de sua estupidez ou de sua lenta compreensão. E ocorre o mesmo com coisas espirituais: nossa comunicação é por vezes demasiado clara, demasiado meticulosa, porque, se fosse de outro modo, aqueles a quem nos dirigimos não nos entenderiam. Por conseguinte, o estilo perfeito e leve só é *permitido* diante de um auditório perfeito.

376. Dormir muito

Que fazer para se estimular quando se está fatigado e desgostoso consigo mesmo? Um recomenda a mesa de jogo, outro o cristianismo, um terceiro a agitação. Mas o que há de melhor, meu caro melancólico, ainda é *dormir muito*, no sentido próprio e no figurado! É assim que se acabará por reencontrar a própria manhã! A habilidade da arte de viver é saber intercalar no momento oportuno o sono sob todas as suas formas.

377. O que se deve concluir de um ideal fantasioso

Lá onde se encontram nossas lacunas é que nossas exaltações vão se perder. O princípio fantasioso "amem seus inimigos!" deve ter sido inventado por judeus, os melhores *odiadores* que jamais houve, e a mais bela glorificação da castidade foi escrita por aqueles que, em sua juventude, levaram a vida mais libertina e mais abominável.

378. Mão própria e muro próprio

Não se deve pintar no muro nem Deus nem o diabo. Assim se estragaria o próprio muro e a própria vizinhança.

379. Verossímil e inverossímil

Uma mulher amava secretamente um homem, elevava-o muito acima dela e dizia para si mesma cem vezes em segredo: "Se semelhante homem me amasse seria uma graça diante da qual me deveria prostrar até o chão!". E o mesmo ocorria com o homem, justamente em relação à mesma mulher, e à parte, no segredo de seu ser, repetia para si palavras semelhantes. Quando finalmente as línguas dos dois se soltaram e puderam confessar o que ambos guardavam no coração, profundamente secreto, houve um silêncio e certa hesitação. Depois a mulher abre a boca com uma voz fria: "Então é perfeitamente claro que não somos, nem um nem outro, o que amamos! Se tu és o que dizes e nada mais, eu me rebaixei em vão para te amar: o demônio me seduziu precisamente como a ti." – Esta história muito verossímil não acontece nunca – por quê?

380. Conselho experimentado

De todos os meios de consolação, nenhum faz tão bem àquele que tem necessidade dela que a afirmação de que em seu caso não existe consolação. Ele encontra nisso uma tal distinção que, sem tardar, endireita a cabeça.

381. Conhecer sua "particularidade"

Esquecemos com demasiada frequência que, aos olhos dos estranhos que nos veem pela primeira vez, somos uma coisa inteiramente diferente daquilo que nós mesmos pensamos ser: não vemos geralmente outra coisa senão uma particularidade que salta aos olhos e que determina a impressão. É assim que o mais pacífico dos homens e o mais razoável, caso tivesse um grande bigode, poderia de algum modo sentar-se à sombra desse bigode e ficar totalmente tranquilo – os olhos comuns veem nele o *acessório* de um grande bigode, isto é, um caráter militar que se exalta facilmente e pode chegar até a violência – e diante dele nos comportamos de acordo.

382. Jardineiro e jardim

Nos dias úmidos e sombrios, na solidão, as palavras sem amor que nos são dirigidas geram *conclusões* semelhantes a cogumelos: nós as vemos aparecer diante de nós, numa manhã, sem que saibamos de onde vêm e nos olham, cinzentas e morosas. Infeliz o pensador que não é o jardineiro, mas somente o terreno de suas plantas!

383. A COMÉDIA DA COMPAIXÃO
Seja qual for a parte que tomamos na sorte de um infeliz, em sua presença sempre fazemos um pouco de comédia, não dizemos muitas coisas que pensamos e como as pensamos, com a circunspecção de um médico na cabeceira de um enfermo em perigo de morte.

384. HOMENS ESTRANHOS
Há pessoas pusilânimes que não dão nenhuma importância ao que há de melhor em sua atividade e que não conseguem transmitir qual o alcance dela: mas, por uma espécie de vingança, tampouco se interessam pela simpatia dos outros e até mesmo não acreditam na simpatia; têm vergonha de parecer muito contentes consigo mesmos e parecem se comprazer, com obstinação, em tornar-se ridículos. – Esses estados de alma se encontram nos artistas melancólicos.

385. OS VAIDOSOS
Somos como vitrines de lojas, onde passamos nosso tempo a arrumar, a esconder, a colocar em evidência as pretensas qualidades que os outros nos concedem – para nos enganarmos a nós mesmos.

386. OS PATÉTICOS E OS INGÊNUOS
É talvez um hábito sem nobreza não deixar passar nenhuma ocasião de se mostrar patético: pelo prazer de imaginar o espectador que bate no peito e se sente ele próprio pequeno e desprezível. Por conseguinte, é talvez também um sinal de nobreza brincar com as situações patéticas e comportar-se nelas sem dignidade. A velha nobreza guerreira da França possuía esse gênero de distinção e de sutileza.

387. COMO REFLETIR ANTES DO CASAMENTO
Supondo que ela me ama, como vai me importunar com o tempo! E supondo que não me ama, haverá razões maiores para que com o tempo me importune ainda mais! – Trata-se somente de duas espécies de incômodo – casemo-nos pois!

388. A vigarice com boa consciência

É extremamente desagradável ser enganado nas pequenas compras, por exemplo, no Tirol[101], porque, além do mau negócio, é preciso suportar ainda a má figura e a cobiça brutal do comerciante trapaceiro, bem como má consciência e grosseira intimidade que se manifesta no comerciante em relação a nós. Em Veneza, pelo contrário, o vigarista alegra-se imensamente pelo golpe que aplicou com sucesso e não se dá de forma alguma à zombaria, mas está mesmo completamente disposto a demonstrar amabilidades ao logrado e sobretudo a rir com ele, caso estivesse também disposto a isso. – Em resumo: é preciso ter espírito e boa consciência para ser trapaceiro: isso praticamente reconcilia o enganado pela trapaça.

389. Um tanto pesado demais

Pessoas muito corajosas, que são um pouco pesadas para ser polidas e amáveis, procuram responder imediatamente a uma gentileza prestando um serviço sério ou levando o apoio de sua força. É tocante observar a timidez com que oferecem suas peças de ouro quando outro lhes ofereceu suas moedas de ouro.

390. Esconder o espírito

Quando surpreendemos alguém escondendo diante de nós seu espírito, nós o tratamos como mau: com maior razão se suspeitamos que foi impelido a isso pela amabilidade e pela benevolência.

391. O mau momento

As naturezas vivas não mentem senão num momento: mentiram então a si mesmas e permanecem convictas e honestas.

392. Condições da polidez

A polidez é uma boa coisa e realmente uma das quatro virtudes cardeais (embora seja a última): mas, para que não nos importunemos uns aos outros com ela, é necessário que aquele com quem tenho negócios tenha um grau de polidez a mais ou a menos

---

(101) Região do sul da Áustria e do extremo norte da Itália; era totalmente austríaca até 1919, data em que, ao término da Primeira Guerra Mundial, parte dela foi anexada ao território italiano (NT).

que eu – de outra forma, acabaremos por tomar raízes, pois o bálsamo não somente embalsama, mas nos cola também no local.

393. Virtudes perigosas

"Ele não esquece nada, mas perdoa tudo." – Então será duplamente odiado, pois envergonha duplamente, com sua memória e com sua generosidade.

394. Sem vaidade

Os homens apaixonados pensam pouco no que os outros pensam, seu estado os eleva acima da vaidade.

395. A contemplação

Neste pensador, o estado contemplativo próprio dos pensadores segue sempre o estado de medo, naquele outro, sempre o estado de desejo. No primeiro, a contemplação se alia, portanto, ao sentimento de *segurança*; no segundo, ao sentimento de *saciedade* – o que quer dizer que aquele experimenta um sentimento de coragem e este, de desgosto e de neutralidade.

396. À caça

Este vai à caça para apanhar verdades agradáveis, aquele, verdades desagradáveis. Por isso o primeiro tem mais prazer na caça do que no espólio.

397. Educação

A educação é uma continuação da procriação e muitas vezes uma espécie de paliativo ulterior desta.

398. Como se reconhece o mais fogoso

De duas pessoas que lutam juntas ou que se amam ou se admiram, a mais fogosa assume sempre a posição menos confortável. Ocorre o mesmo com dois povos.

399. Defender-se

Certos homens têm pleno direito de agir desta ou daquela

maneira; mas, quando querem defender sua conduta, não acreditamos mais que seja assim – e não temos razão.

400. Relaxamento moral
Há naturezas morais ternas que têm vergonha de cada um de seus sucessos e dos remorsos de cada insucesso.

401. Esquecimento perigoso
Começamos por desaprender a amar os outros e acabamos por não encontrar em nós mesmos nada que seja digno de ser amado.

402. Uma tolerância como outra
"Ficar um minuto a mais sobre brasas ardentes e *queimar-se* um pouco – isso não faz mal nem aos homens nem às castanhas! Essa pequena amargura e essa pequena dureza permitem sentir enfim como o coração é doce e macio." – Sim! É assim que vocês julgam, vocês, gozadores! Sublimes antropófagos!

403. Altivez diferente
São as mulheres que empalidecem com a ideia de que seu amado poderia não ser digno delas; são os homens que empalidecem com a ideia de que poderiam não ser dignos de sua amada. Trata-se aqui de mulheres completas, de homens completos. Daqueles homens que possuem, *em tempos normais*, a confiança em si e o sentimento do poder, sentem, em estado de paixão, uma espécie de timidez e uma espécie de dúvida a respeito de si mesmos; daquelas mulheres que, pelo contrário, se consideram sempre como seres fracos, prontas ao abandono, mas, na exceção sublime da paixão, encontram sua altivez e seu sentimento de poder – muitos perguntam então: quem, pois, é digno de *mim*?

404. A quem raramente se faz justiça
Certos homens não podem se entusiasmar com qualquer coisa de bom e de grande sem cometer, de um lado e de outro, uma grave injustiça: é *seu* tipo de moralidade.

405. Luxo
O gosto do luxo está arraigado nas profundezas de um homem: ele revela que é nas ondas da abundância e do supérfluo que sua alma nada mais à vontade.

406. Tornar imortal
Que aquele que quer matar seu adversário considere se essa não seria uma forma de eternizá-lo em si mesmo.

407. Contra nosso caráter
Quando a verdade que temos a dizer vai contra nosso caráter – como isso ocorre muitas vezes –, nós nos comportamos, ao dizê-la, como se não soubéssemos mentir e despertamos a desconfiança.

408. Onde é necessária muita doçura
Certas naturezas não têm outra escolha senão de serem malfeitores públicos ou secretos carregadores de cruz.

409. Doença
Por doença é preciso entender: a aproximação de uma velhice precoce, da feiura e dos juízos pessimistas: três coisas que caminham juntas.

410. Os seres temerosos
São precisamente os seres desajeitados e temerosos que se tornam facilmente criminosos: não se contentam com a defesa ou a vingança proporcional a seu objetivo; por falta de espírito e de presença de espírito, seu ódio não conhece outra saída senão o aniquilamento.

411. Sem ódio
Queres te despedir de tua paixão! Podes fazê-lo, mas *sem ódio* contra ela! Senão te sobrevirá uma segunda paixão. – A alma do cristão que se libertou do pecado se arruína geralmente de imediato pelo ódio ao pecado. Contempla os rostos dos grandes cristãos! São rostos cheios de grande ódio.

412. Espiritual e limitado
Ele não sabe apreciar nada fora de si mesmo; e, quando quer estimar outras pessoas, tem sempre de começar por transformá-las em si mesmo. Mas, para fazer isso, é espiritual.

413. Os acusadores privados e públicos
Olha de perto todo o homem que acusa e interroga – ele revela nisso seu caráter: ora, não é raro que esse caráter seja pior que aquele da vítima cujo crime investiga. O acusador imagina inocentemente que o inimigo do crime e do malfeitor deve forçosamente ter, por natureza, um bom caráter ou pelo menos passar por bom – de tal modo que ele se deixa levar, ou melhor: se enfurece.

414. Os cegos voluntários
Há uma espécie de dedicação exaltada, levada ao extremo por uma pessoa ou por um partido, que denuncia que nos sentimos secretamente superiores a essa pessoa ou a esse partido e que, por causa disso, guardamos certo rancor. Nós nos cegamos de certo modo voluntariamente para punir nossos olhos por terem visto demais.

415. *Remedium amoris*[102]
Na maior parte dos casos, o que há ainda de mais eficaz contra o amor é o velho remédio radical: o amor partilhado.

416. Onde está o pior inimigo?
Aquele que sabe defender bem sua causa e que tem consciência disso manifesta geralmente um espírito conciliador em relação aos adversários. Mas acreditar que lutamos pela boa causa e saber que *não* somos hábeis para defendê-la – isso é que leva vocês a perseguir seus adversários com um ódio secreto e implacável. – Que cada um calcule, a partir disso, onde deve procurar seus piores inimigos!

---
(102) Expressão latina que significa "remédio do amor" (NT).

417. LIMITES DE TODA HUMILDADE

Mais que um já chegou à humildade que diz: *credo quia absurdum est*[103], e que oferece sua razão em holocausto: mas ninguém, pelo menos que eu saiba, chegou ainda a essa humildade que, no entanto, não está muito distante da primeira e que diz: *credo quia absurdus sum*[104].

418. COMÉDIA DO VERDADEIRO

Há aqueles que são sinceros – não porque detestem simular sentimentos, mas porque não conseguiriam simulá-los de maneira convincente. Em resumo, não têm confiança em seu talento de comediantes e preferem a sinceridade, a "comédia do verdadeiro".

419. CORAGEM NA RESOLUÇÃO

As pobres ovelhas dizem a seu condutor: "Vai sempre em frente, e nós nunca deixaremos de ter coragem para te seguir". Mas o pobre condutor pensa consigo mesmo: "Sigam-me sempre e eu nunca deixarei de ter coragem de conduzi-las".

420. ASTÚCIA DA VÍTIMA

É uma triste astúcia querer se iludir com alguém por quem nos sacrificamos, dando-lhe ocasião em que ele possa parecer tal como gostaríamos de que fosse.

421. ATRAVÉS DE OUTROS

Há homens que não querem de maneira nenhuma ser vistos de outra forma que projetando seus raios através de outros. É marca de grande sabedoria.

422. DAR PRAZER AOS OUTROS

Por que dar prazer é superior a todos os outros prazeres? – Porque dessa forma se pode dar prazer de uma só vez a cinquenta

---

(103) Expressão latina que significa "creio porque é absurdo" (NT).
(104) Expressão latina que significa "creio porque sou absurdo" (NT).

de seus próprios instintos. E podem ser talvez algumas alegrias muito pequenas: mas, se forem reunidas todas numa só mão, ter-se-á a mão mais cheia que nunca – e o coração também.

Livro Quinto

423. No grande silêncio

Aí está o mar, aqui podemos esquecer a cidade. É verdade que tocam ainda a *Ave-Maria* – é esse ruído fúnebre e insensato, mas suave, na encruzilhada do dia e da noite – esperem um momento ainda! Agora tudo se cala! O mar se estende pálido e cintilante, mas não pode falar. O céu joga com cores vermelhas, amarelas e verdes seu eterno e mudo jogo do crepúsculo, não pode falar. Os pequenos escolhos e os recifes que correm no mar, como para encontrar o local mais solitário, todos não podem falar. Esse enorme mutismo que de repente nos surpreende, como é belo e cruel para dilatar a alma! – Ai! Que duplicidade há nessa muda beleza! Como poderia falar bem, e mal também, se o quisesse! Sua língua presa e a felicidade sofredora marcam seu rosto, tudo isso não passa de malícia para zombar de tua compaixão! – Que importa! Não me envergonho de atrair o riso de semelhantes forças. Mas tenho dó de ti, natureza, pois tens de te calar, mesmo que fosse somente tua malícia que te prende a língua: sim, tenho dó de ti, por causa de tua malícia! – Ai! O silêncio aumenta mais ainda e meu coração se dilata de novo: espanta-se com uma nova verdade, *ele também não pode falar*, se põe de acordo com a natureza desafiar, quando a boca quer lançar palavras no meio dessa beleza, ele próprio goza da doce malícia do silêncio. A palavra e o próprio pensamento tornam-se odiosos para mim: não será porque ouço, por trás de cada palavra, rir e não escuto o erro, a imaginação e o espírito de ilusão? Não devo zombar de minha compaixão? Que eu zombe de minha zombaria? – Ó mar! Ó tarde! Vocês são mestres maliciosos! Ensinam o homem a *deixar* de ser homem! Ele deve se abandonar a vocês? Deve tornar-se como vocês são agora, pálidos, cintilantes, mudos, imensos, repousando em si mesmos? Deve elevar-se acima de si mesmo?

424. Para quem a verdade?

Até o presente, os erros foram as forças mais *ricas* em consolação: agora se espera os mesmos serviços das verdades reconhecidas, mas elas se fazem esperar um pouco demais. Como as verdades não seriam talvez as mais apropriadas para consolar? – Esse seria, pois, um argumento contra as verdades? Que têm elas de comum com o estado doentio dos homens sofredores e degenerados, para que se possa exigir delas que lhes sejam úteis? Não se prova nada contra a *verdade* de uma planta ao constatar que ela não contribui de alguma maneira para a cura dos homens doentes. Mas outrora havia a convicção de que o homem era o objetivo da natureza, a ponto de admitir sem cerimônia que o conhecimento não podia revelar nada que não fosse salutar e útil ao homem e, mais ainda, que não poderia, *a nenhum preço*, haver outra coisa no mundo. – Talvez de tudo isso se poderia concluir que a verdade, como entidade e conjunto, só existe para as almas contemporaneamente poderosas e desinteressadas, alegres e pacíficas (como era a de Aristóteles), e que essas almas seriam as únicas a *procurá-la* realmente: pois os outros procuram *remédios* para seu uso, qualquer que seja, aliás, o orgulho que têm para vangloriar-se de seu intelecto e da liberdade desse intelecto – eles *não* procuram a verdade. Aí está por que a ciência proporciona tão pouca alegria verdadeira a esses homens que a recriminam por sua frieza, por sua aridez e por sua desumanidade: esse é o juízo dos doentes sobre a disposição daqueles que são saudáveis. – Os deuses da Grécia também não tinham grande tino para consolar; quando o povo grego acabou por cair doente, ele também foi uma das razões por que semelhantes deuses pereceram.

425. Nós, deuses no exílio!

Por *erros* sobre sua origem, sua situação única, seu destino e por exigências fundadas nesses erros, a humanidade elevou-se muito alto e ela se "ultrapassou-se a si mesma" sem cessar: mas, por esses mesmos erros, sofrimentos indizíveis, perseguições, suspeitas e desconhecimentos recíprocos e um maior número ainda de misérias do indivíduo, em si e sobre si, entrou no mundo. Os homens tornaram-se criaturas *sofredoras* por causa de suas morais: o que obtiveram foi, em resumo, o sentimento de que eram fundamentalmente demasiado bons e demasiado importantes para a terra, onde só estavam de passagem. "O orgulhoso que sofre" está ainda lá, provisoriamente, o tipo superior da humanidade.

426. Cegueira dos pensadores em relação às cores

Os gregos viam a natureza de maneira diferente da nossa, pois devemos admitir que seu olho era cego para o azul e para o verde e que viam, em vez do azul, um castanho mais carregado, em vez de verde, um amarelo (designavam, pois, com a mesma palavra, a cor de uma cabeleira escura, aquela do mirtilo e aquela dos mares meridionais, e ainda, pela mesma palavra, a cor das plantas verdes e da pele humana, do mel e das resinas amarelas: de modo que seus maiores pintores, como foi demonstrado, não puderam reproduzir o mundo que os cercava senão pelo preto, pelo branco, pelo vermelho e pelo amarelo). – Como lhes devia parecer diferente a natureza e mais próxima do homem, pois a seus olhos as cores do homem predominavam igualmente na natureza e esta, por assim dizer, se banhava no éter colorido da humanidade! (O azul e o verde despojam a natureza de sua humanidade mais que qualquer outra cor). Foi por esse defeito que se desenvolveu a facilidade infantil, peculiar dos gregos, de considerar os fenômenos da natureza como deuses e semideuses, isto é, de vê-los sob forma humana. – Mas que isso sirva de símbolo a outra hipótese. Todo pensador pinta o mundo particular dele e as coisas que o cercam com menos cores do *que as que existem*, e é cego a algumas. Não é apenas um defeito. Graças a essa aproximação e a essa simplificação, ele *empresta às coisas* harmonias de cores extremamente que têm um grande encanto e que podem produzir um enriquecimento da natureza. Talvez seja mesmo por essa via somente que a humanidade aprendeu a *usufruir* do espetáculo da vida: graças ao fato de que a existência lhe foi inicialmente apresentada com uma ou duas tonalidades e, por conseguinte, de uma forma mais harmoniosa: ela se habituou, por assim dizer, com esses tons simples, antes de passar a nuances mais variadas. Ainda hoje, certos indivíduos se esforçam para sair de uma cegueira parcial para chegar a uma vida mais rica e a uma diferenciação maior; fazendo isso não somente encontram novos prazeres, mas também são forçados a *abandonar* e a *perder* alguns antigos.

427. O EMBELEZAMENTO DA CIÊNCIA

Da mesma forma que a arte dos jardins rococó nasceu do sentimento: "a natureza é feia, selvagem, aborrecida – pois bem! vamos embelezá-la!" – igualmente nasceu do sentimento: "a ciência é feia, árida, desesperada, difícil, aborrecida – pois bem! vamos embelezá-la!" – provoca sempre e de novo alguma coisa que se chama *filosofia*. Esta quer o que querem todas as artes e todas as obras poéticas: *divertir*, antes de qualquer outra coisa. Mas ela quer isso em conformidade com um orgulho hereditário, de uma maneira superior e mais sublime, diante dos espíritos de elite. Criar para ela uma arte dos jardins, cujo encanto principal seria, como para os espíritos "mais vulgares", criar uma *ilusão visual* (por meio de templos, de perspectivas, de grutas, de labirintos, de cascatas, para utilizar metáforas), apresentar a ciência em resumo com todas as espécies de luzes maravilhosas e repentinas, incorporar nisso algo de bastante vago, de desrazão e de sonho, para que possamos ali passear "como na natureza selvagem", mas sem custo e sem aborrecimento – esta não é uma ambição modesta: aquele que está possuído por ela sonha mesmo em tornar supérflua a religião, religião que, para os homens de outrora, apresentava a forma suprema da arte do divertimento. – Doravante isso segue seu curso para atingir um dia seu ponto culminante: já hoje começam a ser ouvidas vozes hostis à filosofia, vozes que gritam: "Retorno à ciência, à natureza e ao natural da ciência!"

– *anunciando* talvez uma época que vai descobrir a beleza mais poderosa, justamente nas partes "selvagens e feias" da ciência, da mesma maneira que só depois de Rousseau[105] nós descobrimos o sentido da beleza do alto das montanhas e dos desertos.

428. Duas espécies de moralistas

Ver e ver completamente, pela primeira vez, uma lei da natureza, isto é, *demonstrar* essa lei (por exemplo, aquela da queda dos corpos, da reflexão da luz e do som), isso é coisa totalmente diferente do que *explicá-la* e também assunto de espíritos bem diferentes. É assim que se distinguem também esses moralistas que veem e comentam as leis e os hábitos humanos – moralistas notáveis pelo ouvido, nariz e olhos sutis – daqueles que explicam o que observaram. Estes últimos devem ser sobretudo *inventivos* e possuir uma imaginação *isenta* pela sagacidade e pelo saber.

429. A nova paixão

Por que tememos e detestamos a possibilidade de um retorno à barbárie? Seria talvez porque a barbárie tornaria os homens mais infelizes do que são? De modo algum! Os bárbaros de todas as épocas foram *mais* felizes: não nos iludamos! – Mas nosso *instinto de conhecimento* é muito desenvolvido para que possamos ainda apreciar a felicidade sem conhecimento ou a felicidade de uma ilusão sólida e vigorosa; só sofremos com a simples ideia de semelhante estado de coisas! A inquietação da descoberta e da solução encontrada tornou-se para nós tão sedutora e tão indispensável como, para o amante, seu amor infeliz: por nenhum preço gostaria de trocá-lo por um estado de indiferença; – sim, talvez também nós sejamos amantes infelizes! O conhecimento transformou-se em nós em paixão que não teme nenhum sacrifício e não tem no fundo senão um único receio: o de se extinguir a si própria; acreditamos sinceramente que toda a humanidade, acabrunhada sob o peso *dessa* paixão, deve sentir-se mais nobre e mais confiante do que antes, quando não tinha ainda ultrapassado a satisfação mais grosseira que acom-

---

(105) Jean-Jacques Rousseau (1712-1778), filósofo e escritor suíço; entre suas obras, *O contrato social* e *A origem da desigualdade entre os homens* (NT).

panha a barbárie. A paixão do conhecimento talvez leve mesmo a humanidade a perecer! – este pensamento também é desprovido de qualquer poder sobre nós! O cristianismo assustou-se alguma vez com ideias semelhantes? A paixão e a morte não são irmãs? Sim, odiamos a barbárie – todos preferimos ver a destruição de toda a humanidade a ver o conhecimento regredir sobre seus passos! E, afinal de contas: se a *paixão* não leva a humanidade a perecer, ela vai perecer de *fraqueza*: que preferimos? Esta é a questão essencial. Desejamos que a humanidade acabe no fogo e na luz ou na areia?

430. Isso também é heroico

Fazer as coisas mais malcheirosas de que nem sequer se ousa falar, mas que são úteis e necessárias – isso também é heroico. Os gregos não tiveram vergonha de incluir nos grandes trabalhos de Hércules a limpeza de uma estrebaria.

431. As opiniões dos adversários

Para avaliar como se mostram naturalmente sutis e fracos os cérebros, mesmo os mais inteligentes, é preciso observar a maneira pela qual concebem e reproduzem as opiniões de seus adversários: nisso se revela a medida natural de todo intelecto. – O sábio perfeito eleva, sem querer, seu adversário a uma altura ideal onde desembaraça suas objeções de todos os defeitos e de todas as contingências: só quando o adversário se tornou um deus de armas brilhantes inicia o combate com ele.

432. Pesquisador e experimentador

Nenhum método científico é o único a poder dar acesso ao conhecimento! Devemos proceder com as coisas por tentativas, sejamos ora bons ora maus em relação a elas, agindo cada uma por sua vez com justiça, paixão e frieza. Um se envolve com as coisas como policial, outro como confessor, um terceiro como viajante e como curioso. Poder-se-á chegar a arrancar uma parcela delas, seja pela simpatia, seja pela violência; um é impelido para frente, impelido a ver claro pela veneração que lhe inspiram seus segredos, outro, pelo contrário, pela indiscrição e pela malícia na interpretação dos mistérios. Nós, pesquisadores, como todos os conquistadores, todos os navegadores, todos os aventureiros, somos de uma moralidade audaciosa e devemos estar preparados para passar, no fim de tudo, por maus.

433. Ver com olhos novos

Admitindo que por beleza na arte se entende sempre a *configuração do homem feliz* – e eu acho que é verdade –, segundo a ideia que uma época, um povo, um grande indivíduo que fixa suas leis por si mesmo têm de um homem feliz: que indicações a arte dos artistas atuais, chamada *realismo*, vai dar sobre a felicidade do nosso tempo? É certo que *esse* é o gênero de beleza que captamos agora mais facilmente e que mais apreciamos. Por conseguinte, é preciso admitir que a felicidade atual, essa felicidade que *nos* é própria, encontra sua realização no realismo, com sentidos tão penetrantes quanto possível e uma concepção tão fiel quanto possível do que é real, portanto, de modo algum *na* realidade, mas *no saber da realidade*. Os resultados da ciência já atingiram tal profundidade e tal amplitude que os artistas deste século se tornaram, sem querer, os glorificadores da "suprema felicidade" científica!

434. Interceder

As regiões sem pretensões estão lá para os grandes paisagistas, as regiões singulares e raras para os pequenos pintores. Isso significa que as grandes coisas da natureza e da humanidade devem interceder em favor daqueles que, entre seus admiradores, são pequenos, medíocres e vaidosos – enquanto o *grande artista* intercede em favor das coisas simples.

435. Não perecer imperceptivelmente

Não é numa única vez, mas sem cessar, que nossa capacidade e nossa grandeza se esgotam; a vegetação minúscula que cresce em toda parte, que se introduz entre as coisas e chega a espalhar-se, arruína o que há de grande em nós – a mesquinhez de nosso círculo de convivência, o que temos sob os olhos todos os dias e a toda hora, as mil raízes minúsculas de tal sentimento mesquinho que crescem em torno de nós em nossas funções, em nossas relações, em nosso emprego do tempo. Se não prestarmos atenção a essa pequena erva daninha, ela nos levará a perecer imperceptivelmente! – E, se quiserem absolutamente perecer, então que seja de *um só golpe* e subitamente: talvez subsistam do que vocês foram, *ruínas altaneiras*! E não, como se receia hoje, montes de detritos! Com relva e ervas daninhas crescendo sobre eles, vencedores minúsculos, tão humildes como aqueles recentes e mesmo demasiado mesquinhos para triunfar.

436. Casuística

Há uma alternativa amarga que a bravura e o caráter não permitem a todo o homem enfrentar: descobrir, como passageiro de um navio, que o capitão e o piloto cometem erros perigosos e que somos superiores a eles em conhecimentos náuticos – e perguntar-nos então: Com os diabos! Se liderasses um motim contra eles e os fizesses prisioneiros? Tua superioridade não faz disso um dever? E, do lado deles, não terão o direito de te prender porquanto minas a obediência? – Este é um símbolo para situações mais importantes e mais difíceis: e, afinal de contas, uma pergunta permanece sempre aberta, isto é, quem garante, em semelhantes casos, nossa superioridade, nossa autoconfiança? O sucesso? Mas então é preciso justamente realizar imediatamente a ação que encerra todos os perigos – e não somente perigos para nós, mas também para o navio.

437. Privilégios

Aquele que se possui verdadeiramente, isto é, aquele que se *conquistou* definitivamente, passa a considerar como privilégio seu punir-se, perdoar-se, apiedar-se de si mesmo: ele não tem necessidade de transferir isso a ninguém, mas pode também livremente recorrer a outro, por exemplo, a um amigo – ele sabe, contudo, que está assim outorgando um *direito* e que só a posse do *poder* permite outorgar direitos.

438. O homem e as coisas

Por que o homem não vê as coisas? É que ele próprio impede o caminho: ele esconde as coisas.

439. Sinais distintivos da felicidade

Todas as sensações de felicidade têm duas coisas em comum: a *plenitude* do sentimento e a *petulância* que dele resulta; de modo que nos sentimos em nosso elemento como um peixe na água e que nele nos agitamos. Bons cristãos compreenderão o que é a exuberância cristã.

440. Não abdicar!

Renunciar ao mundo sem conhecê-lo, como uma *freira* – é terminar numa solidão estéril, talvez melancólica. Isso nada tem em comum com a solidão da vida contemplativa do pensador: quando ele escolhe essa solidão não quer de modo nenhum renunciar; seria para ele, pelo contrário, abandono, melancolia, destruição de si próprio dever persistir na *vida prática* – ele renuncia a esta porque a conhece, porque se conhece. É assim que dá um mergulho em *sua* água, é assim que conquista *sua* serenidade.

441. Por que o próximo se torna para nós cada vez mais distante

Quanto mais pensamos sobre tudo o que foi e tudo o que será, mais nos parece atenuado o que fortuitamente se encontra no presente. Se vivermos com mortos e morrermos da morte deles, o que são então para nós os "próximos"? Nós nos tornamos mais solitários – e isso *porque* a onda inteira da humanidade ressoa em torno de nós. O ardor que queima em nós por tudo o que é humano aumenta sem cessar – é *por isso que* olhamos tudo o que nos cerca como se se tivesse tornado mais indiferente, mais semelhante a um fantasma. – Mas a frieza de nosso olhar *ofende*!

442. A regra

"Para mim, a regra é sempre mais interessante do que a exceção" – aquele que pensa assim está mais avançado no conhecimento e faz parte dos iniciados.

443. Para a educação

Pouco a pouco fui vendo mais claramente o defeito mais

difundido de nossa maneira de ensinar e de educar. Ninguém aprende, ninguém aspira, ninguém ensina – *a suportar a solidão*.

444. A SURPRESA QUE A RESISTÊNCIA CAUSA

Porque uma coisa acabou por nos parecer transparente, imaginamos que daí em diante ela não poderá nos oferecer resistência – e ficamos surpresos então porque podemos ver através dela, mas não podemos atravessá-la! É a mesma loucura e a mesma surpresa que se apodera de uma mosca diante de uma vidraça.

445. EM QUE OS MAIS NOBRES SE ENGANAM

Acabamos por dar a alguém o que temos de melhor, nosso tesouro – e agora o amor não tem mais nada para dar: mas aquele que aceita isso não encontra ali o que ele tem, *ele próprio*, de melhor e, por conseguinte, falta-lhe esse pleno e derradeiro reconhecimento, sobre o qual conta aquele que dá.

446. CLASSIFICAÇÃO

Há, em primeiro lugar, pensadores superficiais; em segundo lugar, pensadores profundos – daqueles que descem nas profundezas das coisas; – em terceiro lugar, pensadores radicais que querem descer até o último vestígio de uma coisa – o que tem muito mais valor do que simplesmente descer em sua profundeza! – Finalmente, há pensadores que mergulham a cabeça no lamaçal: o que não deveria ser sinal nem de profundidade nem de pensamento profundo! São nossos queridos pensadores do subsolo.

447. MESTRE E ALUNO

Um mestre deve colocar seus discípulos em alerta contra ele próprio; isso faz parte de sua humanidade.

448. HONRAR A REALIDADE

Como podemos contemplar essa multidão de povo em júbilo sem lágrimas e sem aplausos! Outrora pensávamos com desprezo no objeto de sua alegria e seria ainda assim *se* não tivéssemos vivido nós mesmos essas alegrias! A que os acontecimentos podem, portanto, nos arrastar! A que opiniões nos fazem chegar! Para não nos perdermos, para não perdermos a *razão*, devemos fugir diante das experiências. Foi assim que Platão fugiu diante da realidade e não quis mais contemplar coisas, a não ser as pálidas imagens ideais; ele era cheio de sensibilidade e sabia quão facilmente as ondas da sensibilidade rebentavam em sua razão. O sábio deveria, por conseguinte, dizer a si mesmo: "Quero honrar a *realidade*, mas virando-lhe as costas, *porque* a conheço e a temo?" – deveria agir como certas tribos africanas diante de seu soberano: não se aproximando dele senão de costas e sabendo testemunhar sua veneração ao mesmo tempo que seu temor?

449. Onde estão os indigentes de espírito?
Ah! Como me repugna *impor* a outro meus próprios pensamentos! Quero me regozijar com cada pensamento que me vem, com cada retorno secreto que ocorre em mim, onde as ideias dos outros passam a ter valor em detrimento das minhas! Mas, de tempos em tempos, sobrevém uma festa maior ainda, quando é *expandir* o próprio bem espiritual, semelhante ao confessor sentado num canto, ansioso por ver chegar alguém que tenha *necessidade* de consolo, que fala da miséria de seus pensamentos, a fim de lhe encher de novo o coração e as mãos e a *aliviar* sua alma inquieta! Não somente o confessor não quer ter glória com isso: ele gostaria até de se furtar ao reconhecimento, pois é indiscreto e sem pudor diante da solidão e do silêncio. Mas viver sem nome ou exposto a leve troça, muito obscuramente para despertar a inveja ou a inimizade, armado de um cérebro sem febre, de um punhado de conhecimentos e de uma bolsa cheia de experiências, ser para o espírito uma espécie de médico dos pobres e ajudar um e outro quando sua cabeça está *perturbada por opiniões*, sem que perceba com certeza a quem ajudou! Não procurar ter razão diante dele e celebrar uma vitória, mas falar-lhe de maneira que, após uma pequena indicação imperceptível ou uma objeção, ele encontre por si mesmo o que é verdadeiro e que se vá orgulhosamente por causa disso! Ser como uma humilde estalagem que não recusa ninguém que precise, mas que depois é logo esquecida e ridicularizada! Não ter

vantagem em nada, nem melhor alimentação, nem ar mais puro, nem espírito mais alegre – mas sempre oferecer, restituir, comunicar, tornar-se mais pobre! Saber ser pequeno para ser acessível a muita gente e não humilhar ninguém! Tomar sobre si muitas injustiças e ter rastejado como vermes por toda espécie de erros, para poder penetrar, em caminhos secretos, em muitas almas escondidas! Sempre numa mesma espécie de amor e sempre num mesmo egoísmo e numa mesma alegria de si! Possuir autoridade, mas manter-se ao mesmo tempo oculto, renunciador! Manter-se constantemente estendido ao sol da amenidade e da graça, mas saber que o acesso do sublime está ao alcance da mão! – Aí está o que seria uma vida! Aí está uma razão para viver muito tempo!

450. A SEDUÇÃO DO CONHECIMENTO

Nos espíritos apaixonados, um olhar lançado pela porta da ciência age como a sedução das seduções; é de se prever que esses espíritos se tornarão assim sonhadores e, no caso mais favorável, poetas: tamanho é seu desejo da felicidade do conhecimento. Não nos toma por todos os sentidos – esse tom de doce sedução que a ciência assume para anunciar sua boa nova, com cem palavras e mais maravilhosamente com a centésima primeira: "Libertem-se da ilusão e o "infeliz de mim!" desaparecerá ao mesmo tempo; e com o "infeliz de mim!" vai embora também a dor" (Marco Aurélio).

451. AQUELES QUE TÊM NECESSIDADE DE UM BOBO DA CORTE

Os seres muito belos, muito bons, muito poderosos quase nunca captam a verdade completa e comum, seja qual for o assunto – pois, em sua presença, mente-se involuntariamente um pouco, porque se está sob sua impressão e, conforme essa impressão, se apresenta o que se poderia dizer de verdade sob forma de *adaptação* (falsifica-se, portanto, a cor e o grau dos fatos e suprime-se o que não se deixa adaptar). Se pessoas dessa espécie querem, apesar de tudo, ouvir a qualquer preço a verdade, precisam arranjar um *bobo da corte* – um ser que possua o privilégio da loucura de não poder se adaptar.

452. Impaciência

Há um grau de impaciência nos homens de pensamento e de ação que, ao menor insucesso, os faz passar em seguida ao campo contrário, os impele a apaixonar-se e a lançar-se aí em novas empresas – até que, também ali, sejam apanhados por uma hesitação do sucesso: é assim que vagueiam, aventureiros e violentos, através da prática de muitos reinos e de naturezas variadas, e pode ocorrer que finalmente se tornem, graças ao conhecimento universal dos homens e das coisas que deixa neles a prodigiosa experiência de suas aventuras, atenuando um pouco seu instinto, homens práticos poderosos. É assim que uma fraqueza de caráter se torna uma escola de gênio.

453. Interregno moral

Quem seria capaz de descrever já agora o que um dia *vai substituir* os sentimentos e os juízos morais? – embora possamos ver com certeza que estes se baseiam em fundamentos inteiramente defeituosos e que seu edifício é irreparável: seu caráter imperativo diminui forçosamente dia após dia, à medida que o caráter imperativo da razão não diminui! Reconstruir as leis da vida e da ação – para realizar essa tarefa, nossas ciências da fisiologia, da medicina, da sociedade e da solidão não estão ainda muito seguras de si: entretanto, é somente delas que podemos tirar as pedras fundamentais de um novo ideal (se não for esse próprio ideal). Vivemos, portanto, de uma existência *preliminar* ou *retardatária*, segundo nossos gostos e nossos talentos, e o que podemos fazer de melhor, nesse interregno, é sermos, tanto quanto possível, nossos próprios reis e fundarmos pequenos *Estados experimentais*. Somos experiências: vamos sê-lo de bom grado.

454. Interrupção

Um livro como este não é feito para ser lido apressadamente de ponta a ponta, nem para ser lido em voz alta; deve ser aberto muitas vezes, especialmente durante um passeio ou uma viagem; é preciso poder mergulhar nele, depois olhar para os lados e não encontrar mais nada de usual em torno de si.

455. A PRIMEIRA NATUREZA

Da maneira como nos criam hoje, começamos por receber uma *segunda natureza*: e nós a possuímos quando o mundo nos declara que chegamos à maturidade, emancipados, utilizáveis. Só um reduzido número é suficientemente serpente para se despojar dessa pele, no momento em que, sob esse invólucro, sua *primeira natureza* chegou à maturidade. Mas na maioria das pessoas o germe foi sufocado.

456. UMA VIRTUDE EM DEVIR

Afirmações e promessas como aquelas do filósofo antigo sobre a harmonia entre a virtude e a beatitude ou aquelas que nos faz o cristianismo, dizendo: "Procurem antes de tudo o reino de Deus e todo o resto lhes será dado em acréscimo[106]!" – nunca foram formuladas com uma sinceridade absoluta, mas sempre sem má consciência: essas proposições, que se desejava ter por verdadeiras, eram apresentadas audaciosamente como se fossem a própria verdade, embora estivessem em oposição com a aparência, e isso sem ter remorso de consciência religioso ou moral – pois, *in honorem majorem*[107] da virtude ou de Deus a verdade havia sido transgredida, sem a menor intenção egoísta! Muitas pessoas honestas ainda se agarram a esse *grau de veracidade*: quando se *sentem* desinteressadas, se julgam autorizadas a tomar a verdade com *mais leveza*. Notemos que, nem entre as virtudes cristãs nem entre as virtudes socráticas, a *lealdade* está presente; esta é uma das virtudes mais recentes, ainda pouco madura, muitas vezes confundida e desconhecida; apenas consciente de si mesma ela é uma coisa que se desenvolve, que podemos acelerar ou refrear segundo as tendências de nosso espírito.

457. ÚLTIMA DISCRIÇÃO

Há homens a quem ocorre a aventura dos caçadores de tesouros: descobrem por acaso numa alma estranha as coisas guardadas em segredo e delas extraem um saber que muitas vezes é difícil de carregar! Em certas circunstâncias, podemos conhecer

---

(106) Evangelho de Mateus, VI, 33 (NT).
(107) Expressão latina que significa "para a maior honra" (NT).

os vivos e os mortos, ter a revelação da alma deles a ponto de se tornar penoso explicar-nos diante dos outros: cada palavra nos deixa receosos de sermos indiscretos. – Eu poderia imaginar facilmente o historiador mais sábio tornando-se mudo de repente.

458. A sorte grande

Existe uma coisa excessivamente rara e que nos deixa arrebatados: quero me referir ao homem de espírito admiravelmente formado que possui também o caráter, as inclinações e faz em sua vida as *experiências pessoais* que correspondem a isso.

459. A generosidade do pensador

Rousseau e Schopenhauer – ambos foram suficientemente orgulhosos para escolher como divisa de sua existência: *vitam impendere vero*[108]. E como devem ter sofrido ambos em seu orgulho por não terem conseguido *verum impendere vitae*[109]! – *Verum*, tal como o entendia cada um deles – ver sua vida correr ao lado de seu conhecimento, como uma nota baixa caprichosa que não quer se harmonizar com a melodia! – Mas o conhecimento estaria em triste situação se não fosse talhada para o pensador como se adapta a seu corpo! E o pensador estaria em triste situação se sua vaidade fosse tão grande que tal ajuste fosse o único que pudesse suportar! É nisso especialmente que brilha a mais bela virtude do grande pensador: a generosidade que o dispõe a oferecer-se a si mesmo, a oferecer sua própria vida em sacrifício, quando procura o conhecimento, muitas vezes humilhado, muitas vezes com uma suprema ironia e – sorrindo.

460. Utilizar as horas perigosas

Aprendemos a conhecer de um modo totalmente diferente um homem e uma situação quando cada movimento põe em perigo, para nós e para os nossos próximos, a honra, a vida ou a morte: assim Tibério[110], por exemplo, deve ter refletido mais pro-

---

(108) Expressão latina que significa "consagrar a vida à verdade" (NT).
(109) Expressão latina que significa "consagrar a verdade à vida" (NT).
(110) Tiberius Julius Caesar (42 a.C.-37 d.C.), filho adotivo de Augusto, foi imperador romano de 14 a 37 d.C. (NT).

fundamente e ter sabido mais coisas sobre a natureza íntima do imperador Augusto[111] e de seu governo do que teria sido possível ao mais sábio historiador. Ora, nós vivemos todos, comparativamente, num estado de segurança muito maior para podermos nos tornar bons conhecedores da alma humana: um conhece por diletantismo, outro por aborrecimento, o terceiro por hábito, mas jamais dizem: "Conhece ou perece!". Enquanto as verdades não se gravam em nossa carne a golpes de faca, conservamos diante delas certa reserva que se assemelha ao desprezo: parecem-nos ainda muito semelhantes a "sonhos emplumados", como se pudéssemos alcançá-las ou não a nosso bel-prazer – como se pudéssemos nos *despertar* dessas verdades da mesma maneira que de um sonho!

461. Hic Rhodus, hic salta[112]

Nossa música que pode tomar todas as formas e que deve se transformar, porque, como o demônio do mar, em si não tem característica própria: essa música frequentou outrora o espírito do *erudito cristão*, traduzindo em harmonias o ideal deste: por que ela não poderia finalmente encontrar essas harmonias mais claras, mais alegres, mais universais, que correspondem ao *pensador ideal*? – uma música que poderia finalmente se instalar *familiarmente* sob as vastas abóbadas flutuantes de *sua* alma? – Nossa música foi até o presente tão grande, tão boa: com ela, nada era impossível. Que mostre, pois, que é possível sentir ao mesmo tempo estas três coisas: grandeza, luz profunda e quente, e alegria da suprema lógica.

462. Curas lentas

As doenças crônicas do corpo formam-se, como aquelas da alma, muito raramente em consequência de uma única falha grosseira da razão do corpo e da alma, mas geralmente por causa de inumeráveis pequenas negligências imperceptíveis. – Aquele que, por exemplo, dia após dia, num grau insignificante, respira de

---
(111) Caius Julius Caesar Octavianus Augustus (63 a.C.-14 d.C.), imperador romano de 31 a.C. a 14 d.C., antecessor de Tibério (NT).
(112) Expressão latina que significa "Aqui está Rodes, dança aqui!" (NT).

modo muito fraco e aspira muito pouco ar para os pulmões, de modo que, em seu conjunto, ele não lhes exige um esforço suficiente e não os exercita bastante, acaba por contrair uma pneumonia crônica: num caso desse gênero, a cura não pode ser alcançada de outro modo que corrigindo, insensivelmente, os maus hábitos por hábitos contrários e pequenos exercícios, estabelecendo, por exemplo, como regra aspirar uma vez a cada quarto de hora, forte e profundamente (se possível, deitado de costas no chão; seria necessário então dispor de um relógio que marque os segundos e que toque os quartos de hora). Todas essas curas são lentas e minuciosas; e aquele que quiser curar sua alma deve, ele próprio, pensar em modificar seus menores hábitos. Alguém dirige dez vezes por dia uma palavra fria e desagradável aos que o cercam e pouco se preocupa com isso, não pensando sobretudo que ao final de alguns anos criou, sem dar-se conta, uma *lei* do hábito que o *obriga*, a partir daí, a indispor dez vezes por dia aqueles que o cercam. Mas pode também habituar-se a fazer o bem a eles dez vezes por dia!

463. O SÉTIMO DIA

"Elogiam isso como *criação* minha? Eu me limitei a expulsar de mim o que me incomodava! Minha alma está acima da vaidade dos criadores. – Elogiam isso como minha *resignação*? Eu me limitei a expulsar de mim o que me incomodava! Minha alma está acima da vaidade dos resignados."

464. PUDOR DAQUELE QUE DÁ

Há uma tal falta de generosidade no fato de representar incessantemente o papel daquele que dá e difunde seus benefícios, mostrando-se em toda parte! Mas dar e derramar benefícios ocultando tanto o nome como o favo! Ou não ter nome algum, como a natureza cega que nos reconforta antes de tudo porque não encontramos mais nela, enfim!, alguém que dê e derrame seus benefícios, alguém de "rosto benevolente"! – É verdade que vocês nos estragam também esse reconforto porque colocaram um deus nessa natureza – e eis que tudo volta a ser sem liberdade e cheio de opressão! Como? Não ter jamais o direito de estar só consigo mesmo? Sempre vigiado, observado, tutelado, gratificado? Se há sempre um outro em torno de nós, a melhor coragem do mundo e a melhor bondade se tornam impossíveis no mundo. Não seríamos tentados a ir para os diabos diante dessa indiscrição do céu, diante desse inevitável vizinho sobrenatural? – Mas é inútil, foi só um sonho! Despertemos, portanto!

465. Encontro

A – Para onde olhas? Há já muito tempo que te vejo imóvel.

B – É sempre a mesma coisa, sempre nova para mim! O interesse que uma coisa suscita me leva a persegui-la tão longe que acabo por chegar ao fundo e perceber que ela não valia todo o trabalho que me dou. No fim de todas essas experiências, resta uma espécie de tristeza e de estupor. Isto me acontece três vezes por dia com relação à menor das coisas.

466. Perda na celebridade

Qual é a vantagem de poder falar aos homens como desconhecido! Os deuses nos tiram "a metade de nossas virtudes" quando nos tiram do incógnito e nos tornam célebres.

467. Dupla paciência!

"Tu causas assim sofrimento a muita gente." – Eu sei e sei também que devo sofrer duplamente, primeiro por causa da compaixão que seu sofrimento me inspira e depois por causa de sua vingança contra mim. Mas, apesar disso, é necessário agir assim.

468. O império da beleza é maior

Do mesmo modo que passeamos na natureza, sutis e contentes, para descobrir em todas as coisas sua beleza própria, como em flagrante delito, do mesmo modo que, ora ao sol, ora sob um céu tempestuoso, fazemos um esforço para ver tal espaço da costa com seus rochedos, com suas cercas, suas oliveiras e seus pinheiros, sob um aspecto de perfeição e de domínio: assim também deveríamos passear entre os homens, como exploradores e pesquisadores, tratando-os bem e mal para que se manifeste a beleza que lhes é própria, ensolarada neste, tempestuosa naquele, sem desabrochar num terceiro a não ser ao meio-dia e sob um céu chuvoso. É, portanto, proibido *usufruir* do homem *mau* como de uma paisagem selvagem com suas linhas audaciosas e seus efeitos de luz, enquanto esse mesmo homem, quando finge ser bom e observante da lei, parece a nosso olhar como um erro de desenho e uma caricatura que nos aflige como uma mancha na natureza? – Certamente, isso é proibido: até hoje só era permitido procurar a beleza naquilo que é *moralmente bom* – razão suficiente para que se tenha encontrado tão pouca beleza e que se tenha sido até agora constrangido a recorrer a belezas imaginárias, sem carne nem osso! – Assim como existem seguramente cem espécies de felicidade entre os maus, do que os virtuosos não duvidam, assim também existem entre eles cem espécies de beleza: e muitas delas ainda não foram descobertas.

469. A DESUMANIDADE DO SÁBIO

Ao lado do pesado andar do sábio que quebra tudo e que, como diz o hino budista, "caminha solitário como o rinoceronte – é necessária, de tempos em tempos, a marca de uma humanidade conciliadora e adocicada; e não apenas com esses passos acelerados, com esses jeitos de espírito familiares, não somente com essas saídas e com certa ironia de si próprio, mas também de certa contradição, de um retorno ocasional aos absurdos dominantes. Para não se assemelhar ao rolo compressor que avança como o destino, é necessário que o sábio que quer ensinar utilize seus defeitos para se embelezar a si mesmo e, ao dizer "desprezem-me!", implora o favor de ser o defensor de uma verdade usurpada. Ele quer levá-los às montanhas, talvez ponha a vida de vocês em perigo: é por isso que os autoriza voluntariamente a vingarem-se, antes ou depois, de semelhante guia – a esse preço se reserva o prazer de caminhar na frente dos outros, como *chefe da fila*. – Lembram-se do que lhes veio ao espírito quando um dia ele os conduzia numa caverna escura por uma trilha escorregadia? O coração de vocês batia e se dizia com humor: "Este guia poderia ter feito melhor que rastejar por aqui! Pertence a um tipo de preguiçoso cheio de curiosidade: – não lhe damos muita honra, parecendo reconhecer seu valor, pelo simples fato de *segui*-lo?".

470. No banquete da multidão

Como ficamos felizes quando estamos bem alimentados, como os pássaros pela mão de um só homem que lhes joga os grãos sem examiná-los de perto, sem saber exatamente se são dignos dessa comida! Viver como um pássaro que vem e voa embora e que não tem nome em seu bico! É minha alegria saciar-me assim no banquete da multidão.

471. Outro amor ao próximo

O andar agitado, ruidoso, desigual, nervoso, é o oposto da *grande paixão*: esta, instalada no fundo do homem como um braseiro silencioso e sombrio, acumulando aí todo calor e toda impetuosidade, permite ao homem contemplar o mundo exterior com frieza e indiferença e imprime aos traços certa impassibilidade. Homens assim são bem capazes de manifestar ocasionalmente *amor ao próximo* – mas esse amor é de outra natureza que aquele das pessoas sociáveis e desejosas de agradar: ele se afirma numa doce benevolência, contemplativa e calma. Esses homens olham de algum modo do alto de sua torre, que é sua fortaleza e, por isso mesmo, sua prisão: – como lhes faz bem lançar o olhar para fora, para o que é estranho e *outro*!

472. Não se justificar

A – Mas por que não te queres justificar?

B – Poderia fazê-lo nisso e em mil outras coisas, mas desprezo o prazer que há na justificação: pois tudo isso pouco me importa e prefiro trazer manchas em mim do que proporcionar a esses mesquinhos o pérfido prazer de dizer: "Ele dá muita importância a essas coisas!". É isso justamente que não é verdade! Talvez fosse necessário que eu desse mais importância a mim mesmo para ter o dever de retificar as ideias falsas que me dizem respeito; – sou demasiado indiferente e demasiado indolente em relação a mim e, por conseguinte, também ao que é provocado por mim.

473. Onde se deve construir a própria casa

Se te sentes grande e fecundo na solidão, a sociedade dos homens te diminuirá e te tornará estéril: e inversamente. Uma poderosa doçura como aquela de um pai: – onde esse sentimento se apoderar de ti, é lá que deverás edificar tua morada – quer seja no tumulto ou no silêncio. *Ubi pater sum, ibi patria*[113].

474. Os únicos caminhos

"A dialética é o único caminho para chegar a ser divino, para chegar atrás do véu das aparências" – é o que Platão pretendia com tanta solenidade e paixão como Schopenhauer o pretendia, ao contrário, da dialética – e ambos estavam errados. De fato, aquilo cujo caminho querem indicar não existe de forma alguma. E todas as grandes paixões da humanidade não foram até hoje, como esta, paixões por um nada? E todas as suas solenidades – solenidades por um nada?

475. Tornar-se pesado

Vocês não o conhecem: ele pode carregar muitos pesos com ele, ele os leva todos, contudo, para as alturas. E vocês julgam, com seus pequenos voos, que ele quer ficar *embaixo porque* carrega esses pesos com ele.

476. A festa da colheita do espírito

Isso aumenta e acumula, dia após dia, experiências, acontecimentos da vida, reflexões sobre eles, sonhos que provocam essas reflexões – uma riqueza incomensurável e exaltante! O aspecto dessa riqueza dá vertigens; não compreendo mais como podem ser chamados *felizes* os pobres de espírito! – Mas eu os invejo às vezes, quando estou cansado: pois a *administração* de semelhante riqueza é uma coisa difícil e não raro sua dificuldade esmaga toda espécie de felicidade. – Ah! Se fosse possível se contentar em contemplar a própria riqueza! Se fôssemos somente avaros do próprio conhecimento!

477. Livre de ceticismo

A – "Outros saem de um ceticismo moral universal aborrecidos e fracos, roídos e corroídos, e mesmo quase devorados pela

---

(113) Expressão latina que significa "Onde sou pai, lá está minha pátria" (NT).

metade – mas eu saio mais corajoso e mais sadio do que nunca, com instintos reconquistados. Quando a brisa é cortante, o mar alto, quando não há pequenos perigos a sobrepujar, começo a me sentir à vontade. Não me tornei um verme, embora muitas vezes tenha tido que trabalhar e roer como um verme."
B – "É que *deixaste* de ser cético, pois *negas*!
A – "E com isso reaprendi a *dizer sim*".

478. VAMOS ADIANTE!

Administrem-no! Deixem-no em sua solidão! Querem destruí-lo completamente? Ele se fendeu como um copo em que despejamos um líquido muito quente – e era um copo de uma matéria tão preciosa!

479. AMOR E VERACIDADE

Nós nos tornamos, por amor, perigosos criminosos para com a verdade, receptadores e ladrões inveterados que proclamam mais verdades do que admitem – é por isso que é necessário que o pensador ponha em fuga, de tempos em tempos, as pessoas que ama (não são exatamente aquelas que o amam), a fim de que elas mostrem seu aguilhão e sua maldade e deixem de *seduzi-lo*. É por isso que a bondade do pensador terá sua lua de quarto crescente e de quarto minguante.

480. INEVITÁVEL

Que lhes aconteça o que vocês quiserem: aquele que não lhes quer bem verá naquilo que lhes acontece um pretexto para diminuí-los! Suportem as mais profundas reviravoltas do espírito e do conhecimento e cheguem, finalmente, como um convalescente, com um sorriso doloroso, à liberdade e à luz silenciosa: – haverá sempre alguém para dizer: "Este toma sua doença como argumento, sua impotência como prova da impotência de todos; é bastante vaidoso para cair doente, a fim de sentir a proeminência daquele que sofre". – E, supondo que alguém rompa seus laços, ferindo-se gravemente, outro fará alusão a isso por gracejo e dirá: "Quão grande é sua imperícia; isso vai acontecer sempre com um homem acostumado a seus laços e bastante louco para rompê-los!".

481. Dois alemães

Se compararmos Kant e Schopenhauer com Platão, Spinoza, Pascal, Rousseau, Goethe no que diz respeito à alma, e não ao espírito, os dois primeiros pensadores estão em posição desvantajosa: suas ideias não representam a história apaixonante de uma alma, não há aí romance, crises, catástrofes e horas de angústia, seu pensamento não é ao mesmo tempo a biografia involuntária de uma alma, mas, no caso de Kant, a de um *cérebro e*, no caso de Schopenhauer, a descrição e o reflexo de um *caráter* ("do imutável!") e a alegria obtida no próprio "espelho", isto é, num intelecto excepcional. Kant apresenta-se, quando transparece em suas ideias, corajoso e honrado no melhor sentido do termo, mas insignificante: falta-lhe envergadura e força: ele não viveu assim e sua maneira de trabalhar lhe tira o *tempo* de viver seja o que for – penso evidentemente não nos grosseiros "acontecimentos" exteriores, mas nos destinos e sobressaltos a que está submetida a vida mais solitária e mais silenciosa, se tem tempo e se se consome na paixão de pensar. Schopenhauer tem uma vantagem sobre ele: possui, pelo menos, certa *feiura violenta* da natureza, no ódio, nos desejos, na vaidade, na desconfiança, tem disposições um pouco mais ferozes e, de sua parte, tinha o tempo e a inclinação para essa ferocidade. Mas faltava-lhe a "evolução", precisamente como ela fazia falta a seu horizonte intelectual; ele não tinha "história".

482. Escolher a convivência

Será exigir demais querer conviver com homens que se tornaram doces, saborosos e nutritivos como castanhas que foram colocadas no forno a tempo e retiradas do fogo no momento exato? Quem espera pouco da vida e prefere recebê-la de presente a merecê-la, como se os pássaros e as abelhas a tivesse trazido a ele? Quem é suficientemente orgulhoso para nunca se sentir recompensado? E muito sério em sua paixão do conhecimento e da retidão para ter ainda tempo e disposição para a glória? – Homens como esses, nós os chamamos filósofos: mas eles encontrarão sempre para eles um nome mais modesto.

483. Estar farto do homem

A – Procura o conhecimento! Sim! Mas sempre como homem! O quê? Ser sempre espectador da mesma comédia, representar sempre um papel na mesma comédia? Não poder contemplar jamais as coisas com outros olhos senão estes? E quantos inumeráveis seres deve haver, cujos órgãos são mais próprios para o conhecimento! O que a humanidade terá chegado a conhecer no fim de todo o seu conhecimento? – Seus órgãos! E isso significa talvez: impossibilidade de conhecimento! Miséria e desgosto!

B – És vítima de um ataque maligno – é *a razão* que te ataca! Mas amanhã recuperarás plenamente teu conhecimento e, por isso mesmo, plenamente também a desrazão, quero dizer, a *alegria* que te causa tudo o que é humano. Vamos para o mar!

484. Nosso caminho

Quando damos o passo decisivo e nos comprometemos no caminho que é "nosso caminho", então um segredo se revela repentinamente a nós: todos aqueles que eram nossos amigos e familiares – todos se haviam até então arrogado superioridade sobre nós e de repente se sentem ofendidos. Os melhores dentre eles são indulgentes e esperam pacientemente que reencontremos o "caminho certo" – que eles conhecem tão bem! Os outros zombam e fingem acreditar num acesso de loucura passageira ou denunciam amargamente um sedutor. Os piores nos declaram essencialmente loucos e procuram incriminar os motivos de nossa conduta; o pior de todos vê em nós seu pior inimigo, que uma longa dependência alimentou a vingança – e ele tem medo de nós. – Que fazer então? Isto: inaugurar nosso reino assegurando de antemão por um ano anistia plena a nossos amigos por toda espécie de pecados.

485. Perspectivas distantes

A – Mas por que essa solidão?

B – Não estou zangado com ninguém. Quando estou só, no entanto, parece-me que vejo meus amigos sob uma luz mais favorável do que quando estou com eles; e, quando gostava mais da música, quando a compreendia mais exatamente, eu vivia longe dela. Parece que tenho necessidade de perspectivas distantes para ter boa opinião das coisas.

486. Ouro e fome

Aqui e acolá encontra-se um homem que transforma em ouro tudo o que toca. Um belo dia acabará por descobrir que esse jogo o fará morrer de fome. Tudo o que o cerca é brilhante, magnífico, ideal e inacessível, e agora aspira a encontrar coisas que lhe seria *totalmente impossível* transformar em ouro – e como *aspira* a elas! Como um faminto aspira por alimento! – Que poderá apanhar?

487. Vergonha

Aí está um belo corcel que bate com os cascos e relincha, está impaciente pela corrida e gosta daquele que habitualmente o monta – mas, ó vergonha! O cavaleiro não chega a montar, está cansado. – Tal é a vergonha do pensador, cansado diante de sua própria filosofia.

488. Contra a prodigalidade no amor

Não coramos quando nos surpreendemos em flagrante delito de aversão violenta? Mas deveríamos corar igualmente de nossas simpatias violentas por causa da injustiça que elas encerram. Mais ainda: há pessoas cujo coração se fecha e que se sentem oprimidas quando alguém não lhe demonstra sua simpatia senão *retirando* uma parte dela aos outros. Quando descobrem pelo tom de voz que é a eles que se escolhe, que se prefere, ah! Não sou reconhecido por esse tipo de escolha, percebo que recebo com frieza aquele que me quer distinguir assim: ele não deve gostar de mim à custa dos outros! E muitas vezes tenho o coração transbordante e motivos de exuberância – a quem possui isso não se deve oferecer o que os outros têm necessidade, cruelmente necessidade!

489. Amigos na desgraça

Às vezes nos acontece observar que um de nossos amigos está mais ligado com outro do que conosco, que sua delicadeza se atormenta por essa escolha e que seu egoísmo não está à altura dessa decisão: então é preciso facilitar-lhe a separação e *ofendê-lo por se afastar de nós*. – Isso é igualmente necessário quando passamos a uma maneira de pensar que lhe seria funesta: nossa afeição por ele deve nos impelir, por uma injustiça de que nos responsabilizamos, a dar-lhe boa consciência para romper conosco.

490. AS PEQUENAS VERDADES

"Vocês conhecem tudo isso, mas nunca o viveram – não aceito seu testemunho. Essas "pequenas verdades"! – Parecem-lhes pequenas porque não as pagaram com seu sangue!" – "Mas seriam, pois, grandes pelo motivo de terem sido pagas por *alto* preço? E o sangue é sempre alto preço!" – "Acham?... Como vocês são avaros de seu sangue!"

491. POR CAUSA DISSO TAMBÉM, SOLIDÃO!

A – Queres então voltar para teu deserto?

B – Não sou ágil, tenho de me esperar a mim mesmo – fica cada vez mais tarde até que a água do poço de meu eu suba até a luz e, muitas vezes, tenho que passar fome por mais tempo que minha paciência suporta. É por isso que vou para a solidão – para não beber das cisternas que estão dispostas para todos. No meio da multidão, vivo como a multidão e não penso como penso; depois de certo tempo, tenho sempre a impressão de que querem me exilar de mim mesmo e roubar-me a alma – passo a me tornar mau para todos e a temer a todos. Tenho então necessidade do deserto para voltar a ser bom.

492. SOB OS VENTOS DO SUL

A – Não me entendo mais! Ainda ontem, eu sentia em mim a tempestade, alguma coisa de quente e de ensolarado, extremamente claro. E hoje tudo é tranquilo, vasto, melancólico e sombrio, como a laguna de Veneza: – não quero nada e não solto um suspiro de alívio e, contudo, estou secretamente indignado com esse "não querer nada": – assim as ondas vão e vêm aqui e acolá no lago de minha melancolia.

B – Descreves com isso uma leve doença agradável. O próximo vento do nordeste vai te livrar dela!

A – Por que, pois?

493. Sobre sua própria árvore

A – "Nenhuma ideia de um pensador me dá tanto prazer como as minhas: é verdade que isso não prova nada em seu favor, mas seria loucura de minha parte querer descartar frutos saborosos para mim, sob o pretexto de que eles por acaso estão em *minha* árvore! – E outrora cometi essa loucura."

B – "Para outros, é o contrário que acontece: e isso não prova nada quanto ao valor de suas ideias nem especialmente contra seu valor".

494. Último argumento do corajoso

"Nesses arbustos há serpentes." – Bom, vou penetrar no meio desses arbustos e matá-las. – "Mas talvez sejas tu vítima delas e não elas as tuas! – Que importância tenho eu!"

495. Nossos mestres

Durante nossa juventude, escolhemos nossos mestres e nossos guias no presente e nos meios que por acaso frequentamos: temos a irrefletida convicção de que o presente deve possuir os mestres que podem nos servir mais que qualquer outro e que precisamos encontrá-los sem procurar muito. Mais tarde pagaremos caro essa infantilidade: *teremos que expiar os mestres em nós mesmos*. Então percorreremos talvez o mundo inteiro, presente e passado, à procura de verdadeiros guias – mas talvez seja tarde demais. E, no pior dos casos, descobrimos que eles viveram quando éramos jovens – e que então nos enganamos.

496. O princípio mau

Platão[114] mostrou de modo maravilhoso como o pensador filosófico, em toda sociedade constituída, será forçosamente considerado como o protótipo de toda perversidade: pois, como crítico dos costumes, é o oposto do homem moral, e, se não chega a ser o legislador de novos costumes, sua lembrança permanece na memória dos homens sob o designativo de "princípio mau".

---
(114) Platão (427-347 a.C.), filósofo grego; entre suas obras, *A república* já foi publicada nesta coleção da Editora Escala (NT).

Podemos deduzir disso como a cidade de Atenas, bastante liberal e inovadora, procurou manchar em vida a reputação de Platão: qual é a surpresa se este – que, como ele próprio dizia, tinha o "instinto político" no sangue – fez três tentativas de reforma na Sicília, onde parecia então se organizar justamente um Estado mediterrâneo pan-helênico? Nesse Estado, e graças a ele, Platão pensava fazer para os gregos o que fez mais tarde Maomé[115] para os árabes: fixar os grandes e pequenos costumes e sobretudo o modo de vida cotidiano de cada um. A realização de suas ideias era *possível* como o foi aquela de Maomé: não demonstrou que ideias muito mais incríveis, como as do cristianismo, eram realizáveis? – Alguns acasos a menos, alguns acasos a mais – e o mundo teria assistido à platonização do sul da Europa: e, supondo que esse estado de coisas durasse mais, é provável que hoje veneraríamos em Platão "o princípio bom". Mas faltou-lhe o sucesso: e foi assim que conservou a reputação de sonhador e utopista – os epítetos mais duros desapareceram com a antiga Atenas.

497. O OLHAR PURIFICADOR

Seria necessário de preferência falar de "gênio" a propósito de homens como Platão, Spinoza, Goethe[116], nos quais o espírito parece *não se ligar senão de maneira muito relapsa* ao caráter e ao temperamento, como um ser alado que se separa facilmente deles e que pode então elevar-se muito acima deles. Pelo contrário, aqueles que assumiram com mais insistência seu "gênio" são precisamente aqueles que nunca chegaram a se agarrar a seu temperamento e pretenderam lhe emprestar a expressão mais espiritualizada, mais vasta e mais geral, uma expressão cósmica, mesmo em certas circunstâncias (por exemplo, Schopenhauer). Esses gênios não puderam voar além de si mesmos, mas julgaram encontrar-*se*, reencontrar-*se* por toda parte para em que dirigiam seu voo – essa é sua "grandeza", se isso *pode* ser uma grandeza! – Os outros, a quem se atribui mais exatamente esse nome, possuem o olhar *puro, purificante*, que não parece

---

(115) Maomé (570-632), religioso árabe, fundador do islamismo ou da religião muçulmana (NT).

(116) Baruch de Spinoza (1632-1677), filósofo holandês de origem portuguesa; entre suas obras, *Tratado para a reforma do entendimento* já foi publicada nesta coleção da Editora Escala; Johann Wolfgang von Goethe (1749-1832), escritor e erudito alemão (NT).

provir de seu temperamento e de seu caráter, mas que, livre destes e com mais frequência numa doce contradição com eles, contempla o mundo como se fosse um deus, e um deus que ele amasse. Também a eles esse olhar não é dado de uma só vez. Há uma preparação e uma aprendizagem na arte de ver e aquele que tem verdadeiramente sorte encontra também a tempo um mestre do olhar puro!

498. Não exigir!

Vocês não o conhecem! É verdade que ele se submete fácil e livremente aos homens e às coisas e que é bom para ambos – tudo o que pede é que o deixem em paz –, mas somente enquanto os homens e as coisas *não exigem* submissão. Toda exigência o torna arrogante, desconfiado e belicoso.

499. O mau

"Todo solitário é mau", exclamava Diderot[117]: e logo Rousseau se sentiu visado e se sentiu mortalmente ferido. O que prova que admitiu que Diderot tinha razão. É verdade que todo mau instinto é forçado a impor, na sociedade e nas relações sociais, semelhante coação, é forçado a esconder-se atrás de tantas máscaras, a deitar--se tantas vezes no leito do Procusto[118] da virtude que, com razão, se poderia falar de um martírio do homem mau. Na solidão, tudo isso desaparece. Aquele que é mau, o é mais na solidão: e também melhor – por conseguinte, para aquele cujos não veem em toda parte senão espetáculo, é ali também que o é com maior perfeição.

500. Em sentido contrário

Um pensador pode se obrigar durante anos a pensar em sentido contrário: quero dizer, não seguir os pensamentos que se apresentam a ele, vindos de seu interior, mas aqueles que parecem obrigá-lo a um emprego, um horário prescrito, uma forma arbitrária de se aplicar. Mas acaba por cair doente: pois essa apa-

---

(117) Denis Diderot (1713-1784), filósofo e literato francês; entre suas obras, *O sobrinho de Rameau, Paradoxo sobre o comediante, Cartas sobre os cegos endereçada àqueles que enxergam* e *Carta sobre os surdos e mudos endereçada àqueles que ouvem e falam* (NT).

(118) Lendário malfeitor grego que assaltava e sequestrava suas vítimas, submetendo-as todas a um suplício singular, ou seja, deitava-as num leito de ferro e cortava-lhes as pernas ou lhes esticava o corpo para que se ajustassem ao tamanho desse leito (NT).

rente coação moral destrói sua força nervosa tão radicalmente que poderia fazer dele uma perversão da qual se teria feito uma regra.

501. Almas mortais!

Sob o aspecto do conhecimento, a conquista mais útil que possa ter sido feita é ter renunciado à crença na alma imortal. Agora a humanidade pode esperar, agora não tem necessidade de se precipitar e aceitar ideias mal examinadas, como devia fazer outrora. De fato, então a salvação da pobre "alma imortal" dependia de seus conhecimentos durante a curta vida, tinha de decidir-se de um dia para outro – o "conhecimento" tinha uma importância espantosa! – Reconquistamos a coragem de errar, de tentar, de aceitar provisoriamente – tudo isso tem menos importância! – e é justamente por isso que indivíduos e gerações inteiras podem conceber tarefas tão grandiosas que outrora teriam parecido loucura e desafio com o céu e o inferno. Temos o direito de fazer experiências conosco mesmos! A humanidade inteira tem o mesmo direito! Os maiores sacrifícios ainda não foram oferecidos ao conhecimento – sim, o simples fato de *suspeitar* de pensamentos semelhantes aos que hoje precedem nossos atos já teria constituído outrora um sacrilégio e uma renúncia à salvação eterna.

502. Uma só palavra para três estados diferentes

Neste, a paixão faz irromper o animal selvagem, horrível e intolerável; aquele, graças ao animal, se eleva a uma altura, a uma grandeza e a um esplendor de atitude que fazem parecer mesquinha sua existência habitual. Um terceiro, essencialmente nobre, permanece nobre em sua impetuosidade e representa, nesse estado, *a natureza selvagem e bela*, encontrando-se somente um grau abaixo da grande natureza tranquila e bela que ele representa habitualmente: mas os homens o compreendem melhor na paixão e o veneram mais por causa desses momentos – ele se encontra então um passo mais próximo deles e se assemelha mais a eles. Sentem um arrebatamento e um espanto diante de semelhante aspecto e o designam *nesse instante preciso*: divino.

503. Amizade

Essa objeção à vida filosófica segundo a qual o indivíduo se torna *inútil* a seus amigos nunca teria passado pela cabeça de um homem moderno: é uma objeção antiga. A antiguidade viveu profunda e fortemente a noção da amizade, levando-a quase para o túmulo. É sua vantagem sobre nós: nós podemos lhe opor o amor sexual idealizado. Todas as grandes coisas realizadas pela humanidade antiga encontravam sua força no fato de que *o homem apoiava o homem* e que nenhuma mulher podia ter a pretensão de ser para o homem o objeto do amor mais próximo e mais elevado ou mesmo o objeto único – como o ensina a paixão. Talvez nossas árvores não cresçam tanto devido à hera e à vinha que a elas se agarram.

504. Conciliar!

Deveria ser tarefa da filosofia conciliar aquilo que a *criança* aprendeu com aquilo que o *homem* reconheceu? A filosofia seria então a tarefa dos jovens, que estão a meio caminho entre a criança e o homem e têm necessidades medianas? Pareceria quase que fosse assim, se considerarmos a que idade os filósofos têm hoje o costume de formar suas concepções: quando é tarde demais para crer e cedo demais para saber.

505. As pessoas práticas

Cabe a nós, pensadores, o direito de fixar o *bom gosto* de todas as coisas e de decretá-lo de acordo com a necessidade. As pessoas práticas recebem-no de nós e sua independência de nós é incrivelmente grande; esse é o espetáculo mais ridículo que se possa ver, embora queiram ignorar essa dependência e gostem de nos tratar com altivez como pessoas desprovidas de senso prático: chegariam mesmo a desprezar sua vida prática se nós quiséssemos desprezá-la: ao que um leve desejo de vingança poderia de tempos em tempos nos incitar.

506. O necessário dessecamento de tudo o que é bom

O quê? Seria necessário compreender uma obra exatamente como a época que a produziu? Mas temos mais prazer, mais admiração, transmite-nos mais ensinamentos se justamente não considerarmos assim! Não repararam que qualquer obra nova e bela possui seu valor mais baixo quando está exposta à atmosfera úmida de seu tempo, precisamente porque ainda guarda sobre ela a tal ponto o odor da praça pública, da polêmica, das opiniões recentes e de todo o efêmero que perece entre hoje e amanhã? Mais tarde ela desseca sua "atualidade", se dissipa e então toma seu brilho profundo, seu perfume e, se for destinada a isso, seu calmo olhar de eternidade.

507. Contra a tirania do verdadeiro

Mesmo que fôssemos bastante insensatos para considerar como verdadeiras todas as nossas opiniões, não desejaríamos, contudo, que fossem as únicas a existir: – não sei por que seria necessário desejar a onipotência e a tirania da verdade: basta-me saber que a verdade possui um *grande poder*. Mas é preciso que ela possa *lutar* e que tenha uma oposição, que se possa de tempos em tempos *descansar* dela no não verdadeiro – senão se tornaria para nós aborrecida, sem gosto e sem força, e nos tornaria assim também.

508. Não assumir um tom patético

O que fazemos em nosso *interesse* não deve nos render elogios morais, nem da parte dos outros nem da nossa; tal como o que fazemos para nos *alegrar*. Recusar nesses casos a tomar as coisas num tom patético e abster-se a si mesmo de todo patético é *de bom-tom* em todos os homens superiores: e aquele que se habituou a isso reencontra o dom da *ingenuidade*.

509. O terceiro olho

O quê? Ainda tens necessidade do teatro? És ainda tão jovem? Sê razoável e procura a tragédia e a comédia onde são mais bem representadas! No local onde isso se passa de maneira mais interessante e mais interessada! Certamente, não é fácil permanecer ali como espectador somente – mas aprende-o! E, em quase todas as situações que te parecerem difíceis e penosas, encontrarás uma saída para a alegria e um refúgio, mesmo quando fores assaltado por tuas próprias paixões. Abre teu olho teatral, o grande terceiro olho que olha o mundo através dos dois outros!

510. Escapar de suas virtudes

Que vale um pensador que não sabe na ocasião oportuna escapar de suas próprias virtudes? De fato, ele não dever ser "somente um ser moral"!

511. A tentadora

A honestidade é a grande tentadora de todos os fanáticos. Aquilo que parecia se aproximar de Lutero sob a forma do diabo ou de uma bela mulher, e dos quais se defendeu de uma maneira tão grosseira, devia ser realmente a honestidade e talvez até mesmo, em casos mais raros, a verdade.

512. Corajoso diante das coisas

Aquele que, de acordo com sua natureza, é cheio de atenções e de temor diante das pessoas, mas que possui imensa coragem diante das coisas, receia as relações novas e as novas intimidades e restringe as antigas, para que seu incógnito e seu radicalismo na verdade se confundam.

513. Limitação e beleza

Procuras homens de *bela* cultura? Deves aceitar então, como quando procuras belas regiões, pontos de vista e perspectivas *limitadas*. – Certamente, há também homens panorâmicos, são instrutivos e surpreendentes: mas desprovidos de beleza.

514. Aos mais fortes

Espíritos fortes e orgulhosos, não lhes pedimos senão uma coisa: não nos imponham nova carga, mas tomem sobre suas costas parte de nosso fardo, vocês que são os mais fortes! Mas gostam tanto de fazer o contrário: pois *vocês* querem levantar seu voo e é por isso que devemos acrescentar seu fardo ao nosso: quer dizer, *nós* temos que rastejar!

515. Aumento de beleza

Por que a beleza aumenta com a civilização? Porque nos homens civilizados, os três motivos de feiura tornam-se cada vez mais raros: primeiro, as paixões em suas explosões mais selvagens; segundo, o esforço físico levado ao extremo; terceiro, a necessidade de inspirar o medo por seu aspecto, essa necessidade que, nos estágios inferiores e mal estabelecidos da cultura, é tão grande e tão frequente que chega a fixar as atitudes e as cerimônias e faz da feiura um dever.

516. Não fazer entrar seu demônio no próximo

Mantenhamo-nos sempre nesta época fiéis à opinião de que a benevolência e os benefícios constituem o homem bom; mas não deixemos de acrescentar: "com a condição de que comece a utilizar sua benevolência e seus benefícios *em proveito próprio!*" Pois, *de outro modo* – se foge diante de si mesmo, se se detesta e se se prejudica –, não será certamente um homem bom. E então não fará outra coisa que salvar-se a si mesmo *nos outros*: que os outros cuidem de si para que não lhes aconteça nada de mal, apesar de todo o bem que ele parece lhes querer! – Mas é exatamente isso: fugir e odiar seu *eu*, viver em e para os outros– que se chama até hoje, com tanta desrazão como segurança, "altruísta" e, *por conseguinte,* "*bom*"!

517. Induzir ao amor

Devemos temer aquele que se odeia a si mesmo, pois seremos as vítimas de sua ira e de sua vingança. Procuremos, pois, induzi-lo ao amor de si próprio!

518. Resignação

O que é a resignação? É a posição mais confortável para um doente que, durante muito tempo, se agitou em seus sofrimentos para *encontrá*-la e que, tendo-se assim *fatigado,* então a encontrou!

519. Ser ingênuo

A partir do momento em que queres agir, deves fechar as portas à dúvida – dizia um homem de ação. – E não temes, dessa maneira, ser *ingênuo*? – respondeu um contemplativo.

520. A eterna cerimônia fúnebre

Ao escutar a história inteira, poderíamos crer que ouvimos uma ininterrupta oração fúnebre: sempre enterramos e continuamos a enterrar ainda o que temos de mais caro, pensamentos e esperanças, recebemos e continuamos a receber em troca orgulho, *gloria mundi*[119], isto é, a pompa da oração fúnebre. Considera-se que isso repara tudo! E aquele que pronuncia a oração fúnebre permanece sempre o maior benfeitor público!

521. Vaidade de exceção

Este homem possui uma grande qualidade que serve para seu próprio consolo; seu olhar passa com desprezo sobre o resto de seu ser – e quase tudo faz parte desse resto! Mas ele se repousa de si mesmo quando se aproxima dessa maneira de seu santuário; o caminho que o leva até lá já lhe parece como uma escada de degraus largos e doces: – e, cruéis que vocês são!, gostariam de chamá-lo vaidoso por causa disso.

522. A sabedoria sem orelhas

Ouvir diariamente o que se diz de nós ou mesmo tentar descobrir o que se pensa de nós – isso acaba por aniquilar o homem mais forte. É por isso que os outros nos deixam viver, para ter cada dia razão contra nós! Não suportariam se tivéssemos razão contra eles e, menos ainda, se *quiséssemos ter razão*! Numa palavra, façamos este sacrifício para o bom entendimento geral: não escutemos quando falam de nós, quando nos elogiam ou nos recriminam, quando expressam desejos e esperanças a nosso respeito, nem sequer pensemos nisso!

---

(119) Expressão latina que significa "glória do mundo" (NT).

523. Perguntas insidiosas

A propósito de tudo o que um homem deixa transparecer, podemos perguntar: O que ele quer esconder? De que quer desviar a atenção? Que preconceito quer evocar? E ainda: até onde vai a sutileza dessa dissimulação? E até que ponto comete um equívoco?

524. Ciúme dos solitários

Entre as naturezas sociáveis e as naturezas solitárias, há esta diferença (admitindo que ambas tenham espírito): as primeiras ficam satisfeitas ou quase com uma coisa, qualquer que seja, a partir do momento em que descobriram em seu espírito uma nuance feliz e comunicável a respeito – isso as reconcilia com o próprio diabo! As naturezas solitárias, pelo contrário, encontram em qualquer coisa um prazer silencioso ou ela lhes causa uma dor silenciosa, detestam a exposição espiritual e brilhante de seus problemas íntimos, bem como detestam para sua bem-amada uma maquiagem muito rebuscada: olham-na então de maneira melancólica como se suspeitassem que quisesse agradar a outros! Esse é o ciúme que todos os pensadores solitários, que todos os sonhadores apaixonados conservam perante o *espírito*.

525. O efeito dos elogios

Um grande elogio torna alguns envergonhados, outros, impertinentes.

526. Não querer servir de símbolo

Eu lastimo os príncipes: não lhes é permitido se anularem de tempos em tempos na sociedade e assim não aprendem a conhecer os homens a não ser numa posição desconfortável e numa constante dissimulação; a contínua obrigação de significar alguma coisa acaba por transformá-los efetivamente em solenes nulidades. – E assim vai acontecer a todos aqueles que têm o dever de ser símbolos.

527. Os homens escondidos

Vocês nunca encontraram desses homens que retêm e comprimem o entusiasmo de seu coração e preferem tornar-se mudos a perder o pudor da medida? – E esses homens incômodos e muitas vezes tão bonachões não os encontraram ainda, esses homens que não querem ser reconhecidos e que apagam sempre suas pegadas na areia, que chegam até a se enganar, eles e os outros, para permanecer escondidos?

528. Raríssima abstinência

É muitas vezes um sinal de humanidade, que não é sem importância, não querer julgar alguém e recusar-se a pensar seja o que for a seu respeito.

529. Como brilham os homens e os povos

Quantas ações essencialmente *individuais* ficam *em suspenso* somente porque antes de executá-las constatamos que seriam mal interpretadas ou receamos que o sejam realmente! – São as ações, portanto, que justamente têm um valor *verdadeiro* para o bem e para o mal. Por conseguinte, quanto mais uma época, um povo, estimam os indivíduos, mais direito e preponderância lhes são concedidos, mais ações desse gênero ousaremos um dia fazer – e assim uma espécie de clarão de honestidade, de franqueza, no bem e no mal, acaba por se difundir nas épocas, em povos inteiros, de modo que, como ocorreu com os gregos, continuam, semelhantes a certas estrelas, a projetar seus raios ainda, durante milhares de anos após seu desaparecimento.

530. Desvios do pensador

Em alguns homens, a marcha do pensamento inteiro é rigorosa e inflexivelmente audaciosa, chegando mesmo, em certos casos, a ser cruel consigo mesma, mas nos detalhes esses homens são doces e maleáveis; dão dez voltas em torno de uma coisa com uma hesitação benevolente, mas acabam por continuar seu rigoroso caminho. São rios com numerosos meandros e com eremitérios isolados; há locais de seus cursos onde as águas jogam de esconde-esconde consigo mesmas e se permitem, ao passar, breves idílios com ilhotas, com árvores, grutas e cascatas: depois retomam seu curso, acariciando os rochedos e abrindo passagem entre as rochas mais duras.

531. Sentir a arte de maneira diferente

Desde que se vive como eremita, devorador e devorado, com a única companhia de pensamentos profundos e fecundos, não se quer mais saber absolutamente nada de arte ou se exige dela outra coisa totalmente diversa de antigamente – isto é, muda-se de gosto. De fato, outrora, por meio da arte, todos queríamos penetrar por um momento no elemento em que hoje vivemos permanentemente; então, evocávamos em sonho o encanto de uma posse e agora possuímos. Pelo contrário, lançar longe de si o que se tem agora e sonhar que se é pobre, mendigo e louco – isso pode agora nos agradar ocasionalmente.

532. "O amor torna iguais"

O amor quer poupar aquele ao qual se vota todo sentimento de *estranheza*, por conseguinte, é cheio de dissimulação e de assimilação, engana constantemente e representa uma igualdade que não existe na realidade. E isso acontece tão instintivamente que mulheres amadas negam essa dissimulação e esse doce e contínuo engano e pretendem audaciosamente que o amor *torna iguais* (o que significa que faz um milagre!). – Esse fenômeno é simples quando uma pessoa *se deixa amar* e não julga necessário fingir, deixando isso à outra pessoa amada: mas não existe comédia mais enredada e mais inextricável do que quando ambos estão em plena paixão recíproca e que, por conseguinte, cada um renuncia a si mesmo e tenta igualar-se ao outro, identificar-se com ele em tudo: então nenhum dos dois sabe o que deve imitar, o que deve fingir, a que deve se entregar. A bela loucura desse espetáculo é muito linda para este mundo e muito sutil para os olhos humanos.

533. Nós, os estreantes

Quantas coisas descobre e vê um ator quando vê outro representar! Ele sabe quando num gesto um músculo se recusa a trabalhar, isola esses pequenos detalhes artificiais que foram exercidos separadamente e de sangue-frio diante do espelho e que não conseguem se fundir no conjunto; sente quando o ator fica surpreso em cena por sua própria invenção e que, em sua surpresa, *estraga* o efeito dela. – Como um pintor olha de forma diferente um homem que se posiciona diante dele! Vê sobretudo muitas coisas que não existem na realidade, para poder completar o que está em sua presença e levá-lo a lhe conferir seu pleno efeito; tenta mentalmente várias iluminações do mesmo objeto, divide o efeito de conjunto por um contraste acrescentado. – Se somente tivéssemos o olho desse ator e desse pintor em todo o reino da alma humana!

534. AS PEQUENAS DOSES

Se uma transformação deve se processar tanto quanto possível em profundidade, é preciso administrar o remédio em pequenas doses, mas sem interrupção, por um longo período de tempo! O que podemos criar de grande numa só vez? Evitaremos, pois, trocar, precipitadamente e com violência, as condições morais às quais estamos habituados por uma nova avaliação das coisas – pelo contrário, queremos continuar ainda a viver muito tempo nessas condições – até que, provavelmente muito tarde, percebamos que a *nova avaliação* se tornou preponderante em nós e que as pequenas doses às quais, *a partir de agora, devemos nos habituar* produziram em nós uma nova natureza. – Começamos também a dar-nos conta de que a última tentativa de grande modificação nas avaliações – aquelas que se referem às coisas políticas – quero dizer, a "grande Revolução" – não foi nada *mais* que um patético e sangrento *charlatanismo* que, por meio de crises súbitas, soube inculcar à crédula Europa a esperança de uma cura *repentina* – tornando assim até nossos dias todos os doentes políticos *impacientes e perigosos*.

535. A VERDADE TEM NECESSIDADE DO PODER

Em si, a verdade não é de forma alguma um poder – seja o que for que digam geralmente os ridículos racionalistas! – Pelo contrário, ela deve atrair o poder para seu lado ou deverá colocar-se do lado do poder, de outra forma perecerá sempre de novo! Isso foi demonstrado à saciedade!

536. As algemas

Acabamos por ficar revoltados ao ver com que crueldade cada um incessantemente faz pagar suas poucas virtudes pessoais aos outros que, por acaso, são desprovidos delas; ao ver como os atormenta e os tortura com essas virtudes. Sejamos, portanto, humanos também nós, com o "senso de honestidade", qualquer que seja nossa certeza de possuir nele algemas próprias para torturar até o sangue todos esses egoístas grandiosos que agora ainda querem impor sua crença ao mundo inteiro: – nós já experimentamos essas algemas em nós mesmos!

537. Domínio

O domínio é alcançado quando, na execução, não nos enganamos *nem hesitamos*.

538. Alienação moral do gênio

Pode-se observar numa certa categoria de grandes espíritos um espetáculo penoso e às vezes assustador: seus momentos mais fecundos, seus voos para o alto e para longe não parecem estar conformes ao conjunto de sua constituição e com isso a ultrapassar de alguma forma ou de outra suas forças, de modo que sempre permanece uma deficiência e que dela resulta, com o tempo, um *defeito da máquina*, o qual, por sua vez, se traduz, em naturezas de tão elevada intelectualidade, em todas as espécies de sintomas morais e intelectuais, muito mais regularmente do que em misérias físicas. Esses aspectos incompreensíveis de sua natureza, o que têm de temeroso, de vaidoso, de odioso, de invejoso, de constrangido e de constrangedor, e que se manifesta de repente neles, todo o lado excessivamente pessoal e de coação em naturezas como as de Rousseau e de Schopenhauer, poderia muito bem ser a consequência de uma periódica doença do coração: esta, contudo, sendo consequência de uma doença nervosa e esta, por fim, consequência de... Enquanto o gênio habita em nós, somos cheios de intrepidez, somos como loucos e pouco ligamos à saúde, à vida e à honra; atravessamos o dia com nosso voo mais livres que uma águia e, na escuridão, nos sentimos mais seguros que uma coruja. Mas de repente o gênio nos abandona e logo um temor profundo nos invade: não nos compreendemos mais a nós mesmos, sofremos com tudo o que não vivemos, é como se estivéssemos no meio de rochedos nus diante da tempestade e ao mesmo tempo somos como lamentáveis almas de criança que se aterrorizam por qualquer ruído e sombra. – Três quartos do mal cometido na terra acontecem por covardia: e isso é, antes de tudo, um fenômeno fisiológico!

539. SABEM PELO MENOS O QUE QUEREM?

Nunca foram atormentados pela angústia de não serem capazes de reconhecer tudo o que é verdadeiro? A angústia de que seus sentidos estejam demasiado embotados e mesmo sua sutileza visual muito grosseira? Se vocês pudessem notar uma só vez *qual* vontade domina por trás de sua visão! Por exemplo, como ontem queriam ver *mais* do que outro e hoje querem ver *de maneira diferente* que esse outro ou como desde o princípio aspiram a ver a confirmação ou o contrário do que até aí se julgava encontrar! Ó vergonhosos desejos! Quantas vezes estão à espreita do que tem poderosos efeitos ou ainda do que tranquiliza – pois vocês já estão cansados! Sempre repletos de pressentimentos secretos sobre o *que* deve ser a verdade para que vocês, justamente vocês, possam aceitá-la! Ou acreditam que hoje, porque estão gelados e secos como uma clara manhã de inverno e que nada preocupa seu coração, acreditam que seus olhos são melhores? Não será necessário calor e entusiasmo para fazer *justiça* a uma coisa do pensamento? – *e é precisamente a isso que se chama ver*! Como se fossem em geral *capazes* de ter com as coisas do pensamento relações diferentes daquelas que vocês têm com os homens! Há nessas relações a mesma moralidade, a mesma honradez, a mesma segunda intenção, a mesma covardia, o mesmo temor – todo o seu eu amável e detestável! Suas fraquezas físicas conferirão às coisas cores enfraquecidas, sua febre fará delas monstros! Sua manhã não ilumina as coisas diferentemente de seu entardecer? Não receiam encontrar na caverna de todo conhecimento seu próprio fantasma, véu em que se envolve a verdade para se disfarçar diante de vocês? Não é uma comédia assustadora em que vocês querem desempenhar, tão levianamente, seu papel?

540. APRENDER

Michelangelo[120] via em Rafael[121] o estudo, em si mesmo via a natureza: num a *arte aprendeu*, no outro, o *dom natural*. Isso, porém, é pedantismo, seja dito sem querer faltar ao respeito com o grande pedante. O que é o dom, senão o nome que se dá a um estudo *anterior*, a uma experiência, a um exercício, a uma apropriação, a uma assimilação, estudo que remonta talvez aos tempos de nossos pais ou mais longe ainda! Mais ainda: aquele que aprende *cria seus próprios dons* – mas não é fácil *aprender* e não somente uma questão de boa vontade: é preciso *poder* aprender. Num artista, é a inveja que muitas vezes se opõe ou essa altivez que, desde que aparece o sentimento do estranho, se põe imediatamente em estado de defesa, em vez de se dispor em estado receptivo. Rafael não tinha nem essa inveja nem essa altivez, precisamente como Goethe, e é por isso que ambos foram grandes *aprendizes* e não apenas os exploradores desses filões devidos às forças telúricas e à história dos antepassados deles. A nossos olhos Rafael desaparece no momento em que ainda está aprendendo, ocupado como estava em assimilar o que seu grande rival chamava *sua* "natureza": esse nobre ladrão levava todos os dias um pedaço; mas, antes de ter transportado todo o Michelangelo para sua casa, morreu – e a última série de suas obras, *início* de um novo plano de estudo, é menos perfeita e de menor qualidade em termos absolutos: justamente porque o grande aprendiz foi perturbado pela morte na realização de sua tarefa mais difícil e levou com ele o último objetivo justificador que tinha em vista.

541. COMO DEVEMOS NOS PETRIFICAR

Tornar-se duro, lentamente, lentamente, como uma pedra preciosa – e finalmente ficar assim tranquilamente, para alegria da eternidade.

---

[120] Michelangelo Buonarroti (1475-1564), escultor, pintor e arquiteto italiano, gênio da Renascença; entre suas obras mais célebres, cumpre relembrar, na pintura: a *Capela Sistina* nos palácios do Vaticano; na escultura: a *Pietà*, exposta dentro da basílica de São Pedro no Vaticano; *Moisés*, exposta na igreja San Pietro in Vincoli, perto do Coliseu em Roma; *Davi*, estátua conservada na cidade de Florença (NT).

[121] Raffaello Sanzio (1483-1520), pintor e arquiteto italiano; seu trabalho principal foi decorar salas e galerias dos palácios do Vaticano (NT).

542. O FILÓSOFO E A VELHICE

Não é sábio deixar que a tarde julgue o dia: pois com muita frequência o cansaço se torna justiceiro da força, do sucesso e da boa vontade. Igualmente a mais extrema prudência deveria ser imposta à *velhice* e a seu julgamento sobre a vida, visto que a velhice, precisamente como a tarde, gosta de manter as aparências de uma nova e sedutora moralidade e sabe humilhar o dia pelo vermelho de seu ocaso, seus crepúsculos, sua calma pacífica ou nostálgica. O respeito que testemunhamos ao velho, sobretudo se esse ancião é um velho pensador e um velho sábio, nos torna facilmente cegos a respeito do *envelhecimento de seu espírito* e é sempre necessário colocar à luz os *sintomas* de semelhante envelhecimento e cansaço, isto é, mostrar o fenômeno fisiológico que esconde atrás do juízo e do preconceito moral, a fim de não nos tornarmos os tolos da piedade e de não prejudicar o conhecimento. De fato, não é raro que a ilusão de uma grande renovação moral e de uma regeneração se apodere do ancião e que, a partir desse sentimento, este emita, sobre a obra e o desenvolvimento de sua vida, juízos que poderiam levar a crer que acaba de chegar precisamente à clarividência: entretanto, a inspiradora desse bem-estar e desse juízo cheio de segurança não é a sabedoria, mas o *cansaço*. O sinal mais perigoso dessa fadiga é certamente a *crença no gênio* que geralmente não se apodera, senão a partir dessa idade da vida, dos grandes e semigrandes homens do pensamento: a crença numa posição excepcional e em direitos excepcionais. O pensador que possui esse gênio se considera então livre para levar as coisas *com superficialidade* e decretar mais do que demonstrar; mas é provável que seja precisamente a necessidade dessa superficialidade que comprove o cansaço do espírito, que é a principal fonte dessa crença, que a precede no tempo, embora não pareça. Além disso, queremos usufruir nesse momento de resultados de nossos pensamentos, em conformidade com a necessidade de fruição comum a todos os cansados e a todos os anciãos; em lugar de examinar novamente esses resultados e recomeçar a semeá-los, temos necessidade para isso de prepará-los para um gosto novo, para torná-los comestíveis e tirar-lhes a secura, a frieza e a falta de sabor: é o que faz com que o velho pensador se eleve aparentemente acima da obra de sua vida, enquanto na realidade ele a estraga pela exaltação, pelas doçuras, pelos azedumes, pelo nevoeiro poético e pelas luzes místicas que lhe mistura. O que aconteceu a Platão foi o que acabou por acontecer a esse grande francês íntegro, ao lado do qual os alemães e ingleses deste século não podem colocar ninguém – ninguém como ele soube tomar e dominar as ciências exatas – Augusto Comte[122]. Terceiro sintoma de cansaço: essa ambição que agitava o peito do grande pensador quando era jovem e que então não encontrava em parte alguma como satisfazer, essa ambição também envelheceu; como alguém que não tem mais nada a perder, ela se apodera dos meios de satisfação mais grosseiros e mais imediatos, isto é, aqueles das naturezas ativas, dominadoras, violentas, conquistadoras: a partir de então, quer fundar instituições que levem seu nome, em vez de fundar edifícios de ideias. Que lhe importam agora as vitórias e as honras etéreas no reino das demonstrações e das refutações! O que é para ele uma imortalidade pelos livros, uma euforia tumultuosa na alma de um leitor! Em compensação, a instituição é um templo – ele bem o sabe, e um templo de pedra, construído para durar, mantendo seu deus em vida muito mais seguramente que o sacrifício de almas ternas e raras. Talvez encontre também, nessa época, pela primeira vez esse amor que se dirige mais a um deus que a um homem, então todo o seu ser se acalma e se amolece aos raios desse sol, como um fruto no outono. Sim, ele se torna também mais divino e mais belo, o grande ancião – e é, apesar de tudo, a idade e a fadiga que lhe *permitem* amadurecer assim, tornar-se silencioso e repousar na idolatria radiosa de uma mulher. Agora conseguiu fazer de seu antigo desejo altaneiro discípulos verdadeiros, desejo superior até mesmo a seu próprio eu, discípulos que seriam o verdadeiro prolongamento de seu pensamento, isto é, adversários: esse desejo tinha sua fonte numa força intacta, na altivez consciente e na certeza de poder tornar-se, ele também, a todo momento, o adversário e o inimigo irreconciliá-

---

(122) Auguste Comte (1798-1857), filósofo francês, fundador do positivismo; entre suas obras, *Reorganizar a sociedade* e *Discurso sobre o espírito positivo* (NT).

vel de sua própria doutrina – agora necessita de partidários resolutos, camaradas sem escrúpulos, arautos, um cortejo pomposo. Agora não é mais capaz de suportar o isolamento terrível em que vive todo o espírito que toma seu voo sempre à frente dos outros, cerca-se a partir de então de objetos de veneração, de comunhão, de enternecimento e de amor, quer finalmente gozar dos mesmos privilégios que todos os homens religiosos e celebrar o que venera na *comunidade*; irá até o ponto de inventar uma religião para ter essa comunidade. É assim que vive o velho sábio e acaba por cair imperceptivelmente numa vizinhança tão aflitiva dos excessos clericais e poéticos que mal se ousa pensar em sua juventude sábia e severa, em sua rígida moralidade cerebral de então, em seu horror viril pelas iluminações súbitas e divagações. Outrora, quando se comparava com outros pensadores mais velhos, era para medir seriamente sua fraqueza em relação à força deles e para se tornar mais frio e mais livre com relação a si próprio: agora não se entrega mais a essa comparação a não ser para se embriagar com sua própria ilusão. Outrora pensava com confiança nos pensadores do futuro e via-se a si mesmo com deleite desaparecer um dia em sua luz mais brilhante: agora está atormentado pela ideia de não poder ser o último, pensa nos meios de impor aos homens, com a herança que lhes lega, uma limitação de seu pensamento soberano, receia e calunia a altivez e a sede de liberdade dos espíritos individuais; – depois dele, mais ninguém deve dar livre curso a seu intelecto; ele próprio quer ser para sempre o dique onde batem sem cessar as ondas do pensamento – esses são seus desejos muitas vezes secretos e nem sempre confessados! Mas a dura realidade que se esconde por trás desses desejos é que ele mesmo *se deteve* diante de sua doutrina, com ela traçou para si um limite, um "até aqui e não mais longe". *Canonizando-se,* redigiu também sua sentença de morte: daí em diante seu espírito não tem mais o direito de se desenvolver, seu tempo terminou, o ponteiro parou. Quando um grande pensador quer fazer de si mesmo uma instituição, cooptando a humanidade do futuro, pode-se admitir com certeza que ele, além do apogeu de sua força, está muito cansado e muito próximo de seu declínio.

543. Não fazer da paixão um argumento em favor da verdade!

Ó fanáticos de bom caráter, fanáticos mesmo nobres, eu os conheço! Querem ter razão diante de nós e, antes de tudo, diante de vocês mesmos! – e uma má consciência sutil e irritadiça os impele muitas vezes justamente *contra* seu fanatismo! Como ficam então cheios de espírito para ludibriar e para adormecer essa consciência! Como detestam as pessoas honestas, simples e puras! Como evitam seus olhos inocentes! Essa *certeza contrária* de que *elas* são representantes e da qual ouvem, em vocês mesmos, a voz que duvida da crença de vocês – como procuram torná-la suspeita sob o nome de mau hábito, de doença da época, de negligência e de contaminação de sua própria saúde! Vocês chegam até o ódio da crítica, da ciência, da razão! Sentem-se obrigados a falsificar a história para que ela testemunhe em seu favor, sentem-se obrigados a negar virtudes para que elas não rejeitem na sombra as virtudes de seus ídolos e de seu ideal! Imagens coloridas justamente onde haveria necessidade das razões da razão! O ardor e o poder da expressão! Nevoeiro prateado! Noites de ambrosia! Vocês se empenham em iluminar e em escurecer, escurecer *com a luz*! E, na verdade, quando sua paixão se desencadeia, chega um momento em que vocês dizem: agora *conquistei* uma boa consciência, agora sou magnânimo, corajoso, desinteressado, grandioso, agora sou honesto! Como vocês são ávidos desses momentos em que sua paixão lhes confere um direito pleno e absoluto diante de vocês mesmos, lhes confere de algum modo a inocência, desses momentos em que, na luta, a embriaguez, a coragem, a esperança estão fora de vocês mesmos e acima de todas as dúvidas, onde vocês decretam: "Aquele que, como nós, não está fora de si não pode de modo algum saber o que é a verdade, onde está a verdade!". Como são ávidos por encontrar homens de sua crença que estão nesse estado – o da *depravação do intelecto* – e de atiçar seu fogo ao incêndio deles! Maldição ao martírio de vocês! Maldição a sua vitória da mentira santificada! Seria preciso causar *tanto* mal a vocês mesmos? – *Seria preciso*?

544. Como se faz filosofia hoje

Noto que nossos jovens, nossos artistas e nossas mulheres que querem filosofar pedem hoje à filosofia para lhes dar precisamente o contrário do que dela recebiam os gregos! Quem não percebe júbilo constante que atravessa todas as proposições e réplicas de um diálogo de Platão, o júbilo que causa a nova descoberta do pensamento *racional*, que compreende afinal de Platão, da filosofia antiga? Nesses tempos, as almas se enchiam de alegria quando se entregava ao jogo rigoroso e árido das ideias, das generalizações, das refutações – com essa alegria que talvez conheceram também os grandes mestres antigos do rigoroso e árido contraponto. Nessa época, na Grécia se tinha ainda em relação à língua esse outro gosto mais antigo e outrora todo-poderoso: e, ao lado desse gosto, o gosto novo aparecia com tanto encanto que se passava a cantar e a balbuciar a dialética, a "arte divina", como se se estivesse inebriado de amor. O gosto antigo era o pensamento escravo da moralidade para a qual não existiam senão juízos fixos, fatos determinados e nenhuma outra razão que aquela da autoridade: de modo que pensar não era *repetir* e todo prazer do discurso e do diálogo só podia residir na *forma*. (Em toda parte em que o conteúdo é considerado como eterno e verdadeiro em sua generalidade, existe apenas uma grande magia: aquela da forma mutável, isto é, da moda. Também nos poetas, desde a época de Homero e mais tarde nos escultores, os gregos não apreciavam a originalidade, mas seu contrário). Foi Sócrates quem descobriu o encanto oposto, o da causa e do efeito, da razão e da consequência: e nós, homens modernos, estamos de tal modo habituados à necessidade da lógica e educados na ideia dessa necessidade que se apresenta a nós como o gosto normal e que, como tal, desagrada forçosamente aos foliões e aos pretensiosos. O que se diferencia do gosto normal os arrebata! Sua ambição mais sutil se persuade de que sua alma é excepcional, que eles não são seres dialéticos e racionais, mas... por exemplo, "seres intuitivos" dotados de um "sentido interior" ou de uma "intuição intelectual". Mas antes de tudo querem ser "naturezas artísticas", tendo um gênio na cabeça e um diabo no corpo e possuindo, por conseguinte, também direitos excepcionais para esse mundo e para o outro, e sobretudo o divino privilégio de serem incompreensíveis. – E *tudo isso* constitui hoje filosofia! Receio que não percebam um dia que se enganaram – o que eles querem é uma religião!

545. MAS NÓS NÃO ACREDITAMOS EM VOCÊS!

Vocês gostariam de se passar por conhecedores de homens, mas não escapariam disso facilmente! Como não haveríamos de notar que vocês se representam como os mais experientes, mais profundos, mais perspicazes do que realmente são?! Exatamente como sentimos que, nesse pintor, há presunção já na maneira como maneja o pincel: tal como ouvimos, nesse músico, pela maneira como introduz seu tema, que gostaria de fazer-nos crer que esse tema é superior ao que é. Vocês viveram a *história* no fundo de vocês mesmos, as comoções e os tremores, longas e vastas tristezas, trovões de alegria? Foram loucos com grandes e pequenos loucos? Suportastes realmente a ilusão e a dor dos homens bons? E também a dor e o tipo de felicidade dos maus? Falem-me então de moral, de outro modo, não!

546. ESCRAVO E IDEALISTA

O homem de Epicteto não agradaria certamente àqueles que hoje aspiram ao ideal. A constante tensão de seu ser, o infatigável olhar voltado para o interior, o que seus olhos têm de fechado, prudente, reservado quando lhe acontece de se voltar para o mundo exterior; e também seu silêncio e suas palavras lacônicas: tudo isso são sinais da coragem mais rigorosa – que seriam para nossos idealistas que são antes de tudo ávidos de *expansão*! Com tudo isso, ele não é fanático, detesta a comicidade e a jactância de nossos idealistas: seu orgulho, por maior que seja, não quer, contudo, incomodar os outros; admite certa aproximação benevolente e não quer estragar o bom humor de ninguém – ele sabe até mesmo sorrir! Há muito de humanidade antiga nesse ideal! Mas o mais belo é que lhe falta totalmente o temor de Deus, acredita estritamente na razão e não exorta à penitência. Epicteto era um escravo: seu homem ideal não pertence a qualquer classe e é possível em todas as condições sociais, mas deveremos procurá-lo sobretudo nas massas profundas e inferiores, onde será o homem silencioso que se basta a si mesmo no meio de uma servidão geral, incessantemente em situação de defesa contra o exterior e mantendo-se na mais elevada atitude de coragem. Distingue-se sobretudo do *cristão* na medida em que este vive na esperança de "indizíveis felicidades", aceita presentes, espera e recebe o que há de melhor da graça e do amor divinos: enquanto Epicteto não espera nada e não deixa que lhe ofereçam o que há de melhor – já o possui, já o tem firme nas mãos e o defenderia contra todos se quisessem tirá-lo dele. O cristianismo era feito para outra espécie de escravos antigos, fracos de vontade e de razão, portanto, a grande massa dos escravos.

547. Os tiranos do espírito

A marcha da ciência já não é contrariada, como o foi durante muito tempo, pelo fato acidental de que o homem viva aproximadamente setenta anos. Outrora se pretendia chegar ao topo do conhecimento durante esse espaço de tempo e os métodos de conhecimento eram apreciados em função desse desejo universal. As pequenas questões e experiências especiais eram consideradas desprezáveis, buscava-se o *caminho* mais curto, acreditava-se, uma vez que todo esse mundo terreno parecia organizado *em função do homem*, que a perceptibilidade das coisas estava também adaptada a uma medida humana do tempo. Tudo resolver de imediato e com uma só palavra – esse era o desejo secreto: o problema era representado sob o aspecto do nó górdio ou do ovo de Colombo; estava-se persuadido que era possível, no domínio do conhecimento, atingir o objetivo, à maneira de Alexandre ou de Colombo, e elucidar todas as questões com uma só resposta. "Há um *enigma* a resolver": assim é que a vida se apresentava aos olhos do filósofo; era preciso primeiro encontrar o enigma e condensar o problema do mundo na fórmula mais simples. A ambição sem limites e a alegria de ser o "decifrador do mundo" preenchiam os sonhos do pensador; nada lhe parecia valer a pena neste mundo se não fosse encontrar o meio de tudo conduzir a bom termo *para ele!* A filosofia era assim uma espécie de luta suprema pela tirania do espírito – ninguém duvidava de que esta não fosse reservada a alguém muito feliz, sutil, inventivo, audacioso e poderoso – a um só! – e muitos, o último entre eles Schopenhauer, imaginaram que eram esse só e único. – Disso resulta que, em resumo, a ciência ficou até agora para trás em consequência da *estreiteza moral* de seus discípulos e que doravante é preciso entregar-se a ela com uma ideia diretriz mais elevada e mais generosa. "Que importa eu!" – Isso é que se encontra gravado sobre a porta dos pensadores futuros.

548. A VITÓRIA SOBRE A FORÇA

Se considerarmos tudo o que até agora foi venerado sob o nome de "espírito sobre-humano", de "gênio", chegamos à triste conclusão de que, em seu conjunto, a intelectualidade humana deve ter sido qualquer coisa de muito baixo e pobre: tão pouco espírito era preciso até agora para se sentir consideravelmente superior a ela! O que é a glória fácil do "gênio"! Com que rapidez seu trono foi erguido! Sua adoração se tornou costume! Sempre adoramos de joelhos a *força* – segundo o velho hábito dos escravos – e, no entanto, quando se trata de determinar o grau de *venerabilidade*, só o grau *de razão na força* é determinante: é necessário avaliar em que medida a força foi ultrapassada por qualquer coisa de superior, à qual obedece desde então como instrumento e como meio! Mas para tais avaliações não há ainda olhos suficientes, chega-se até mesmo a considerar como sacrilégio a avaliação do gênio. Assim, o que há de mais belo se passa talvez sempre na obscuridade e, apenas nascido, desmorona na noite eterna – refiro-me ao espetáculo da força que um gênio aplica, *não em obras*, mas para o desenvolvimento *de si mesmo como obra*, isto é, para o domínio de si, para a purificação de sua imaginação, para a ordenação e a escolha nas inspirações e nas tarefas que sobrevêm. O grande homem se mantém sempre invisível como uma estrela distante, no que há de maior, que exige admiração: sua *vitória sobre a força* fica sem testemunhas e, por conseguinte, também sem ser glorificado e cantado. A hierarquia na grandeza não foi ainda estabelecida para toda a humanidade passada.

549. A FUGA DIANTE DE SI MESMO

Esses homens sujeitos às convulsões intelectuais, impacientes com relação a si mesmos e sombrios, como Byron[123] ou Alfred de Musset[124] que, em tudo o que fazem, se assemelham a cavalos espantados, esses homens que em sua própria obra não encontram senão uma breve alegria e um ardor que quase faz arrebentar as veias e, a seguir, a fria esterilidade e o desencanto: – como esses homens suportariam *eles próprios* se aprofundar? Eles têm sede de se aniquilar num "*fora de si*"; se, com tal sede, somos cristãos, visaríamos a nos aniquilar em Deus, a nos identificarmos com ele; se fôssemos Shakespeare, não nos contentaríamos em aniquilar-nos nas imagens da vida apaixonada; se fôssemos Byron, teríamos sede de *ações* porque estas nos desviam de nós mesmos mais ainda que os pensamentos, os sentimentos e as obras. A necessidade de ação não seria então, no fundo, senão uma fuga diante de si mesmo? – perguntaria Pascal[125]. E, com efeito, os representantes mais nobres da necessidade de ação provariam essa asserção: bastaria considerar com a ciência e a experiência de um psiquiatra, bem entendido – que os quatro homens que, em todos os tempos, foram os mais sedentos de ação eram epiléticos (citei Alexandre, César, Maomé e Napoleão): exatamente como Byron, que, também ele, sofria desse mal.

550. CONHECIMENTO E BELEZA

Se os homens reservam sempre sua veneração e seu sentimento de felicidade para as obras da imaginação e da ideia, não é de espantar se, diante do oposto da imaginação e da ideia, sintam frieza e desprazer. O arrebatamento que se manifesta ao menor passo à frente, seguro e definitivo, que é feito no conhecimento, no ponto em que ora estamos na ciência, é frequente e quase universal – mas suscita provisoriamente a *incredulidade* de todos aqueles que se habituaram a não se arrebatarem senão abando-

---

(123) George Gordon, dito Lord Byron (1788-1824), poeta inglês (NT).
(124) Alfred de Musset (1810-1847), romancista e dramaturgo francês, um dos mais destacados representantes do Romantismo (NT).
(125) Blaise Pascal (1623-1662), matemático, físico e filósofo francês; alguns de seus textos filosóficos (sob o título *Do espírito geométrico – Pensamentos*) (NT).

nando a realidade, mergulhando nas profundezas da aparência. Acreditam que a realidade é feia: não pensam que o conhecimento da realidade, mesmo a mais feia, é bela e que aquele que conhece muito frequentemente acaba por estar longe de achar feio o conjunto da realidade que lhe proporcionou tanta felicidade. Haverá então algo de "belo em si"? A felicidade daqueles que conhecem aumenta a beleza do mundo e torna mais ensolarado tudo o que existe; o conhecimento não se limita a envolver as coisas com sua beleza, mas a introduz, de uma maneira duradoura, nas coisas; – possa a humanidade do futuro testemunhar em favor desta afirmação! À espera disso, lembremo-nos de uma velha experiência: dois homens tão essencialmente diferentes como Platão e Aristóteles se puseram de acordo sobre o que constitui a *felicidade suprema*, não somente para eles e para os homens, mas a felicidade em si mesma para os deuses das últimas beatitudes: eles a encontraram no *conhecimento*, na atividade de uma *razão* exercida que descobre e que inventa (e *de modo algum* na "intuição", como fizeram os teólogos e os semiteólogos alemães, *de modo algum* na visão, como fizeram os místicos, e mesmo *de modo algum* no trabalho, como fizeram todos os práticos). Descartes[126] e Spinoza[127] pensaram o mesmo: como todos eles devem ter *desfrutado* o conhecimento! E que risco havia para sua honestidade de se tornarem assim louvadores das coisas!

551. DAS VIRTUDES DO FUTURO

Por que razão, quanto mais compreensível se tornou o mundo, mais foi diminuída toda espécie de solenidade? Teria sido porque o medo foi tão frequentemente o elemento fundamental dessa veneração que se apoderava de nós diante de tudo o que nos parecia desconhecido, misterioso, e nos levava a nos prosternar e pedir graça diante do incompreensível? E, pelo fato de nos termos tornado menos receosos, não teria o mundo perdido para nós seu encanto? Ao mesmo tempo, nossa disposição ao temor,

---
(126) René Descartes (1596-1650), filósofo e matemático francês; entre suas obras, *Discurso do método* e *As paixões da alma* (NT).

(127) Baruch de Spinoza (1632-1677), filósofo holandês de origem portuguesa; entre suas obras, *Tratado para a reforma do entendimento* (NT).

nossa própria dignidade, nossa solenidade, nossa *própria aptidão a aterrorizar* não teriam diminuído? Não estimaremos talvez menos o mundo e a nós mesmos, desde que temos, a respeito dele e ao nosso, pensamentos mais corajosos? Viria talvez um momento, no futuro, em que essa coragem do pensador tivesse crescido tanto que tivesse o supremo orgulho de se sentir superior aos homens e às coisas – em que o sábio, sendo o mais corajoso, seria aquele que se visse a si mesmo e a existência completa abaixo dele? – Esse gênero de coragem que não se afasta de uma excessiva generosidade tem até agora feito falta à humanidade. Ah! Os poetas não queiram tornar-se novamente o que foram talvez outrora: *visionários* que nos dizem alguma coisa daquilo que é *possível*! Hoje, que lhes retiramos das mãos e que é necessário sempre mais lhes retirar de suas mãos o real e o passado – pois já passou o tempo em que inocentemente se cunhava moeda falsa! – deveriam nos dizer alguma coisa daquilo que toca as *virtudes do futuro*! Ou das virtudes que não existirão nunca na terra, embora possam existir em alguma parte do mundo – as constelações purpúreas e as imensas vias lácteas do belo! Onde estão vocês, astrônomos do ideal?

552. O EGOÍSMO IDEALISTA

Haveria um estado mais sagrado do que aquele da gravidez? Fazer tudo o que fazemos com a convicção íntima de que, de uma maneira ou de outra, isso deve servir ao que está em nós em estado de devir! Que isso deve *aumentar* seu valor secreto, no qual pensamos com arrebatamento do mistério que carregamos em nós. É então que evitamos muitas coisas sem sermos forçados a nos coagir duramente! Reprimimos uma palavra violenta, estendemos a mão em tom conciliador: a criança deve nascer do que há de melhor e mais doce. Nós nos assustamos com nossa violência e com nossa rispidez, como se derramassem, para o caro desconhecido, uma gota de infelicidade no copo de sua vida! Tudo é velado, cheio de pressentimentos, não sabemos como isso acontece, esperamos e procuramos estar *preparados*. Ao mesmo tempo, um sentimento puro e purificador de profunda irresponsabilidade reina em nós, um sentimento semelhante àquele que experimenta o espectador diante de uma cortina abaixada – *isso* cresce, *isso* vem à luz, *não* temos nada nas mãos para determinar seu valor ou a hora de sua vinda. Estamos inteiramente reduzidos às influências indiretas benfeitoras e defensivas. "Há ali qualquer coisa que cresce, qualquer coisa maior que nós" – essa é nossa mais secreta esperança: preparamos tudo em vista de seu surgimento e de sua prosperidade: não somente tudo o que é útil, mas também o supérfluo, os reconfortos e as coroas de nossa alma. – *É nessa atmosfera sagrada* que é preciso viver! Que possamos nela viver! Quer estejamos à espera de um pensamento ou de uma ação – diante de toda realização essencial não podemos nos comportar de outra forma que diante de uma gravidez e deveríamos espalhar aos quatro ventos as pretensiosas expressões que falam de "querer" e de "criar"! É o verdadeiro *egoísmo idealista* sempre ter cuidado de vigiar e de manter a alma em repouso para que nossa fecundidade *tenha pleno sucesso*. Assim vigiamos e tomamos cuidado, de uma forma indireta, para *o bem de todos*; e o estado de espírito em que vivemos, esse estado de espírito altaneiro e doce, é um bálsamo que se difunde para longe em torno de nós, mesmo nas almas inquietas. – Mas as mulheres grávidas são *estranhas*! Sejamos, pois, estranhos nós também e não recriminemos os outros por terem de sê-lo também! E, mesmo se isso não der certo e se tornar perigoso, em nossa veneração diante de tudo o que nasce, não fiquemos atrás da justiça terrestre que não permite a um juiz ou a um carrasco pôr as mãos numa mulher grávida!

553. Com desvios

Aonde quer chegar essa filosofia com todos os seus desvios? Faria algo mais do que transpor na razão, de alguma forma, um instinto constante e forte que requer um sol benéfico, uma atmosfera luminosa e agitada, plantas meridionais, brisa do mar, uma alimentação leve composta de carne, ovos e frutas, água quente para beber, passeios silenciosos durante dias inteiros, conversa pouco frequente, poucas leituras e feitas com precaução, uma habitação solitária, hábitos de limpeza simples e quase militares, numa palavra, todas as coisas que são precisamente mais de meu gosto, que são para mim justamente mais salutares? Uma filosofia que é, no fundo, o instinto de um regime pessoal? Um instinto que procura minha atmosfera, minha atitude, minha temperatura, a saúde de que necessito, por meio de um desvio de meu espírito? Há muitas outras sublimidades da filosofia e também muitas sublimidades mais altas ainda – e não todas mais sombrias e mais exigentes que a minha – não serão talvez, também todas elas, desvios intelectuais de semelhantes instintos pessoais? – Enquanto reflito nisso, observo com um novo olhar o voo misterioso e solitário de uma borboleta, lá no alto, perto das falésias do lago, onde crescem tantas belas plantas: voa de cá para lá, sem se importar que sua vida não vai durar mais que um dia e que a noite será muito fria para sua fragilidade alada. Poderíamos facilmente encontrar também para ela uma filosofia, embora me pareça difícil que seja a minha.

554. UM PASSO ADIANTE

Quando se elogia o *progresso,* não se faz outra coisa do que elogiar o movimento e aqueles que nos impedem de ficar no mesmo lugar – e, em certos casos, já é muito, particularmente quando se vive entre os egípcios. Na Europa agitada, contudo, onde o movimento (como se diz) "vai por si" – ai! Se pelo menos nós entendêssemos alguma coisa disso! – aprovo o *passo adiante* e aqueles que vão em frente, isto é, aqueles que se deixam a si mesmos constantemente para trás e que de modo algum se preocupam em saber se alguém pode segui-los. "Em toda parte em que paro me encontro sozinho: parar para quê? O deserto é grande!" – esse é o sentimento desses homens que realmente vão em frente.

555. OS MAIS MEDÍOCRES SÃO SUFICIENTES

É preciso evitar os acontecimentos quando sabemos que os mais *medíocres* deixam em nós uma marca bastante forte – e a estes não podemos escapar. – O pensador deve ter nele um cânon aproximativo de todas as coisas que *quer* ainda *viver.*

556. AS QUATRO VIRTUDES

Leais para conosco mesmo e para aquele que ainda é nosso amigo; *corajosos* diante do inimigo; *generosos* para com o vencido; *civilizados* – sempre: é assim que nos querem as quatro virtudes cardeais.

557. NA FRENTE DO INIMIGO

Como a má música e as más razões soam bem quando marchamos na frente do inimigo!

558. NÃO SE DEVE TAMPOUCO ESCONDER SUAS VIRTUDES!

Gosto dos homens que são como a água transparente e que, para falar com Pope[128], "deixam ver as impurezas no fundo de sua corrente". Mesmo para eles há ainda uma vaidade, sem dúvida de natureza rara e sublime: alguns dentre eles querem que só vejamos essas impurezas e que não levemos em conta a transparência da água que permite essa visão. O próprio Buda imaginou a vaidade desse reduzido número na fórmula: "Deixem que todos vejam seus pecados e escondam suas virtudes!" – Mas isso é oferecer ao mundo um espetáculo muito desagradável – é uma falta de gosto.

559. "NADA DEMAIS!"

Quantas vezes aconselhamos o indivíduo a fixar para si um objetivo que não pode atingir e que está acima de suas forças, a fim de que atinja pelo menos aquilo que suas forças podem render *sob a mais alta tensão*! Mas é isso realmente tão desejável? Os melhores homens que vivem segundo esse princípio e os melhores atos não tomam alguma coisa de exagerado e de excessivo, justamente porque há neles tensão demais? Um sombrio véu de *insucesso* não se estende sobre o mundo pelo fato de que vemos sempre atletas em luta, gestos monstruosos e em parte alguma um vencedor coroado e alegre com sua vitória?

560. O QUE NOS É PERMITIDO

Podemos usar os instintos como um jardineiro e, o que poucas pessoas sabem, cultivar as sementes da cólera, da piedade, da sutileza, da vaidade, de maneira a torná-las tão fecundas e produtivas como os belos frutos de uma latada; podemos fazê-lo com o bom ou o mau gosto de um jardineiro e, por assim dizer, no estilo francês, inglês, holandês ou chinês; podemos também deixar a

---

(128) Alexander Pope (1688-1744), poeta inglês (NT).

natureza trabalhar e cuidar somente de pôr aqui e acolá um pouco de limpeza e de asseio; podemos, enfim, sem qualquer saber nem razão diretriz, deixar crescer as plantas com suas vantagens e seus obstáculos naturais e abandoná-las à luta que travam entre elas – podemos mesmo encontrar prazer num tal caos e procurar precisamente esse prazer, apesar do aborrecimento que se possa ter. Tudo isso nos é permitido: mas quantos somos aqueles que o sabem? Quase todos os homens não acreditam neles mesmos, como em fatos realizados, *chegados à sua maturidade*! Grandes filósofos não puseram sua marca nesse preconceito com sua doutrina da imutabilidade do caráter?

561. Fazer brilhar sua própria felicidade

Do mesmo modo que os pintores, que de maneira alguma podem atingir o tom profundo e luminoso do céu, tal como existe na natureza, são obrigados a tomar todas as cores de que têm necessidade para sua paisagem, alguns tons mais baixos que aqueles que a natureza lhes mostra: do mesmo modo que conseguem atingir por esse artifício uma semelhança na luminosidade e uma harmonia de tons que corresponde à natureza: assim também é necessário que os poetas e os filósofos, aos quais o brilho luminoso da felicidade é inacessível, saibam usar de expedientes. Conferindo a todas as coisas um colorido de alguns tons mais sombrios que os reais, a luz que conhecem dá um efeito quase ensolarado e se assemelha à luz da plena felicidade. – O pessimista, que confere a todas as coisas as cores mais negras e mais sombrias, usa apenas chamas e clarões, glórias celestes e tudo o que possui uma força luminosa muito viva e que torna os olhos hesitantes; nele a claridade existe simplesmente para aumentar o temor e deixar pressentir nas coisas mais terror do que elas contêm na realidade.

562. Os sedentários e os homens livres

É somente nos infernos que nos é mostrada alguma coisa do sombrio pano de fundo de toda essa felicidade de aventureiro que envolve Ulisses e seus companheiros como de uma eterna luminosidade – desse pano de fundo que nunca mais podemos esquecer: a mãe de Ulisses morreu de desgosto e do desejo de rever seu filho! Um é impelido de lugar para lugar e é isso que parte o coração do outro, do ser terno e *sedentário*! A aflição parte o coração daqueles que veem seu ente mais querido abandonar as ideias e a fé do passado – tudo isso faz parte da tragédia que os espíritos livres *criam* – essa tragédia de que estes algumas vezes têm *conhecimento*! Então, deverá ocorrer de serem forçados, como Ulisses, a descer entre os mortos para lhes aliviar seu desgosto e tranquilizar sua ternura.

563. A ilusão da ordenação moral do mundo

Não há qualquer necessidade eterna que exija que toda a falta seja expiada e paga – crer nessa necessidade era precisamente uma terrível ilusão, apenas útil: – do mesmo modo que é uma ilusão crer que tudo o que é considerado como falta é na realidade uma. Não são *as coisas* que perturbaram de tal forma os homens, mas as opiniões sobre *coisas que não existem*.

564. Logo após a experiência!

Mesmo os grandes espíritos não têm uma *experiência* mais larga do que cinco dedos – logo depois, cessa a reflexão, e seu vazio indefinido, suas asneiras começam.

565. A ponderação aliada à ignorância

Por toda parte em que compreendemos, tornamo-nos gentis, felizes, inventivos e por toda parte em que aprendemos suficientemente e em que educamos a vista e o ouvido, nosso espírito se mostra cheio de desembaraço e de graça. Mas compreendemos tão poucas coisas e somos tão miseravelmente instruídos que raramente acontece que abracemos uma coisa e ao mesmo tempo nos tornemos dignos de amor: antes, rígidos e insensíveis, atravessamos a cidade, a natureza e a história e nos orgulhamos dessa atitude e dessa frieza, como se elas fossem o efeito da superioridade. Nossa ignorância e nossa medíocre sede de saber se dispõem muito bem para assumir a máscara da dignidade e do caráter.

566 – Viver facilmente

O melhor modo de viver de modo fácil e despreocupado é aquele do pensador: pois, para dizer de improviso as cosias mais importantes, tem sobretudo necessidade das coisas que os outros desdenham e abandonam. – De resto, ele se alegra facilmente e desconhece os custosos meios de acesso ao prazer; seu trabalho não é duro, mas, de alguma forma, meridional; seus dias e suas noites não são estragados pelo remorso; ele se move, come, bebe e dorme, observando um comedimento que convém a seu espírito, para que este se torne sempre mais tranquilo, forte e lúcido; seu corpo é para ele fonte de alegria e não tem nenhuma razão para temê-lo; não tem necessidade de companhia, a não ser de tempos em tempos, para em seguida abraçar com mais ternura ainda sua solidão; os mortos têm para ele o lugar de vivos e até mesmo para substituir seus amigos, evocando entre os mortos os melhores que algum dia viveram. – Questionemos de uma vez se não são os desejos e os hábitos opostos que tornam custosa a vida dos homens e, por conseguinte, penosa e muitas vezes insuportável. – Em outro sentido, no entanto, a vida do pensador é a mais custosa – nada é bom demais para ele; e ser privado precisamente do *melhor* seria para ele uma privação *insuportável*.

567. Em campanha

"Devemos tomar as coisas mais alegremente do que merecem; especialmente porque as levamos a sério mais tempo do que o merecem". – Assim falam os bravos soldados do conhecimento.

568. Poeta e pássaro

A Fênix mostrou ao poeta um rolo inflamado que se reduzia a cinzas. "Não te assustes, disse, é tua obra! Ela não tem o espírito do tempo e ainda menos o espírito daqueles que vão contra o tempo: por conseguinte, é necessário que seja queimada. Mas é bom sinal: há muitas espécies de auroras."

569. Aos solitários

Se não poupamos a honra dos outros tanto em nossos solilóquios como em público, somos desonestos.

570. Perdas

Certas perdas comunicam à alma uma sublimidade que a leva a se abster de toda queixa e caminhar em silêncio, como altos ciprestes negros.

571. Farmácia militar da alma

Qual é o remédio mais eficaz? – A vitória.

572. A vida deve nos tranquilizar

Se, como o pensador, vivemos habitualmente na grande corrente das ideias e dos sentimentos e mesmo que nossos sonhos durante a noite sigam essa corrente, pedimos à *vida* calma e silêncio – enquanto outros querem justamente descansar da vida quando se entregam à meditação.

573. Mudar de pele

A serpente que não pode mudar de pele morre. De igual modo, os espíritos que impedimos de mudar de opinião deixam de ser espíritos.

574. Não esquecer!

Quanto mais nos elevamos, menores parecemos aos olhos daqueles que não sabem voar.

575. Nós, aeronautas do espírito

Todas essas ousadas aves que voam para espaços distantes, sempre mais distantes – virá certamente um momento em que não poderão ir mais longe e vão pousar sobre um mastro ou sobre um árido recife –, bem felizes ainda por encontrarem esse miserável refúgio! Mas quem teria o direito de concluir disso que diante delas não se abre uma imensa via livre e sem fim e que voaram para tão longe quanto é possível voar? Entretanto, todos os nossos grandes iniciadores e todos os nossos precursores acabaram por parar e o gesto da fadiga que para não é das atitudes mais nobres e mais graciosas: isso vai acontecer tanto para mim como para ti! Mas que me importa e que te importa! *Outras aves voarão mais longe*! Esse pensamento, essa fé que nos anima, toma seu impulso, rivaliza com elas, voa sempre mais longe, mais alto, se lança diretamente para o ar, acima de nossa cabeça e da impotência de nossa cabeça, e do alto do céu vê na imensidão do espaço, vê agrupamentos de aves bem mais poderosas que nós e que se lançaram na direção para a qual nos lançamos, onde tudo ainda é só mar, mar, e sempre mar! – Para onde então queremos ir? Queremos *ultrapassar* o mar? Para onde nos arrasta essa poderosa paixão que para nós conta mais que qualquer outra paixão? Por que esse voo perdido nessa direção, para o ponto onde até agora todos os sóis *declinaram* e se *extinguiram*? Dir-se-á talvez um dia que nós também, dirigindo-nos sempre *para o oeste, esperávamos atingir uma Índia desconhecida* – mas que era nosso destino encalhar diante do infinito? Ou então, meus irmãos, ou então?

IMPRESSÃO E ACABAMENTO:
GRÁFICA OCEANO